"十二五"职业教育国家规划教材
经全国职业教育教材审定委员会审定
"十二五"江苏省高等学校重点教材(编号:2013-1-029)

港口机械液压与液力传动

(第二版)

王剑华　余会荣　**主编**
张　建[江苏省特种设备安全监督检验研究院]　**主审**

人民交通出版社股份有限公司
China Communications Press Co., Ltd.

内 容 提 要

本书为"十二五"职业教育国家规划教材、"十二五"江苏省高等学校重点教材(编号:2013-1-029),全书分为液压传动和液力传动两个部分,共十三个模块。液压传动部分主要内容包括:液压传动概述,液压流体力学基础,液压泵和液压马达,液压缸,液压控制阀,辅助装置,液压基本回路,液压传动系统,液压伺服系统,液压系统的安装、使用和维护等;液力传动部分主要内容包括:液力传动基本概念,液力耦合器和液力变矩器等。

本书为高职高专院校港口物流设备与自动控制专业教学用书,也可作为相关专业教学使用,或作为职业教育培训教材,也可供有关工程技术人员学习参考。

图书在版编目(CIP)数据

港口机械液压与液力传动 / 王剑华,余会荣主编.
—2 版.—北京:人民交通出版社股份有限公司,
2015.3
ISBN 978-7-114-11907-1

Ⅰ.①港… Ⅱ.①王…②余… Ⅲ.①港口机械—液压传动②港口机械—液力传动 Ⅳ.①U653.92

中国版本图书馆 CIP 数据核字(2014)第 293639 号

"十二五"职业教育国家规划教材
"十二五"江苏省高等学校重点教材(编号:2013-1-029)

书　　名:	港口机械液压与液力传动(第二版)
著 作 者:	王剑华　余会荣
责任编辑:	周　凯　王景景
出版发行:	人民交通出版社股份有限公司
地　　址:	(100011)北京市朝阳区安定门外外馆斜街 3 号
网　　址:	http://www.ccpress.com.cn
销售电话:	(010)59757973
总 经 销:	人民交通出版社股份有限公司发行部
经　　销:	各地新华书店
印　　刷:	北京虎彩文化传播有限公司
开　　本:	787×1092　1/16
印　　张:	14.5
字　　数:	325 千
版　　次:	2008 年 2 月　第 1 版 2015 年 3 月　第 2 版
印　　次:	2023 年 6 月　第 2 版　第 4 次印刷　总第 7 次印刷
书　　号:	ISBN 978-7-114-11907-1
定　　价:	38.00 元

(有印刷、装订质量问题的图书由本公司负责调换)

第二版前言

《港口机械液压与液力传动》第一版于2008年2月出版,由交通职业教育教学指导委员会组织编写,是高等职业教育港口物流设备与自动控制专业规划教材、交通职业教育教学指导委员会推荐教材。

本教材第二版入选教育部"十二五"职业教育国家规划教材、"十二五"江苏省高等学校重点教材(编号:2013-1-029)。本次教材的编写,结合当前高等职业教育发展和港口物流设备与自动控制专业发展的实际情况,对第一版做了全面修订,形成了本教材第二版。

本教材共分十三个模块,内容包括:液压传动概述;液压流体力学基础;液压泵和液压马达;液压缸;液压控制阀;辅助装置;液压基本回路;液压传动系统;液压伺服系统;液压系统的安装、使用和维护;液力传动基本概念;液力耦合器;液力变矩器等。同时,本版教材积极开发了配套教学课件,有助于教学实施。

本版教材主要具备以下特点:

1. 本教材编写立足于国内港口机械使用的实际情况,结合典型机型,系统介绍港口机械液压与液力传动系统的基本结构和工作原理,同时有选择地介绍一些国内外新技术、新设备,以便拓宽学生的视野,为学生进一步深造打下基础。

2. 本教材从应用角度出发,编写形式上采用分级模块化编写,在每个课题前都列出了知识点、技能点、课题应用、课题分析等学习要点,根据课题需要,合理安排理论知识,注重技能培养,体现了教、学、做合一的职业教学特色。

3. 坚持行业指导、企业参与、校企合作的教材开发机制。在教材编写过程中,编写人员走访调研港口企业,对课程所涉及岗位的工作任务、职业能力进行分析,制订了课程标准。聘请港口企业专家参与教材编写,切实反映职业岗位能力标准和岗位要求,丰富实践教学内容,对接企业用人需求。

4. 在教材内容的取舍和主次的选择方面,照顾广度,控制深度,力求针对专业,服务行业,对与本专业密切相关的内容予以足够的重视。

本教材由南通航运职业技术学院王剑华副教授、余会荣讲师主编,江苏省特种设备安全监督检验研究院高级工程师、副研究馆员张建主审。

教材编写分工如下:南通航运职业技术学院王剑华副教授负责全书统稿并编写模块七、九、十一、十二、十三,南通航运职业技术学院余会荣讲师编写模块一、二、三、四、六,南通航运职业技术学院程小平讲师编写模块五,南通港口集团张江南高级工程师编写模块八。

本教材是高职高专院校港口物流设备与自动控制专业教学用书,可供相关专业教学使用或作为职业技能培训教材,也可供有关工程技术人员学习参考。

本教材在编写过程中,得到了交通运输系统各校领导和教师的大力支持,在此表示感谢!

编者

2015年1月

第一版前言

交通职业教育教学指导委员会交通工程机械专业指导委员会自1992年成立以来，对本专业指导委员会两个专业（港口机械、筑路机械）的教材编写工作一直十分重视，把教材建设工作作为专业指导委员会工作的重中之重，在"八五"、"九五"和"十五"期间，先后组织人员编写了20多本专业急需教材，供港口机械和筑路机械两个专业使用，解决了各学校专业教材短缺的困难。

随着港口和公路事业的不断发展，港口机械和公路施工机械的更新换代速度加快，各种新工艺、新技术、新设备不断出现，对本专业的人才培养提出了更高的需求。另外，根据目前职业教育的发展形势，多数重点中专学校已改制为高等职业技术学院，中专学校一般同时招收中专和高职学生，本专业教材使用对象的主体已经发生了变化。为适应这一形势，交通工程机械专业指导委员会于2006年8月在烟台召开了四届二次会议，制定了"十一五"教材编写出版规划，并确定了教材的编写原则：

1. 拓宽教材的使用范围。本套教材主要面向高职，兼顾中专，也可用于相关专业的职业资格培训和各类在职培训，亦可供有关技术人员参考。

2. 坚持教材内容以培养学生职业能力和岗位需求为主的编写理念。教材内容难易适度，理论知识以"够用"为度，注重理论联系实际，着重培养学生的实际操作能力。

3. 在教材内容的取舍和主次的选择方面，照顾广度，控制深度，力求针对专业，服务行业，对与本专业密切相关的内容予以足够的重视。

4. 教材编写立足于国内港口机械和筑路机械使用的实际情况，结合典型机型，系统介绍工程机械设备的基本结构和工作原理，同时，有选择地介绍一些国外的新技术、新设备，以便拓宽学生的视野，为学生进一步深造打下基础。

《港口机械液压与液力传动》是高职高专院校港口物流设备与自动控制专业规划教材之一，内容包括：液压传动概述，液压流体力学基础，液压泵和液压马达，液压缸，液压控制阀，液压辅助装置，液压基本回路，液压传动系统，液压系统的安装和使用维护；液力传动基本概念，液力耦合器和液力变矩器。

本书由南通航运职业技术学院王剑华担任主编，江省海事职业技术学院孙建新担任主审。本套教材在编写过程中，得到交通系统各校领导和教师的大力支持，在此表示感谢！

编写高职教材，我们尚缺少经验，书中不妥和疏漏之处，敬请读者指正。

交通职业教育教学指导委员会
交通工程机械专业指导委员会
2007年12月

目 录

模块一 液压传动概述 ··· 1
  课题一 液压传动的工作原理与组成 ································· 1
  课题二 液压传动的优缺点 ·· 5
  思考题与习题 ·· 6

模块二 液压流体力学基础 ··· 7
  课题一 液压油 ·· 7
  课题二 液体静力学基本知识 ··· 12
  课题三 液体动力学基本知识 ··· 15
  课题四 液体流动时的压力损失 ····································· 21
  课题五 液压冲击和气穴现象 ··· 24
  思考题与习题 ·· 26

模块三 液压泵和液压马达 ·· 28
  课题一 液压泵概述 ·· 28
  课题二 齿轮泵 ·· 31
  课题三 叶片泵 ·· 36
  课题四 柱塞泵 ·· 44
  课题五 液压泵的选用 ·· 50
  课题六 液压马达 ··· 51
  思考题与习题 ·· 57

模块四 液压缸 ·· 58
  课题一 液压缸的类型和特点 ··· 58
  课题二 液压缸的结构与维修 ··· 63
  思考题与习题 ·· 70

模块五 液压控制阀 ·· 71
  课题一 方向控制阀 ·· 72
  课题二 压力控制阀 ·· 85
  课题三 流量控制阀 ·· 96
  课题四 比例阀、插装阀和数字阀 ································· 102
  课题五 液压控制阀的选型 ·· 107
  思考题与习题 ·· 109

模块六 辅助装置 ··· 111
  课题一 管件 ·· 111
  课题二 过滤器 ·· 114
  课题三 油箱 ·· 117
  课题四 蓄能器 ·· 118

课题五　密封装置 120
　　课题六　压力表及压力表开关 123
　　思考题与习题 125
模块七　液压基本回路 126
　　课题一　压力控制回路 126
　　课题二　速度控制回路 132
　　课题三　方向控制回路 143
　　课题四　多执行元件控制回路 144
　　思考题与习题 148
模块八　液压传动系统 152
　　课题一　叉车液压传动系统 152
　　课题二　装载机液压传动系统 155
　　课题三　汽车起重机液压传动系统 156
　　课题四　斗轮堆取料机液压传动系统 160
　　课题五　岸边集装箱起重机吊具液压传动系统 162
　　课题六　装卸堆码机液压传动系统 164
　　思考题与习题 166
模块九　液压伺服系统 168
　　课题一　液压伺服系统的工作原理及特点 168
　　课题二　液压伺服系统在车辆转向装置中的应用 170
　　思考题与习题 180
模块十　液压系统的安装、使用和维护 181
　　课题一　液压系统的安装与调试 181
　　课题二　液压系统的使用维护与故障诊断 184
　　思考题与习题 187
模块十一　液力传动基本概念 188
　　课题一　液力传动概述 188
　　课题二　液体在工作轮中的运动和作用力矩 191
　　思考题与习题 193
模块十二　液力耦合器 194
　　课题一　液力耦合器的工作原理与特性 194
　　课题二　液力耦合器的结构 199
　　思考题与习题 204
模块十三　液力变矩器 205
　　课题一　液力变矩器的工作原理与特性 205
　　课题二　综合式液力变矩器和闭锁式液力变矩器 210
　　课题三　液力变矩器的结构 213
　　思考题与习题 219
附录　常用液压传动图形符号 220
参考文献 224

模块一　液压传动概述

通常,一部完整的机器是由原动机、传动装置和工作机构三部分组成。原动机是机器的动力源,包括电动机和内燃机;工作机构是完成机器工作任务的直接工作部分;传动装置只是一个中间环节,它的作用是把原动机的输出功率传送给工作机构,并将原动机的旋转运动转换成能适应工作机构要求的运动状态(包括运动方式、工作位置和运动参数等)。

根据传递能量的工作介质的不同,传动分为机械传动、电气传动、液体传动、气体传动以及它们的组合——复合传动等。

液体传动包括液压传动和液力传动,它们都是以液体为工作介质来进行能量传递和运动控制的。液压传动主要利用液体的压力能来传递能量,液力传动主要利用液体的动能来传递能量。

液压传动是在水力学、工程力学和机械制造技术基础上发展起来的一门应用技术。液压传动如果从17世纪中叶帕斯卡提出静压传动原理、18世纪末英国制成第一台水压机算起,已有二三百年的历史。19世纪末,德国制造了液压龙门刨床,美国制造了液压六角车床及液压磨床,但当时尚无成熟的液压元件,液压技术未能得到普遍应用。20世纪70~80年代以来,随着控制理论的发展、油液性能的改善、液压元件结构的不断改进,液压传动的性能、效率、可靠性等得到大大提高。特别是近年来,液压与微电子、计算机技术相结合,使液压技术的发展进入了一个新的阶段,成为发展速度最快的技术之一。由于液压传动有许多突出的优点,因此它被广泛应用于交通运输、机械制造、工程建筑、石油化工、军事器械、矿山冶金、航空、航海、轻工、农机、渔业、林业等方面。目前,液压传动正向小体积、高压大流量、高效低耗、高可靠性、高稳定性、高度集成化、数字化、网络化和智能化方向发展。

课题一　液压传动的工作原理与组成

◎知识点
(1)液压传动的定义及工作原理;
(2)液压传动系统的组成及表示方法。

◎技能点
熟练分析液压千斤顶的工作过程。

◎ 课题应用

液压传动作为一种传动形式,其应用领域极其广泛。以现实生活中比较常见的应用为例,在公路上如需更换车辆轮胎,司机可用随车液压千斤顶将重达几吨、十几吨的汽车举升。为什么千斤顶能将力放大到成百上千倍呢?这是因为它采用了液压传动。

◎ 课题分析

液压传动是以液体为工作介质,借助于密封工作空间的容积变化和油液的压力来传递能量的传动方式。液压传动装置无论大小,本质上都是能量传动装置。液压传动装置先将原动机输出的旋转机械能转换成油液的压力能,再把油液的压力能转换成所需要的机械能。液压传动只是传递能量的中间环节,它包括动力元件(液压泵)、执行元件(液压缸、液压马达)、控制调节元件(液压阀)、辅助元件,但不包括原动机和工作机构。

◎ 相关知识

一、液压传动的工作原理

液压传动的工作原理可以用一个液压千斤顶的工作原理来说明。

图 1-1 所示是液压千斤顶的工作原理图。提起杠杆 1 时,小活塞 2 就被带动向上运动,于是小液压缸 3 的下腔密封空间容积增大,压力下降,当低于一个大气压时,会形成部分真空。这时钢球 5 将所在的油路关闭,油箱 10 中的油液在大气压力的作用下推开钢球 4,沿着吸油管道进入小缸的下腔,完成了一次吸油动作。接着,压下杠杆 1,小活塞下移,小缸下腔的密封空间容积减小,压力升高,这时钢球 4 自动关闭了油液流回油箱的通路,小缸下腔的压力油就推开钢球 5 进入大液压缸 6 的下腔,推动大活塞将重物 8(重力为 G)向上顶起一段距离。如此反复地提、压杠杆 1,就可以使重物不断升起,达到起重的目的。

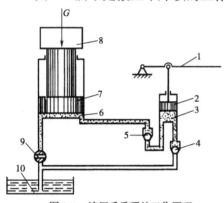

图 1-1 液压千斤顶的工作原理
1-杠杆;2-小活塞;3、6-液压缸;4、5-钢球;
7-大活塞;8-重物;9-放油阀;10-油箱

若将放油阀 9 旋转 90°,则在重物 8 的重力作用下,大缸中的油液流回油箱,活塞下降到原位。

从此例可以看出,液压传动装置本质上是一种能量转换装置。压下杠杆,小缸输出压力油,将机械能转换成压力能。压力油经过管道流入大缸举起重物,则是将压力能转换成机械能。大活塞举升重物的速度取决于单位时间内流入大缸中的油液的数量。因此,液压传动是以液体为工作介质,借助于密封工作空间的容积变化和油液的压力来进行能量传递和运动控制的传动方式。液压传动实现工作需要有两个条件:一是处于密封工作空间内的液体存在容积变化并能够流动;二是液体具有压力。只有能流动并具有一定压力的液体才能做功,才具有压力能。

液压千斤顶具有力的放大作用,或者说具有省力作用,其原理可用图 1-2 加以说明。压下杠杆时,小缸与大缸相通,两缸油液压力基本相等。设小缸活塞面积、直径和作用力分别为 A_1、D_1 和 F,大缸活

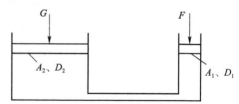

图 1-2 液压千斤顶力的放大原理

塞面积、直径和所能克服的载荷分别为 A_2、D_2 和 G。由于 $p_1=p_2$，则 $F/A_1=G/A_2$，故 $G=(A_2/A_1)G=(D_2^2/D_1^2)F=KF$，也即液压千斤顶力的放大倍数 K 等于大、小两缸活塞有效作用面积之比，也等于大、小两缸活塞直径平方之比。

分析液压千斤顶的工作过程，还可得出液压传动的两个主要工作特性：

1）液体的压力主要取决于重物的重力（负载）大小

压下杠杆的输入力是通过液体介质的压力作用在大活塞的承压面上，与重物的重力（负载）相平衡的。因此液体的压力是由于有了负载才建立的。负载的大小决定了液体压力的大小，若没有负载就不可能建立油压。

2）大活塞举升重物的速度取决于单位时间内流入大缸的液体体积

由于小活塞下移所引起的体积变化与大活塞上移所引起的体积变化相等，因此当大活塞和小活塞的承压面积确定后，举升重物的速度只取决于小活塞的下压速度，即单位时间内流入大缸的液体体积。

二、液压传动系统的组成

液压传动的应用范围非常广，但就其组成来讲是相似的。图 1-3 为一台简化了的起重机变幅机构液压传动系统。我们可以通过它进一步了解一般液压传动系统应具备的基本性能和组成情况。

当换向阀 5 处于图 1-3a）所示位置时，液压泵 8 从油箱 10 中吸油，油液经过过滤器 9 过滤后通过泵向系统输送。来自液压泵 8 的压力油经单向阀 1、节流阀 4 和换向阀 5 进入液压缸 7 的下腔，推动活塞连同臂架 6 向上运动，使臂架增大倾角，起重机的幅度减小。同时，液压缸 7 上腔的油液通过换向阀 5，经回油管排回油箱 10。

如果将换向阀 5 手柄扳到图 1-3b）所示的状态，则压力油进入液压缸 7 的上腔，推动活塞连同臂架向下移动。

液压缸 7 活塞的运动速度可以通过节流阀 4 来调节，泵多余的油液可经溢流阀 3 流回油箱 10，泵的出口压力也可通过溢流阀 3 得到调节。

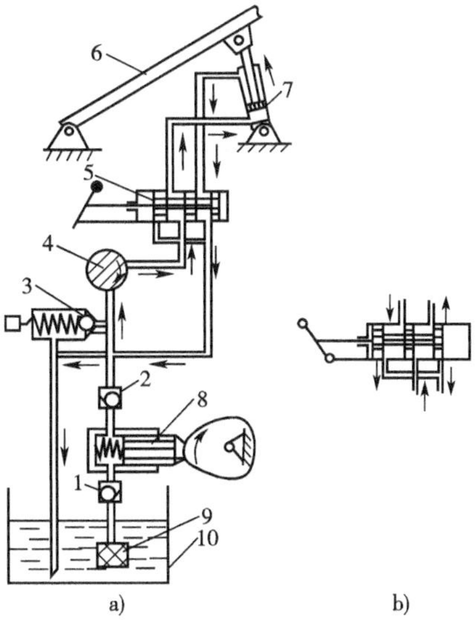

由上述可知，液压泵在原动机的驱动下旋转，输出压力油，即原动机的机械能转换成油液的压力能。压力油经管路系统和控制调节元件（如换向阀等）进入执行元件液压缸（或液压马达），驱动液压缸作往复运动（或液压马达作旋转运动），并带动工作机构（如臂架）运动，从而将油液的压力能重新转换成机械能。

图 1-3 起重机变幅机构液压传动系统结构原理图
a）系统原理图；b）换向阀
1、2-单向阀；3-溢流阀；4-节流阀；5-换向阀；6-臂架；7-液压缸；8-液压泵；9-过滤器；10-油箱

从起重机变幅机构液压系统的分析可知，为了实现能量的传递，一个完整的、能够正常工作的液压系统，除了工作介质（液压油）以外，还应由以下四个部分组成：

1）动力元件

动力元件即液压泵，向系统输送压力油，是将原动机输出的机械能转化成液体压力能的元件。

2）执行元件

执行元件即液压缸或液压马达,是将输入的压力能转换成机械能输出的元件。液压缸在压力油的作用下做往复运动(一般为往复直线运动,少数为小于1圈的摆动),液压马达则做连续旋转运动。

3）控制调节元件

控制调节元件即液压控制阀,包括方向控制阀、压力控制阀、流量控制阀三大类,如上例中的换向阀5、溢流阀3和节流阀4等。这些元件用以控制和调节液压系统油液的流动方向、压力和流量,以保证执行元件完成预期的动作。

4）辅助元件

辅助元件包括油箱、油管、密封件、过滤器以及各种指示器和控制仪表等。它们的作用是提供必要的条件使系统得以正常工作。

以上这些液压元件将在以后各模块中分别介绍。

三、液压传动系统的图形符号

描述液压系统工作原理、基本组成、所能完成的基本任务、工作循环及控制方式的说明性原理图被称为液压系统原理图。液压系统原理图有多种表示法。在图1-3a)中,组成液压系统的各个元件是用半结构式图形绘出的,这种图形直观性强,易于理解。但是,对于复杂系统来说,这种原理图绘制起来需要较大的工作量,而且显得混乱难辨,不便于交流。在工程实际中,除某些特殊情况外,一般都用规定的图形符号来绘制液压系统原理图,称之为职能符号式原理图。当元件无法用职能符号表示时,也允许局部采用结构简图来表示。我国先后于1965年、1976年和1993年制定了液压与气动图形符号标准,目前执行的标准是《流体传动系统及元件图形符号和回路图 第1部分:用于常规用途和数据处理的图形符号》(GB/T 786.1—2009),详见本书附录。对于图1-3所示的液压系统,若用国家标准规定的图形符号绘制,则其系统原理图如图1-4所示。

分析图1-4可知:

(1)符号只表示元件的职能和连接通路,不表示元件的具体结构、技术参数和实际安装位置。例如,在图1-4中,元件8只表示为单向定量液压泵,但并不清楚泵的种类,更不清楚其型号和规格大小。

(2)符号内的箭头通常表示油液的流动方向。溢流阀3中的箭头、液压泵8中的实心三角形箭头,均表示油液的流动方向,且不可反向流动。但对于某些特殊的液压阀,如换向阀5,虽然符号中画有箭头,但油路却是可逆的。

(3)符号均以元件静止位置或中间零位来表示。例如,工作时溢流阀3的进、出口可能相通,也可能不相通。但在符号表达时,所表达的是非工作状态,也就是符号以静止状态的关系来表达的。

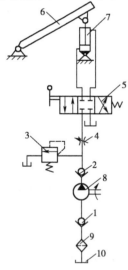

图1-4 起重机变幅机构液压传动系统图形符号图

1、2-单向阀;3-溢流阀;4-节流阀;5-换向阀;6-臂架;7-液压缸;8-液压泵;9-过滤器;10-油箱学习和牢固掌握元件的标准图形符号是学习和应用液压传动技术的关键之一,具体的绘制方法和要求将在后续模块中介绍。

课题二 液压传动的优缺点

◎知识点

(1)液压传动的优点;

(2)液压传动的缺点。

◎技能点

正确分析液压传动调速方便、泄漏大、能量损失大的原因。

◎课题应用

液压传动在各类港口设备中得到了广泛的应用,这是因为它与其他传动相比在很多方面有着突出的优势。

◎课题分析

液压传动的工作介质是液压油,液压元件内的油液流量很容易调节,因而液压传动能方便地实现较大范围的无级调速和微速,这是液压传动的最大优点。但液压传动存在无法杜绝的泄漏,而且系统还存在严重的溢流损失和阻力损失,能量损失大,有时甚至影响正常工作。

◎相关知识

与其他传动相比较,液压传动有以下优缺点:

一、液压传动的优点

(1)能方便地实现较大范围的无级调速和微速,调速范围最大可达到1:2000,而且易获得设备所需的低速大推力或大转矩。对于港口设备,这一优点尤为突出。起重机旋转机构的转速一般都非常低,旋转机构若采用低速大转矩液压马达驱动,即可方便地进行调速并获得微速。

(2)元件间采用管道连接,易于总体布置,元件可根据设备的总体布置需要选取合适的安装位置。

(3)油液具有一定的可压缩性,能缓冲吸振,易实现过载保护,工作平稳性、可靠性好;工作油液能使传动零件自润滑,使用寿命较长。

(4)在同等功率下,液压元件体积较小、重量较轻。如轴向柱塞泵每千瓦功率的重量只有1.5~2N,而直流电机的重量则高达15~20N,这说明在同等功率的情况下,前者的重量仅为后者的10%~20%。尺寸相差则更大,前者为后者的12%~13%。

(5)操作简便、省力,易于实现自动化。特别是与数控技术、智能化技术相结合,易于使复杂的循环工作自动化。

(6)液压元件基本实现标准化、系列化、通用化,便于设计和推广使用。

二、液压传动的缺点

(1)液压系统存在较严重的内外泄漏,能量损失大(包括摩擦损失、泄漏损失、节流和溢流损失等),发热大,效率低,不宜做远距离传动,无法保证严格的传动比。

液压元件的泄漏分为外泄漏和内泄漏两种。外泄漏是指油液由元件内部泄漏到元件外部,内泄漏是指油液由元件内的高压区泄漏到元件内的低压区。一般情况下,内泄漏远大于外泄漏,内泄漏无法完全杜绝。

(2)液压元件制造精度高,加工工艺复杂,成本高,不易检修。

(3)作为工作介质的油液,其黏度受温度变化的影响较大,这会直接影响到传动机构的工作性能,使液压传动不宜在过高、过低的温度下或温差过大的工况下工作。

(4)有时系统或元件的噪声较大。

由于液压传动有其突出的优点,所以目前在港口设备上得到广泛的应用。叉车、装载机、推耙机等都实现了液压化,门机、岸边集装箱起重机、集装箱正面吊运机、斗轮堆取料机、汽车起重机等设备也大量采用液压传动。港口设备采用液压传动后,普遍比原来同规格的机械传动产品减小了外形尺寸,减轻了重量,提高了作业效率和作业质量。尤其是近年来,随着微电子技术在液压技术上的推广应用,使港口设备的综合技术水平越来越高,提高了港口设备的使用可靠性、操作安全性、舒适性和使用寿命,使其适应性更强。因此可以说,对于港口设备的发展,液压技术起到了至关重要的作用。

思考题与习题

1. 液压千斤顶的动作原理是怎样的?
2. 什么是液压传动?
3. 液压传动系统由哪几部分组成?分别包括哪些元件?
4. 液压泵、液压缸和液压马达分别进行怎样的能量转换?液压缸、液压马达分别实现什么运动?
5. 关于绘制液压传动图形符号有哪几个规定?
6. 液压传动有哪些主要优缺点?

模块二　液压流体力学基础

液压传动是以液体作为工作介质进行能量传递的。因此,了解液体的基本性质,掌握液体平衡和运动的主要力学规律,对于正确理解液压传动原理以及合理设计和使用液压系统都是非常必要的。

课题一　液　压　油

◎知识点

(1)液压油的黏性、黏度以及黏温特性;

(2)液压油的合理选择;

(3)液压系统污染与控制。

◎技能点

合理选择液压油。

◎课题应用

在港口,液压设备所选用的液压油品质的好坏,会直接影响到设备的工作效率和使用寿命。港口设备身处较为恶劣的工作环境,在使用一段时间后,液压油会受到一定程度的污染,极易产生故障,必须适时更换。

◎课题分析

要能合理地选择和使用液压油,就必须了解液压油的性质,尤其是油液的黏性和黏度的概念。这是因为,油液的黏度不仅会直接受到油温变化的影响,而且会对液压系统的能量损失、泄漏等产生影响。因此,根据所用设备的工作情况正确选择油液的牌号就显得十分重要。同时,使用中也要尽量减少各种污染对液压油品质的影响。

◎相关知识

一、液压油的主要性质

1. 密度

单位体积内液体的质量称为液体的密度,通常用 $\rho(\text{kg/m}^3)$ 来表示,即

$$\rho = \frac{m}{V} \tag{2-1}$$

式中：m——液体的质量；

V——液体的体积。

密度是液体的一个重要物理参数。密度随着液体压力的增大而增大，随着温度的升高而减小。但这种变化量不大，通常近似地把液体的密度当作常量。液压系统常用的工作介质为矿物油型液压油，计算时可取油液的密度为 900kg/m^3。

2. 可压缩性

液体的可压缩性是指在温度不变的情况下，液体受压力作用而发生体积缩小的性质。

液体的可压缩性比钢材大 100～150 倍，可见液体的可压缩性比刚性物质大得多。液体的可压缩性与其空气含量有关。在液体中若混入空气过多，其可压缩性将显著提高，并将严重影响液压系统的工作性能，故应使油液中的空气含量减小到最低限度。在有动态性能要求或压力变化很大的高压系统中，应考虑液体的可压缩性影响。但是，对于一般液压系统，由于压力变化引起的液体体积变化非常小，所以在一般情况下可认为液体是不可压缩的。

3. 黏性

1）黏性的物理本质

液体受外力作用而流动时，液体内部产生内摩擦力的性质称为液体的黏性。在图 2-1 所示的两平行平板之间充满了液体，设下平板不动，上平板以速度 u_0 向右平移。由于液体与固体壁间的附着力和液体分子间的内聚力的存在，紧靠上平板的液体黏附在上平板上，以相同的速度 u_0 随上平板向右运动，紧靠下平板的液体黏附于下平板上而保持静止，而中间各层液体的速度则根据它与下平板的距离大小近似呈线性规律分布。可将液体的这种流动看作为许多薄液层的运动。由于各液层的流动速度不同，流动快的液层会拖动流动慢的液层，而流动慢的液层又会阻滞流动快的液层。这种液层之间的相互作用力称为内摩擦力或黏性力。内摩擦力的大小不仅与液体的黏性大小有关，也与液层间的相对运动速度大小有关。不难看出，只有液体流动时才会出现摩擦，静止液体则不显示黏性。

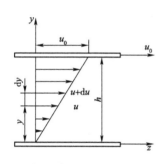

图 2-1 液体黏性示意图

2）黏度

液体黏性的大小用黏度来表示。黏度是选择液压用油的主要指标，黏度的大小会直接影响系统的正常工作、效率和灵敏度。

常用的黏度表达方法有三种，即动力黏度、运动黏度和相对黏度。

（1）动力黏度。动力黏度又称绝对黏度，用 μ 来表示，它反映了液体接触层间内摩擦力的大小程度。由于 μ 与力有关，所以称为动力黏度。动力黏度的单位为帕·秒（Pa·s）。

（2）运动黏度。运动黏度是液体动力黏度 μ 与密度 ρ 的比值，用 υ 来表示，即

$$\upsilon = \frac{\mu}{\rho} \tag{2-2}$$

运动黏度的法定计量单位是斯（m^2/s），记作 St。由于该单位较大，故常采用非法定计量单位 cSt（厘斯）来表示，它们之间的换算关系为

$$1\text{m}^2/\text{s} = 10^6 \text{mm}^2/\text{s} = 10^6 \text{cSt}$$

运动黏度 v 没有什么特殊的物理意义,只因在液压系统的理论分析和计算中时常会碰到动力黏度与密度的比值,由此才派生出运动黏度这个单位。因为它的单位中只有运动学的单位,所以称之为运动黏度。

国际标准化组织 ISO 规定,采用运动黏度来表示油液的黏度等级。我国生产的液压油采用 40℃时的平均运动黏度值(cSt)为其黏度等级标号。例如 32 号液压油,就是指这种油液在 40℃时的运动黏度平均值为 32cSt。

(3)相对黏度。液体的动力黏度与运动黏度都难以直接测量,工程上常用一些简便方法去测定液体的相对黏度。相对黏度的测量方法有多种,我国采用恩氏黏度计来测定油液的相对黏度。将 200mL 被测油液在某一特定温度 t℃时在自重作用下流过恩氏黏度计(具有直径 2.8mm 的漏斗式量具)所需的时间 t_1,与 20℃时同体积蒸馏水流过该恩氏黏度计所需时间 t_2 ($t_2 = 52s$)相比,即为被测油液在 t℃时的恩氏黏度。即

$$°E_t = \frac{t_1}{t_2} \tag{2-3}$$

用恩氏黏度计测出的恩氏黏度可换算成运动黏度,对应数值可从有关图表中直接查出。

3)黏度与温度的关系

油液对温度的变化极为敏感。油温升高,油液黏度将显著降低。油液的黏度随温度变化的性质称为油液的黏温特性。不同种类的液压油具有不同的黏温特性。液压油的黏温特性常用其黏温变化程度与标准油相比较的相对数值(即黏温指数 VI)来表示。VI 值越大,表示其黏度随温度的变化越小,黏温特性越好。

油温升高的原因有两个,一是环境温度的影响,二是设备使用后因能耗而产生发热的影响。油温升高时,油液的黏度下降,油液的流动性增加,流动阻力减少,但泄漏也会增加,同时油液也易氧化变质;油温降低时,油液的黏度增加,流动阻力增加,且有可能堵塞狭窄细小的孔道。因此,应尽可能减少系统能耗发热,采用黏温特性较好的油液。

4)黏度与压力的关系

当压力增加时,液体分子之间的距离缩小,内聚力增大,黏度也增大。一般情况下,油液压力对黏度的影响较小,可不加考虑。当压力变化超过 20MPa 时,才需考虑压力对黏度的影响。

4. 其他性质

油液还有其他一些物理化学性质,如抗燃性、抗凝性、抗氧化性、抗泡沫性、抗乳化性、抗锈性、润滑性、导热性、相容性以及纯净性等,这些都对液压系统工作性能有重要影响。对于不同品种的液压油,这些性质的指标也有所不同,具体可见油类产品手册。

二、液压油的选用

为了正确选用液压油,需要了解对液压油的使用要求,熟悉品种及其性能,掌握液压油的选择方法。

1. 对液压油的使用要求

在液压传动中,液压油既是传动介质,又兼具冷却、润滑、冲洗、防锈等作用,故对液压用油的性能提出了如下要求:

(1) 具有适宜的黏度和良好的黏温特性。在使用温度范围内,油液黏度随温度的变化愈小愈好。对于一般液压系统,$\nu_{40} = (16 \sim 68) \times 10^{-6} \text{m}^2/\text{s}$ 较为合适。

(2) 具有良好的热稳定性和氧化稳定性。油液应不易氧化、不易变质,以防产生黏质沉淀物影响系统工作;防止氧化后油液变为酸性,对金属表面起腐蚀作用。

(3) 具有良好的抗泡沫性和空气释放性,对金属和密封件有良好的相容性。

(4) 在高温环境下具有较高的闪点,在低温环境下具有较低的凝点。

(5) 具有良好的抗磨性和防锈性。

(6) 具有良好的抗乳化性。

(7) 质量要纯净,不含或含有极少量的杂质、水分和水溶性酸碱等,以免侵蚀机件和密封装置。

对于具体的液压传动系统,则需根据工作情况,突出某些方面的使用性能要求。

2. 液压油的品种

我国的液压油品种繁多,按照国家标准的有关规定,分为矿物油型液压油和难燃型液压液两类,另外还有一些专用液压油。矿物油型液压油由于制造容易、来源方便、价格较低,目前在液压设备中应用达90%以上。其缺点是阻燃性差,不宜用于高温环境。因此,高温环境下使用的液压系统应采用难燃型液压液。液压油为了满足液压装置的特别要求,均会在基油中加入添加剂来改善其特性。添加剂有抗氧化剂、防锈剂、增黏剂、降凝剂、消泡剂、抗磨剂等。我国液压油的主要品种、组成和特性见表2-1。

我国液压油的主要品种、组成和特性   表2-1

类型	品种代号	名称	组成与特性
矿物油型液压油	L-HH	全损耗系统用油	无抗氧剂的精制矿物油,只能用于简单设备或低压系统
	L-HL	普通液压油	精制矿物油并改善其防锈性和抗氧性,常用于中、低压系统
	L-HM	抗磨液压油	HL油并改善其抗磨性,适用于港口设备等露天、野外作业的高压系统,以及其他有专门要求的低、中、高压系统
	L-HG	液压导轨油	HM油并具有黏滑性,用于各类机床的导轨润滑
	L-HR	高黏度指数液压油	HL油并改善其黏温性,适用于环境温度变化大的低压系统,也用于数控机床液压系统
	L-HV	低温液压油	HM油并改善其黏温性,适用于工程机械、农业机械和车辆液压系统,也适用于寒冷地区作业的液压系统
难燃型液压液	L-HFAE	水包油乳化液	水多油少,适用于易燃易爆场合
	L-HFB	油包水乳化液	油多水少,适用于冶金、轧钢和矿井设备的低压系统
	L-HFC	水—乙二醇液	含聚合物水溶液,适用于冶金、煤矿等行业的低压和中压系统
	L-HFDR	磷酸酯液	氯氯化烃无水合成液,适用于冶金、火力发电、燃气轮机等高温高压下操作的系统

3. 液压油的选择

液压油的牌号由品种和黏度等级两部分组成。如L-HL46液压油,L-HL表示油液的品种为普通液压油,46表示该品种油液在40℃时的运动黏度平均值为46cSt。

液压油的选择,首先是品种的选择。选择品种时,可根据是否液压专用、有无起火危险、工作压力以及工作温度范围等因素,决定选择合适的、经济的油液品种(参照表2-1)。

液压油的品种确定之后,接着就是选择油液的黏度等级。黏度等级有7、10、15、22、32、46、68、100和150等,不同品种液压油的黏度等级的数量也有所不同。在选择黏度等级时应考虑以下几方面的情况:

(1)工作压力。液压系统工作压力较高时,泄漏问题较为突出,此时宜选用黏度等级较高的液压油;反之,则应选择黏度等级较低的液压油。

(2)运动速度。液压系统工作机构运动速度较高时,油液的流速也高,压力损失较大,此时宜选用黏度等级较低的液压油;反之,则应选择黏度等级较高的液压油。

(3)环境温度。环境温度较高时,油液的黏度较低,使泄漏增加,此时宜选用黏度等级较高的液压油;反之,则应选择黏度等级较低的液压油。

在液压系统的所有元件中,液压泵承受的压力最大,工作时间最长,对液压油的质量和黏度最敏感,黏度符合了泵的要求也就满足了系统的要求。因此,常根据液压泵的类型及要求来选择液压油的黏度等级。各类液压泵适用的黏度范围见表2-2。

各类液压泵推荐用的液压油 表2-2

液压泵类型		运动黏度(m^2/s)(40℃)		适用品种和黏度等级
		系统工作温度 5~40℃	系统工作温度 40~80℃	
叶片泵	<7MPa	30~50	40~75	L-HM油;32、46、68
	>7MPa	50~70	55~90	L-HM油;46、68、100
齿轮泵		30~70	95~165	L-HL油(中、高压系统用HM油);32、46、68、100、150
轴向柱塞泵		40~75	70~150	L-HL油(高压系统用HM油);32、46、68、100、150
径向柱塞泵		30~80	65~240	L-HL油(高压系统用HM油);32、46、68、100、150

实际工作中,液压泵生产厂家在其产品样本中规定了油液品种和黏度范围,因此应遵照厂家要求或建议进行选择。

港口设备所使用的液压油以普通液压油(L-HL)和抗磨液压油(L-HM)为多,黏度等级以32和46为多。

三、液压系统的污染及其控制

液压油受到污染,常常是系统发生故障的主要原因。因此,控制污染十分重要。

1. 污染的危害

液压油被污染指的是油液中含有水分、空气、微小固体颗粒及胶状生成物等杂质。液压油污染对液压系统造成的危害主要有:

(1)固体颗粒和胶状生成物易堵塞过滤器,使液压泵运转困难,产生噪声;易堵塞阀类元件小孔或缝隙,使阀动作失灵。

(2)微小固体颗粒会加速零件磨损,使元件不能正常工作;擦伤密封件,使泄漏增加。

(3)水分和空气的混入会降低液压油的润滑能力,并使其氧化变质;产生气蚀,使元件加速损坏;使液压系统出现振动、爬行等现象。

2. 污染的原因

液压油被污染的原因主要有以下几方面：

(1) 残留物污染。残留物污染主要是指液压元件在制造、储存、运输、安装、维修过程中带入的砂粒、铁屑、磨料、焊渣、锈片、棉纱和灰尘等，虽经清洗，但未清洗干净而残留下来，造成污染。

(2) 侵入物污染。侵入物污染主要是指周围环境中的污染物(空气、尘埃、水滴等)通过一切可能的侵入点，如外露的往复运动活塞杆、油箱的进气孔和注油孔等侵入系统，造成液压油污染。港口设备均处于室外，侵入物对油液的污染尤其严重。

(3) 生成物污染。生成物污染主要是指液压系统在工作过程中产生的金属摩擦微粒、密封材料磨损颗粒、涂料剥离片、水分、气泡以及油液变质后的胶状生成物等，造成液压油污染。

3. 污染的控制

要彻底防止液压油污染是很困难的。为了延长液压元件的寿命，保证液压系统正常工作，将污染程度控制在某一限度以内是较为切实可行的办法。实际应用中常采取如下几方面措施：

(1) 力求减少外来污染。液压装置组装前后必须严格清洗，油箱通大气处要加空气过滤器，向油箱加油应通过过滤器，维修拆卸元件应在无尘区进行。

(2) 滤除系统产生的杂质。应在系统的有关部位设置适当精度的过滤器，并且要定期检查、清洗或更换滤芯。

(3) 定期检查更换油液。应根据液压设备使用说明书的要求和维护规程的规定，定期检查更换油液。换油时要清洗油箱，冲洗系统管道及元件。

课题二 液体静力学基本知识

◎知识点

(1) 液体压力的概念及单位换算；
(2) 液体压力的表示方法；
(3) 压力油作用在平面和曲面上的力。

◎技能点

(1) 正确计算液体的压力；
(2) 正确计算液体作用在平面和曲面上的力。

◎课题应用

液压系统的压力是使用和修理设备过程中重要的观察指标。司机根据压力表的读数判断设备运行是否正常，是否超载；维修人员根据压力表的读数判断设备的故障点。

◎课题分析

压力是液压系统两大重要参数之一。压力的大小由什么决定的？有哪些表示方法？液压泵吸油口为什么要密封？液体作用在平面和曲面上的力又是如何计算的？这些问题都很好回答，但深究下去却容易搞错。

◎相关知识

液体静力学所研究的是静止液体的力学性质。所谓静止是指液体内部质点之间没有相对运动,液体不显示黏性,只能承受法向应力的作用。

一、液体的静压力

液体的静压力是指液体在静止状态时单位面积上所受的作用力。这一定义在物理学中称为压强,但在液压传动中习惯称为压力。

压力用 p 来表示,用公式表示为

$$p = \frac{F}{A} \tag{2-4}$$

式中:F——作用在液体上的力;

A——液体的承压面积。

在国际单位制中,压力的单位为帕(N/m^2),记为 Pa。由于 N/m^2 单位过小,所以一般采用千帕(kPa)或兆帕(MPa)。

$$1 \text{MPa} = 10^3 \text{kPa} = 10^6 \text{Pa}$$

在旧的工程单位制中,压力的单位为 kgf/cm^2(公斤力/平方厘米),又称工程大气压。它与 Pa 的换算为

$$1 \text{kgf}/\text{cm}^2 = 9.81 \times 10^4 \text{Pa}$$

物理学中的大气压与 Pa 的换算为

$$1 \text{ 个大气压} = 1.0133 \times 10^5 \text{Pa}$$

因此,在实际使用中可认为

$$1 \text{kgf}/\text{cm}^2 \approx 1 \text{ 个大气压} \approx 0.1 \text{MPa}$$

液体的静压力具有如下重要特性:

(1) 液体的压力沿着内法线方向作用于承压面。

(2) 静止液体内任一点的压力在各个方向上都相等。

由上述性质可知,静止液体总是处于受压状态,并且其内部的任何质点都是受平衡压力作用的。

二、液体静压力基本方程

根据中学物理学知识可知,静止液体内任一点处的压力 p 由两部分组成:一部分是液面上的压力 p_0,另一部分是该点以上液体自重所形成的压力,即 ρg 与该点距离液面的深度 h 的乘积,故

$$p = p_0 + \rho g h \tag{2-5}$$

上式为液体静力学基本方程式。由此式可得出如下结论:

(1) 当液面上只受大气压力 p_a 作用时,液面压力 $p_0 = p_a$;当液面除受大气压力作用外还受载荷 F 作用时,液面压力还包括由载荷引起的压力 F/A,即:$p_0 = p_a + F/A$。

(2) 静止液体内的压力 p 随液体深度 h 呈线性分布。

(3) 离液面深度 h 相同的各点组成了等压面,静止液体中的等压面为一水平面。

三、压力的表示方法

众所周知,空气中的任何物体都受到大气压力的作用,因此当计算液体的压力时,理应

加上大气压力值,这时得出的压力称之为绝对压力。但因整个地面处处受到大气压力的作用,任何物体所受到的大气压力往往是自成平衡的,对外并不显示力学效果,而真正起作用的还是超过大气压力的那一部分。这种只考虑由外力引起的液体压力,称相对压力。相对压力可以通过压力表进行测量,所以它又称为表压力。在液压传动中,如无特别说明,所提到的压力均是指相对压力。绝对压力和相对压力的关系为

$$\text{绝对压力} = \text{相对压力} + \text{大气压力}$$

$$\text{相对压力} = \text{表压力} = \text{绝对压力} - \text{大气压力}$$

当绝对压力低于大气压力时,习惯上称出现真空。工程上常用真空度来表示真空的程度,真空度为绝对压力不足大气压力的那部分压力值,即

$$\text{真空度} = \text{大气压力} - \text{绝对压力}$$

如果某泵吸油口的绝对压力为 $0.7 \times 10^5 \text{Pa}$,则该点的真空度为 $1 \times 10^5 \text{Pa} - 0.7 \times 10^5 \text{Pa} = 0.3 \times 10^5 \text{Pa}$(这里大气压力取近似值 $1 \times 10^5 \text{Pa}$)。

液压系统中液压泵之所以能从油箱中吸油,就是由于液压泵运转时会在吸油口产生真空度,依靠作用在油箱油面的大气压力把油液压进去的。

绝对压力、相对压力与真空度的关系如图2-2所示。

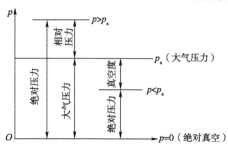

图2-2 绝对压力、相对压力与真空度的关系

四、静止液体内压力的传递

由静力学基本方程式可知,对液体表面的压力 p_0 改变多少,则液体内部任意一点的压力 p 也将改变多少。在密封容器的静止液体中,任意一点的压力如有变化,这一压力变化将等值地传递到容器中的各点,这就是静止液体压力传递原理,即物理学中讲的帕斯卡原理。

在液压系统中,外力作用所产生的压力远远大于液体自重产生的压力。

例 2-1 求液面以下深 $h = 10\text{m}$ 处的压力值。已知液面压力 $p_0 = 10\text{MPa}$,油液的密度 $\rho = 900\text{kg/m}^3$。

解:由静力学基本方程式可知,液面以下深 10m 处的压力为

$$p = p_0 + \rho g h = 10 \times 10^6 + 900 \times 9.81 \times 10 = 10.0882 \times 10^6 \text{N/m}^2 = 10.0882\text{MPa}$$

由本题可知,在液面压力 $p_0 = 10\text{MPa}$ 时,由油液的重量产生的压力 $\rho g h$ 在高度相差 10m 的情况下,其影响也只有 0.0882MPa,即不足百分之一。如果 p_0 更大,h 更小,则 $\rho g h$ 所占的比例更小。在液压系统中,液面由负载引起的压力通常较大,而管路配置的高度差一般较小。所以,为计算方便,通常忽略 $\rho g h$ 一项的影响,近似地认为液压传动中任一点的压力大小可不受位置高度的影响而等于液面的压力。而液面压力通常忽略大气压力的影响,因而就可以得出如下结论:在液压系统的压力油路中,当液体处于静止状态时,密封管路内的压力处处相等,压力是由负载决定的。

五、压力油作用在平面和曲面上的力

液体与固体相接触时,固体将受到油液力的作用。

当液体作用在平面上时,如图 2-3a)所示,液体对固体平面的作用力 F 等于液体压力 p 与该平面面积 A 的乘积,其作用方向与该平面垂直,即

$$F = pA = p\frac{\pi D^2}{4} \tag{2-6}$$

当液体作用在曲面上时,如图 2-3b)、c)所示,液体作用在该曲面某一方向上的作用力 F 同样也等于压力 p 与曲面在该方向投影面积 A 的乘积,即

$$F = pA = p\frac{\pi d^2}{4} \tag{2-7}$$

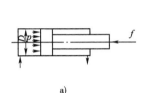

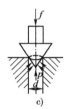

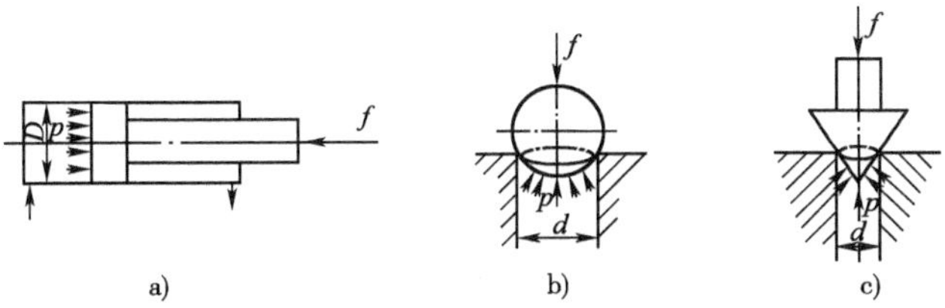

a)　　　　　　　　b)　　　　　　c)

图 2-3　液体作用在固体壁面上的力
a)活塞平面;b)球面;c)圆锥面

根据力学知识可知,当刚性物体静止或做匀速运动时,作用在该物体上的力是平衡的。因此,液体作用在固体平面或曲面某一方向的作用力 F 也就与作用在该方向的其他所有载荷之和 f 相平衡,即

$$F = f \tag{2-8}$$

课题三　液体动力学基本知识

◎知识点

(1)液体流动时的流量和流速;
(2)液体流动时的连续性方程、伯努利方程和动量方程。

◎技能点

(1)正确计算管路及液压缸内的流量、流速;
(2)运用伯努利方程正确分析液压泵吸油口真空度的影响因素。

◎课题应用

工作中,经常对外载的运动速度进行调节。如叉车的升降速度,采用的是节流调速,即通过调节进入液压缸的流量实现调速。

◎课题分析

流量是液压系统又一重要参数。执行元件(液压缸、液压马达)的运动速度不仅与执行元件结构尺寸有关,还与输入的流量有关,某些时候还与载荷、压力、高度等有关。因此,调节流量的方法是多样的,但都遵循液体动力学的基本规律。

◎相关知识

液体动力学主要研究液体流动时的运动规律、能量转换以及流动液体与固体壁间的相互作用力等问题,这些内容不仅构成了液体动力学基础,而且还是液压技术中分析问题和设

计计算的理论依据。

一、基本概念

1. 两个假设

1) 理想液体

所谓理想液体,就是既无黏性又不可压缩的假想液体。研究液体流动时必须考虑黏性的影响,但由于这个问题非常复杂,所以在开始分析时可以假设液体没有黏性,得出某些概念和结论后再考虑黏性的作用,并通过实验验证的方法对理想结论进行补充或修正,这种方法同样可以用来处理液体的可压缩性问题。

2) 稳定流动

液体流动时,若液流质点经过空间任一固定点时的压力、速度或密度均不随时间而变化,则称这种流动为稳定流动(或定常流动、恒定流动)。反之,只要压力、速度、密度中有一个随时间而变化,就称为非稳定流动。

2. 流量和平均流速

液体在管道中流动时,垂直于流动方向的截面称为通流截面(或过流断面)。

单位时间内流经某一通流截面的液体体积称为体积流量,简称为流量。流量用 q 来表示,即

$$q = \frac{V}{t} \tag{2-9}$$

式中:V——液体的体积;

t——时间。

流量的单位为立方米/秒(m^3/s)或升/分(L/min)。

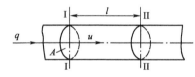

图 2-4 理想液体在直管中的流动

假设理想液体在一直管内做稳定流动,如图 2-4 所示。液流的通流截面面积即为管道截面积 A,液流在通流截面上各点的流速均相等,以 u 来表示。流过截面 Ⅰ—Ⅰ 的液体经时间 t 后到达截面 Ⅱ—Ⅱ 处,所流过的距离为 l,则流过的液体体积为 $V = Al$,因此流量即为

$$q = \frac{V}{t} = \frac{Al}{t} = Au \tag{2-10}$$

上式表明,液体的流量可以用通流截面面积与流速的乘积来计算。

实际液体在流动时,由于黏性力的作用,整个通流截面上各点的速度一般是不等的,其分布规律亦难以知道,故式(2-10)中的 u 应是通流截面上各质点速度的平均值,即平均流速 v。所以,$q = Av$。由此得出平均流速为

$$v = \frac{q}{A} \tag{2-11}$$

在工程实际中,通常人们把平均流速简称为流速。式(2-11)表明,当流量一定时,流速与通流截面面积成反比;当通流截面面积一定时,流速与通过流量成正比。因而要想调节流速,可以通过调节通流截面面积和流量两种方法进行,这是液压传动调速的两种基本思路。液压缸工作时,活塞的运动速度就等于缸内液体的流速,因而当液压缸的有效面积一定时,活塞的运动速度就可以通过调节输入液压缸的流量得到调节。

二、连续性方程

连续性方程是质量守恒定律在流体力学中的一种表达形式。

设液体在图 2-5 所示的管道中做稳定流动。若任取的 1、2 两个通流截面的面积分别为 A_1、A_2，并且在该两截面处的液体密度和流速分别为 ρ_1、v_1 和 ρ_2、v_2。根据质量守恒定律，在单位时间内流过两个截面的液体质量相等，即

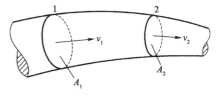

图 2-5 液流的连续性原理

$$\rho_1 A_1 v_1 = \rho_2 A_2 v_2 \quad (2\text{-}12)$$

当忽略液体的可压缩性时，$\rho_1 = \rho_2$，则得

$$A_1 v_1 = A_2 v_2 \quad (2\text{-}13)$$

或写成

$$q = Av = 常数 \quad (2\text{-}14)$$

这就是液体的连续性方程，也称为液体动力学第一方程。它说明液体在单根连续的密封液流通道内做稳定流动时，流量处处相等。从连续性方程中还可以看出，管路内不同截面的液流速度与该截面通流面积成反比，即管路细处流速大，管路粗处流速小，这个原理也适用于计算液压传动中的速比。

液流在具有分支的管路中流动时，同样根据质量守恒定律可知，流入节点的管路流量之和等于流出节点的管路流量之和，即

$$\sum q_{入} = \sum q_{出} \quad (2\text{-}15)$$

例 2-2 如图 2-6 所示，单杆活塞式液压缸活塞直径 $D=100\text{mm}$，活塞杆直径 $d=50\text{mm}$，进、回油管直径 $d_0=20\text{mm}$，进油管输入流量 $q=100\text{L/min}$，求活塞运动速度 v 及进、回油管液体流速 v_1、v_2。

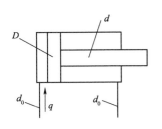

图 2-6 流速计算实例

解：进油管流速

$$v_1 = \frac{q_{进}}{A_{进}} = \frac{q}{\frac{1}{4}\pi d_0^2} = \frac{100 \times 10^{-3} \div 60}{\frac{1}{4} \times \pi \times 0.02^2} = 5.3 \text{m/s}$$

活塞的运动速度等于液压缸进油腔流速，故

$$v = \frac{q_{进}}{\frac{1}{4}\pi D^2} = \frac{100 \times 10^{-3} \div 60}{\frac{1}{4} \times \pi \times 0.1^2} = 0.212 \text{m/s}$$

液压缸回油腔的流速等于活塞的运动速度，所以液压缸回油流量 $q_{回} = \pi(D^2-d^2)v/4$，故回油管流速为

$$v_2 = \frac{q_{回}}{A_{回}} = \frac{\frac{1}{4}\pi(D^2-d^2)v}{\frac{1}{4}\pi d_0^2} = \frac{(D^2-d^2)v}{d_0^2} = \frac{100^2-50^2}{20^2} \times 0.212 = 3.975 \text{m/s}$$

三、伯努利方程

伯努利方程是能量守恒定律在流体力学中的一种表达形式，是液体动力学第二方程。

1. 理想液体伯努利方程

设理想液体在如图 2-7 所示的管道内做稳定流动。任取一段液流 ab 作为研究对象,设 a、b 两段面中心到基准面 O—O 的高度分别为 h_1 和 h_2,通流截面面积分别为 A_1 和 A_2,压力分别为 p_1 和 p_2。由于是理想液体,截面上的流速可以认为是均匀分布的,故设 a、b 截面的流速分别为 v_1 和 v_2。假设经过很短的时间 Δt 以后, ab 段液体移动到 $a'b'$ 位置,现分析该段液体的功能变化。

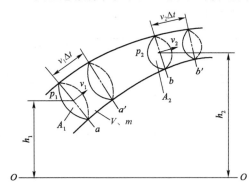

图 2-7 理想液体伯努利方程的推导

作用在该段液体上的外力有侧面压力和两截面的压力。因理想液体无黏性,侧面压力不能产生摩擦力做功,故外力所做的功是两截面压力所做功的代数和,即

$$W = p_1 A_1 v_1 \Delta t - p_2 A_2 v_2 \Delta t \quad (2\text{-}16)$$

由式(2-14)和式(2-9)可知

$$A_1 v_1 \Delta t = A_2 v_2 \Delta t = q \Delta t = V \quad (2\text{-}17)$$

式中:V——aa' 或 bb' 微小段液体的体积。

故有

$$W = (p_1 - p_2)V \quad (2\text{-}18)$$

因理想液体做稳定流动,经过时间 Δt 后,中间 $a'b$ 段液体的所有力学参数均未发生变化,故这段液体的能量没有增减。液体机械能的变化仅表现在 aa' 和 bb' 两小段液体的能量差别上。由于前后两段液体有相同的质量 $m = \rho v_1 A_1 \Delta t = \rho v_2 A_2 \Delta t = \rho V$,所以两段液体的势能差 ΔE_p 和动能差 ΔE_k 分别为

$$\Delta E_p = mg(h_2 - h_1) \quad (2\text{-}19)$$

$$\Delta E_k = \frac{1}{2}m(v_2^2 - v_1^2) \quad (2\text{-}20)$$

根据能量守恒定律,外力对液体所做的功等于该液体能量的变化量,$W = \Delta E_p + \Delta E_k$,即

$$(p_1 - p_2)V = mg(h_2 - h_1) + \frac{1}{2}m(v_2^2 - v_1^2) \quad (2\text{-}21)$$

将上式整理后,得出理想液体的伯努利方程为

$$p_1 V + \frac{1}{2}mv_1^2 + mgh_1 = p_2 V + \frac{1}{2}mv_2^2 + mgh_2 \quad (2\text{-}22)$$

因为图 2-7 中 A_1 和 A_2 是两个任意选取的截面,所以上式所表达的关系式适用于管道内任意两个截面。于是,上式可以写成一般的表达式,即

$$pV + \frac{1}{2}mv^2 + mgh = 常数 \quad (2\text{-}23)$$

伯努利方程式中的各项分别为液体的压力能、动能和势能。因此,理想液体伯努利方程的物理意义为:在密封管道内作稳定流动的理想液体具有压力能、动能和势能,它们之间可以相互转化,但其总和为常数。

将式(2-22)中的各项分别除以体积 V 后,可得出单位体积伯努利方程式,即

$$p_1 + \frac{1}{2}\rho v_1^2 + \rho g h_1 = p_2 + \frac{1}{2}\rho v_2^2 + \rho g h_2 \qquad (2\text{-}24)$$

或

$$p + \frac{1}{2}\rho v^2 + \rho g h = 常数 \qquad (2\text{-}25)$$

从式(2-25)中还可以看出,压力 p、速度 v、高度 h 三者之间是可以相互转换的,因而也就不难解释"人不能在靠近漩涡的地方游泳"的道理了。

在液压系统中,式(2-23)中各项的大小有很大的悬殊,所对应的液体压力能远远大于动能和势能。所以人们常常认为,液压传动以压力能为主,动能、势能很小,可以忽略不计。

例 2-3 用油管将压力油从地面输送到高 10m 处,若已知地面处管内压力为 10MPa,流速为 3m/s,在高 10m 处由于管道截面变细,流速增加到 5m/s。当不计摩擦损失时,试求高 10m 处管内压力为多少?(取 $\rho = 900 \text{kg/m}^3$)

解:设地面处为截面 1,高 10m 处为截面 2,地面处为测量基准,则: $p_1 = 10\text{MPa}$, $v_1 = 3\text{m/s}$, $h_1 = 0$, $v_2 = 5\text{m/s}$, $h_2 = 10\text{m}$。

根据伯努利方程,得

$$10 \times 10^6 + \frac{1}{2} \times 900 \times 3^2 + 0 = p_2 + \frac{1}{2} \times 900 \times 5^2 + 900 \times 9.8 \times 10$$

故

$$p_2 = 10004050 - 99450 = 9904600 \text{Pa} = 9.9046 \text{MPa} \approx p_1 = 10\text{MPa}$$

由此例可知,当不计油液流动中的摩擦损失时,油管位置高度和油液流速的变化对压力的影响很小。

2. 实际液体伯努利方程

实际液体在管道内流动时,由于液体存在黏性,会产生内摩擦力,消耗能量;同时,管道局部形状和尺寸的骤然变化,使液流产生扰动,也消耗能量。因此,实际液体流动时有一定的能量损失,设单位体积液体在两截面间流动的能量损失为 Δp_w。

另外,由于实际液体在管道通流截面上的流速分布是不均匀的,在用平均流速代替实际流速计算动能时,必然会产生误差,需引入动能修正系数 α。

因此,经对式(2-24)修正后,实际液体单位体积伯努利方程变为

$$p_1 + \frac{1}{2}\rho \alpha_1 v_1^2 + \rho g h_1 = p_2 + \frac{1}{2}\rho \alpha_2 v_2^2 + \rho g h_2 + \Delta p_w \qquad (2\text{-}26)$$

式中: α_1、α_2 ——动能修正系数,层流时取 2,紊流(层流、紊流的概念在下一课题介绍)时取 1。

例 2-4 如图 2-8 所示,已知泵的吸油口比油箱液面高 H,油箱液面通大气,求泵吸油口的真空度。

解:设油箱液面为基准截面 1—1,泵的吸油口截面为 2—2,列出伯努利方程为

$$p_1 + \frac{1}{2}\rho \alpha_1 v_1^2 + \rho g h_1 = p_2 + \frac{1}{2}\rho \alpha_2 v_2^2 + \rho g h_2 + \Delta p_w$$

其中, $p_1 = 0$, $h_1 = 0$, $v_1 = 0$, $h_2 = H$,代入后可写成

$$p_2 = -\left(\rho g H + \frac{1}{2}\rho \alpha_2 v_2^2 + \Delta p_w\right)$$

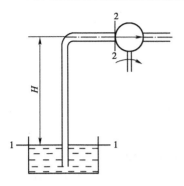

图 2-8 液压泵吸油过程示意图

泵吸油口的真空度与相对压力 p_2 互为相反数,故吸油口真空度为

$$p_真 - p_2 = \rho g h + \frac{1}{2}\rho\alpha_2 v_2^2 + \Delta p_w \quad (2-27)$$

由上式可知,泵吸油口处的真空度由三部分组成。当泵安装于液面之上时,三部分均为正值,吸油口存在真空,这时液体吸入实际上是靠液面上的大气压压进去的;当泵安装于液面之下时,$H<0$,在 $|\rho g H| > \frac{1}{2}\rho\alpha_2 v_2^2 + \Delta p_w$ 的情况下,$p_真 < 0$,泵吸油口处形不成真空,油自行灌入泵内。

由上述情况分析可知,泵内吸油高度 H 值越小,泵越易吸油。在一般情况下,为便于安装维修,泵应安装在油箱油面以上,依靠进口处形成的真空度来吸油。但工作时的真空度也不能太大,否则极易产生气穴现象,油液流动的连续性就受到破坏,并产生振动和噪声,影响泵和系统的正常工作。H 值一般不大于 $0.5\mathrm{m}$。

四、动量方程

动量方程是动量定律在流体力学中的具体应用,是液体动力学第三方程。在液压传动时,要计算液流作用在固体表面上的力时,应用动量方程求解比较方便。

刚体力学动量定律指出,作用在物体的总作用力等于物体在单位时间内的动量变化量,即

$$\sum F = \frac{1}{\Delta t}(mv_2 - mv_1) \quad (2-28)$$

对于做稳定流动的液体,若忽略其压缩性,可将 $m = \rho q \Delta t$ 代入上式,并考虑以平均流速代替实际流速产生的误差,因而引入动量修正系数 β,则动量方程可写成如下形式

$$\sum F = \rho q(\beta_2 v_2 - \beta_1 v_1) \quad (2-29)$$

式中:$\sum F$——作用在液体上所有外力的矢量和;

$v_1 、 v_2$——液流在前、后两个通流截面上的平均流速矢量;

$\beta_1 、 \beta_2$——动量修正系数,紊流时 $\beta=1$,层流时 $\beta=1.33$;为简化计算,通常均取 $\beta=1$;

$\rho 、 q$——液体的密度和流量。

式(2-29)为矢量方程,使用时应根据具体情况将式中各个矢量分解为指定方向的投影值,再列出该方向上的动量方程。例如在 x 指定方向上的动量方程可写成如下形式

$$\sum F_x = \rho q(\beta_2 v_{2x} - \beta_1 v_{1x}) \quad (2-30)$$

工程问题中往往要求求解液流对固体的作用力,即动量方程中 $\sum F$ 的反作用力 $\sum F'$,故在 x 指定方向的液压作用力计算公式为

$$\sum F'_x = \rho q(\beta_1 v_{1x} - \beta_2 v_{2x}) \quad (2-31)$$

例 2-5 如图 2-9 所示,圆柱滑阀是液压阀中一种常见的结构,液体流入阀口的速度为 v_1,方向角为 θ,流量为 q,液体流出阀口的流速为 v_2。试计算液流通过滑阀时,液流对阀芯的轴向作用力。

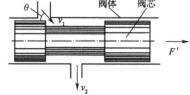

图 2-9 液流对阀芯的轴向作用力

解:取阀进出口之间的液体为控制液流,设液流做稳定流动,动量修正系数 $\beta_1 = 1$,$\beta_2 = 1$,则滑阀轴向的动量方程为

$$F = \rho q(v_2 - v_1) = \rho q(v_2\cos 90° - v_1\cos\theta) = \rho q(0 - v_1\cos\theta) - \rho q v_1\cos\theta$$

其中,F 为阀芯对控制液流的轴向作用力,负号表示该力的方向与速度的投影方向相反,即该力方向向左。

液流对阀芯的轴向作用力 F' 与力 F 大小相等、方向相反(即 F 的方向向右),即

$$F' = -F = \rho q v_1\cos\theta$$

可见,F 是一个力图使滑阀阀口关闭的力。

课题四 液体流动时的压力损失

◎知识点
(1)液体的两种流动状态;
(2)管路系统压力损失的计算。

◎技能点
正确分析减少压力损失的方法。

◎课题应用
在实际使用中,时常要观察液压系统的压力,但发现系统各处的压力值并不相等。

◎课题分析
液体在系统中流动时,不一定是直线运动,速度也不一定相等,这就不可避免地会造成压力损失。任意两点之间的压力差反映了压力损失及能量损失。对使用者来说,压力损失愈小愈好。要减少压力损失,就必须搞清楚压力损失的大小与哪些因素有关。

◎相关知识

实际液体具有黏性,流动时会有阻力产生。为了克服阻力,液体流动时必然会损耗一部分能量。由于液体能量主要为压力能,因而这种能量损失主要为压力能的损失;而压力能的损失则体现在压力的损失上,即随着油液的流动,液体内的压力会逐步降低。

在液压系统中,压力损失不仅表明系统损耗了能量,而且由于压力能转变为热能,将导致系统的温度升高,因此要尽量减少压力损失。

一、液体的流动状态

液体在管路中流动时的压力损失与液体的流动状态有关。

英国物理学家雷诺通过大量的实验,发现液体在管路中流动时有层流和紊流两种流动状态,其实验装置如图 2-10 所示。水箱 4 由进水管 2 不断供水,多余的水由隔板 1 上部流出,以使实验过程中水位保持恒定。在水箱下部装有玻璃管 6、开关 7,在玻璃管进口处放置小导管 5,小导管与装有同密度着色水的水箱 3 相连。

实验时,首先将开关 7 打开,然后打开着色水导管的开关,并用开关 7 来调节玻璃管 6 中水的流速。当流速较低时,着色水的流动是一条与管轴平行的清晰的线状流,和大玻璃管中的清水互不混杂。这说明液体质点沿管路做直线运动,呈互不混杂的有层次流动,这种流

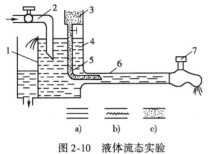

图 2-10 液体流态实验
a)层流；b)、c)紊流
1-隔板；2-进水管；3、4-水箱；5-小导管；6-玻璃管；7-开关

动状态称为层流,如图 2-10a)所示。逐渐开大开关 7,当玻璃管中的流速增大至某一值时,着色水水流便开始抖动而呈波纹状态,如图 2-10b)所示,这表明层流开始被破坏。再进一步增大水的流速,着色水便和清水完全掺混在一起,液体质点呈紊乱、混杂状态的流动,这种流动状态称为紊流,如图 2-10c)所示。

如果将开关 7 逐渐关小,则玻璃管中的流动状态便又从紊流向层流转变,只是其临界流速值并不相同。由层流过渡到紊流的液体速度称为上临界速度,由紊流过渡到层流的液体速度称为下临界速度。在上、下临界速度之间,液流处于过渡阶段,或称变流。变流是一种不稳定的流动状态,一般按紊流处理。

实践证明,液体在管道内流动时的流动状态不仅与液体流速 v 有关,还与管道内径 d 及液体的运动黏度 υ 有关。因此,判定液体的流动状态则是用上述 3 个参数所组成的雷诺数来反映的。雷诺数用 Re 来表示,其值为无量纲,即

$$Re = \frac{vd}{\upsilon} \tag{2-32}$$

对于非圆形截面的管道,上式中的 d 用水力直径 d_H 来代替。水力直径的计算式为

$$d_H = \frac{4A}{\chi} \tag{2-33}$$

式中:A——通流截面的有效面积；

χ——湿周,通流截面上与液体相接触的管壁周长。

水力直径的大小对通流能力的影响很大。水力直径大,意味着液流和管壁的接触周长相对较短,管壁对液流的阻力较小,通流能力较大,不易堵塞。在通流截面面积相同但形状各异的所有流道中,圆形截面管道的水力直径最大。

实验表明,当 Re 较小时,黏性力起主导作用,液体质点受黏性的约束,不能随意运动,只能沿着流层做层次分明的轴向运动而呈层流；当 Re 较大时,惯性力起主导作用,液体高速流动时液体质点间的黏性不能再约束质点,液体质点具有速度脉动,而能冲出流层呈紊流状态。

液体的流动状态用临界雷诺数 Re_c 来判别。当实际雷诺数 Re 小于临界雷诺 Re_c 时,液体呈层流状态；反之,为紊流状态。临界雷诺数由实验求得。光滑金属圆管中的 Re_c 为 2000~2320,橡胶软管中的 Re_c 为 1600~2000,其他通道中的 Re_c 可查有关资料。

显然,液体紊流时液流阻力、能量损失要比层流时大得多。因此,应尽可能地使液流呈层流状态流动。

二、沿程压力损失

液体在等径管路中流动时产生的压力损失,称为沿程压力损失。这种压力损失是由于液体内部、液体和管壁间的摩擦力以及紊流流动时质点间的相互碰撞所引起的。

沿程压力损失 Δp_λ 可用下式来计算

$$\Delta p_\lambda = \lambda \frac{l}{d} \cdot \frac{1}{2}\rho v^2 \qquad (2-34)$$

式中：λ——沿程阻力系数，其值与雷诺数 Re 及管壁的粗糙度 Δ 有关，尤其与油液的黏度有关。

λ 的计算方法要视液体的流动状态而定。对于等径圆管，若液体流动状态为层流时，$\lambda = 64/Re$。但在实际计算中考虑温度变化不均匀等因素，光滑金属圆管常采用 $\lambda = 75/Re$，橡胶软管常采用 $\lambda = (80 \sim 108)/Re$，较大的值对应于曲率较大的软管；若液体流动状态为紊流，先按表2-3查出绝对粗糙度 Δ 值，然后根据 Re 及 Δ/d 值按表2-4查出 λ 值，也可从有关液压手册的线图中查出。

不同材料管子的内壁绝对粗糙度 Δ　　　　　表 2-3

材　料	钢　管	铸　铁	铜　管	铝　管	塑　料　管	带加强钢丝的橡胶管
绝对粗糙度 Δ	0.04	0.25	0.0015~0.01	0.0015~0.06	0.0015~0.01	0.3~0.4

注：表中管子均为新管。

圆管紊流时沿程阻力系数 λ　　　　　表 2-4

Re	λ 的计算公式
$4000 < Re \leq 10^5$	$\lambda = 0.3164 Re^{-0.25}$
$10^5 < Re < 10^6$	$\lambda = 0.032 + 0.221 Re^{-0.237}$
$Re > 900\Delta/d$	$\lambda = [2\lg(\Delta/d) + 1.74]^{-2}$

从沿程压力损失的公式中可以看出，当流速（或流量）为零时，压力损失也为零。因此可以说，液体没有流动，就没有压力损失，压力就处处相等。液体流速（或流量）越大，压力损失就越大。

在液压系统中，沿程压力损失一般都非常小，甚至忽略不计。

三、局部压力损失

当液体流经局部障碍（如弯头、突然扩大或缩小的管路断面以及各种控制阀等）时产生的压力损失，称为局部压力损失。这种压力损失是由于液流被迫改变流速大小、方向，从而使液流发生撞击、分离、脱流、漩涡等引起的。液体在流过这些局部障碍时，流动状况极为复杂，影响因素较多。局部压力损失值除少数能从理论上进行分析、计算外，一般都依靠实验方法先求得各种类型的局部阻力系数，然后再来计算局部压力损失值。

局部压力损失可用下式来计算

$$\Delta p_\zeta = \zeta \frac{1}{2}\rho v^2 \qquad (2-35)$$

式中：ζ——局部阻力系数，各种局部装置的 ζ 值可从有关技术手册中查得。

显然，局部压力损失远比沿程压力损失大得多。

液体流经液压系统中各种控制阀的局部压力损失，也可按下式进行计算，即

$$\Delta p_\zeta = \Delta p_s \left(\frac{q}{q_s}\right)^2 \qquad (2-36)$$

式中：q——阀的实际流量；

q_s——阀的额定流量,可从产品目录或手册中查得;

Δp_s——阀的额定流量 q_s 下的压力损失,可从产品目录或手册中查得。

四、管路系统的总压力损失

实际管路中通常包含若干段等径管路和若干个局部装置,因此,管路系统的总压力损失应为所有等径管路中的沿程压力损失和所有局部装置中的局部压力损失之和,即

$$\Delta p = \Sigma \Delta p_\lambda + \Sigma \Delta p_\zeta \tag{2-37}$$

在液压系统中,由于压力损失的存在,自泵的出口开始,随着油液的流动,压力会逐步降低。另外,任一点的压力是由其后的负载决定的,而负载是指油液流动过程中所受的一切阻力,不应理解为外载荷才是负载。

在液压系统中,压力损失会造成能量大量损失、油温上升、泄漏增大、效率降低,以致影响系统正常工作,因此应尽可能减少压力损失。从压力损失的计算公式中不难看出,要减少压力损失,可采取缩短管道长度,增大管径,降低流速、流量和油液黏度,减少局部装置数量,提高元件内表面质量等方法。但也应注意,从减少压力损失的角度出发,管道长度不能过短,应使管道长度 $l \geqslant (10 \sim 20)d$。这是因为当液流经过一个局部装置之后,要在管中流经一段距离后液流才能稳定下来。否则,在液流不稳定的情况下又经过第二个局部装置,就会使流动状态更加复杂,有时阻力系数会比正常情况下大 $2 \sim 3$ 倍。因此在考虑管路布置时,两个局部装置之间的距离不能过短。同时还应注意,增大管径,但不应使相连的元件规格有明显的增大;降低流速或流量,但应满足外载对运动速度的要求;降低油液的黏度,但不应使泄漏有明显的增加。

课题五 液压冲击和气穴现象

◎知识点

液压冲击、气穴现象产生的原因和危害。

◎技能点

减少液压冲击、气穴现象的措施。

◎课题应用

在生产和日常生活中,经常遇到一些看似"奇怪"的现象,如液压设备在快速紧急停止时发生振动;居住在底楼的人快速关闭水龙头时水管内会发出响声,同时水管产生振动;拆卸下来的液压元件内部不知被什么腐蚀而形成一个个小坑。

◎课题分析

液体在传递能量的过程中,有一个能量释放的问题。能量是守恒的,不会突然产生,也不会突然消失。快速关闭水龙头时,管内的水流由原来较高的流速快速下降,流体的流速在极短的时间内产生很大的变化,从而导致压力的急剧变化。这种变化会给系统带来很大的危害,应尽量避免。

◎相关知识

在液压传动中,液压冲击和气穴现象会给系统的正常工作带来不利影响,因此需要了解这些现象产生的原因,并采取措施加以防治。

一、液压冲击

在液压系统中，常常由于某些原因而使液体压力突然急剧上升，形成很高的压力峰值，这种现象称为液压冲击。

1. 液压冲击产生的原因

(1) 阀门突然关闭或开启，液流惯性引起的液压冲击。当液流在管道内流动时，如果阀门突然关闭，液体流速骤然降低到零，在这一瞬间液体的动能转化为压力能，使液体压力突然升高，并形成压力冲击波。反之，当阀门突然开启时，则会出现压力下降。

(2) 运动部件的惯性力引起的液压冲击。高速运动的液压执行元件及工作机构的惯性力也会引起系统中的液压冲击。例如，起重机回转机构的回转马达在制动和换向时，因排油管突然关闭，而回转机构由于惯性还在运转，将会引起压力急剧升高的液压冲击。

(3) 液压元件反应动作不灵敏引起的液压冲击。如限压式变量液压泵，当压力升高时不能及时减小排量而造成液压冲击，溢流阀不能迅速开启而造成过大压力超调等。

上述的三种类型液压冲击，前两种较为常见。

2. 液压冲击的危害性

系统中出现液压冲击时，液体瞬时压力峰值可以比正常工作压力大好几倍。液压冲击会损坏密封装置、管道和液压元件，降低元件的使用寿命，还会引起设备振动，产生很大噪声。有时，液压冲击会使某些液压元件如压力继电器、顺序阀等产生误动作，影响系统正常工作，甚至造成人身及设备事故。

3. 减小液压冲击的措施

通过有关理论分析可知，液压冲击时的管路瞬时压力峰值与许多因素有关，其值与液体流速、流速减小值、压力波在管道中的传播速度、压力波在管道中往复一次的时间及运动部件质量等因素成正比，与阀门关闭时间及运动部件制动换向时间成反比。因此，减小液压冲击可采取以下措施：

(1) 延长阀门关闭和运动部件制动换向时间。实践证明，运动部件制动换向时间若能大于 0.2s，液压冲击就大为减轻。在液压系统中采用换向时间可调的换向阀就可做到这一点。

(2) 限制管道流速及运动部件速度。例如在机床液压系统中，通常将管道的流速限制在 4.5m/s 以下，液压缸所驱动的运动部件速度一般不宜超过 10m/min。

(3) 适当加大管道直径，缩短管道长度。加大管道直径不仅可以降低流速，而且可以减小压力波冲击速度。缩短管道长度的目的是为了减小压力波的传播时间。

(4) 在冲击区附近安装蓄能器或溢流阀，以放油减压。

(5) 采用软管，以增加系统的弹性，吸收、消耗冲击能量。

二、气穴

在常温和大气压下，矿物油可溶解一定比例的空气。在液压系统中，如果某处的压力低于空气分离压时，原先溶解在液体中的空气就会分离出来，导致液体中出现大量气泡，这种现象称为气穴。如果液体中的压力进一步降低到饱和蒸气压时，液体将迅速气化，产生大量蒸气泡，这时的气穴现象将会愈加严重。

当液压系统产生气穴现象时,大量的气泡破坏了液流的连续性,造成流量和压力脉动。气穴随液流进入高压区时又急剧破灭,引起局部液压冲击,产生振动、噪声和气蚀现象。气蚀现象是指附着在金属表面的气泡破灭时,所产生的局部高温和高压以及油液逸出气体的氧化作用使金属表面剥落,或出现海绵状的小洞穴。气蚀会使液压元件的工作性能变坏,并使元件寿命大大缩短。

气穴多发生在阀口和液压泵的进口处。由于阀口的通道狭窄,液流速度增大,压力大幅度下降,以致产生气穴。当泵的安装高度过高,吸油管直径太小,使吸油阻力太大;或泵的转速过高,造成进口处真空度过大时,亦会产生气穴。

为减少气穴和气蚀的危害,通常采取下列措施:

(1)减小孔口或缝隙前后的压力降。一般希望孔口或缝隙前后的压力比 $p_1/p_2<3.5$。

(2)尽量减小吸油阻力,如降低泵的吸油高度,适当加大吸油管的直径,吸油管口安装粗滤器(不安装精滤器),及时清洗过滤器或更换滤芯等。对于自吸能力差的泵要安装辅助泵供油。

(3)管路要有良好的密封性能,吸、回油管均应沉入油箱油面以下,以防止空气进入。

(4)提高零件的抗气蚀能力,采用抗腐蚀能力强的金属材料(如青铜),增强零件的机械强度,提高零件表面质量。

思考题与习题

1. 什么是液体的黏性?常用的黏度表示方法有哪几种?分别说明其黏度单位。
2. 油温变化对液压系统有什么影响?
3. 液压油有哪些主要品种?牌号是什么含义?如何选用?
4. 液压油的污染有什么危害?如何控制污染?
5. 什么是压力?压力有哪几种表示方法?
6. 若液压泵吸油口的真空度为0.4个大气压,压油口的相对压力为100个大气压,则油箱油面、泵的吸油口、泵的压油口的绝对压力、相对压力、真空度分别是多少?
7. 流速和通流截面面积是什么关系?液压缸有效面积一定时,其活塞运动速度由什么来决定?
8. 伯努利方程的物理意义是什么?
9. 阐述层流与紊流的物理现象及其判断方法。
10. 管路中的压力损失有哪两种?分别受哪些因素的影响?如何减少压力损失?
11. 在液压系统中,压力是由什么来决定的?流量是由什么来决定的?
12. 在什么样的条件下,可以说管路内的"压力处处相等"、"流量处处相等"?
13. 液压冲击和气穴现象是怎样产生的?有何危害?如何防止?
14. 正确写出液体压力、流量、流速、连续性方程、雷诺数、沿程压力损失、局部压力损失的计算式,并写出液体压力、流量的常用单位以及单位间的换算关系。
15. 液体在管中的流速 $v=4\text{m/s}$,管道内径 $d=60\text{mm}$,油液的运动黏度 $\nu=30\times10^{-6}\text{m}^2/\text{s}$,试确定油液的流动状态。若要保证其为层流,其流速应为多少?
16. 单杆活塞式液压缸有杆腔进油,无杆腔回油,活塞直径 $D=100\text{mm}$,活塞杆直径 $d=$

60mm，进、回油管直径 $d_0 = 20$mm，回油管输入流量 $q = 60$L/min。求活塞运动速度 v 及进、回油管液体流速 v_1、v_2。

17. 已知单杆活塞式液压缸有杆腔进油，无杆腔回油，活塞直径为 D，活塞杆直径为 d，进、回油管直径为 d_0，回油管液体流速为 v_2。求：(1) 活塞运动速度 v；(2) 进油管液体流速 v_1。

18. 已知单杆活塞式液压缸有杆腔进油，无杆腔回油，活塞直径 $D = 100$mm，活塞杆直径 $d = 80$mm，外载阻力 $F = 37000$N，缸体与活塞间的摩擦阻力 $f_1 = 1000$N，缸盖与活塞杆间的摩擦阻力 $f_2 = 2000$N，回油腔压力 $p_0 = 1$MPa。求液压缸进油腔压力 p。

模块三　液压泵和液压马达

课题一　液压泵概述

◎知识点
(1)液压泵的基本原理和分类；
(2)液压泵的基本性能参数。

◎技能点
正确计算液压泵的流量、功率、效率等基本性能参数。

◎课题应用
在港口设备中,使用的液压泵种类有很多。弄清液压泵的分类及基本性能参数的含义,对液压泵的选型、安装、使用和维护等会有很大的帮助。

◎课题分析
液压泵的基本原理是相同的,都是利用密封工作空间的容积变化吸、压油。但由于使用的场合不同,对液压泵的性能有不同的要求。液压泵的出口压力是系统中最大的,因而也是系统中最重要的观察点。

◎相关知识

液压泵是液压系统的动力元件,它在原动机的驱动下,从油箱吸油,向系统输出压力油。从能量观点看,它把原动机(电动机或发动机)输出的机械能转换成输出液体的压力能。在液压系统中,液压泵是动力源,是液压系统的重要组成部分。

一、液压泵的基本原理

常用的液压泵为容积式,其基本原理都是利用密封工作空间的容积变化来吸、压油。

图3-1是一个简化的单柱塞液压泵的工作原理图。柱塞2安装在泵体3内,柱塞在弹簧4的弹簧力作用下和偏心轮1相接触。当偏心轮在原动机的驱动下旋转时,柱塞做往复运动。柱塞2向右运动时,柱塞顶端和泵体所形成的密封工作空间容积增大,形成局部真空,密封工作空间内的绝对压力低于1个大气压,而油箱油面的绝对压力为1个大气压。在压力差的作用下,油箱中的油液通过单向阀6进入密封工作空间内,填充增大的容积空间,液压泵吸油。这时单向阀5封住出油口,防止系统油液回流。当柱塞2向左运动时,密封工作

空间容积减小，油液受到挤压，压力升高，于是吸入泵体的油液经单向阀5压入系统，液压泵压油。这时单向阀6封住吸油口，避免油液流回油箱。若偏心轮1不停地转动，泵就不停地吸油和压油。

从图3-1可以看出，液压泵是依靠密封工作空间的容积变化来实现吸油和压油的，其排油量的大小取决于密封工作空间的容积变化，故这类泵又称为容积式泵。构成容积式泵的两个必要条件是：

（1）有能形成容积变化的密封工作空间。容积由小变大时吸油，由大变小时压油。

（2）有与容积变化相协调的配流装置。配流装置保证密封工作空间由小变大时只与吸油管相通，由大变小时只与压油管相通。上述单柱塞泵中的两个单向阀5和6就是起配流作用的。配流装置在结构中一般是以配流盘或配流轴的形式出现的。

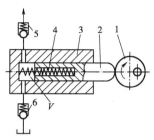

图3-1 单柱塞液压泵的工作原理
1-偏心轮；2-柱塞；3-泵体；4-弹簧；5、6-单向阀

二、液压泵的分类

（1）按照结构形式分，液压泵有齿轮泵、叶片泵、柱塞泵等类型。

（2）按照两油口能否反接、泵轴能否反转分，液压泵有双向泵、单向泵两种。判定液压泵能否作双向泵使用，则看其内部结构是否完全对称。内部结构完全对称，为双向泵；反之，为单向泵。常用的液压泵一般为单向泵，这是因为单向泵为保证有良好的吸、压油性能，在内部的某些部位采取了一些特殊的结构措施。

（3）按照泵轴每旋转一圈所通过的油液体积（即排量）能否可调分，液压泵有变量泵、定量泵两种。

按照上述分类，液压泵相应有单向定量泵、单向变量泵、双向定量泵和双向变量泵四种，符号见表3-1。

常见液压泵的图形符号　　　　　　　　　　表3-1

名　称	符　号	名　称	符　号
单向定量泵		双向定量泵	
单向变量泵		双向变量泵	

（4）按照额定压力分，液压泵有低压泵、中压泵、中高压泵、高压泵和超高压泵五种。

泵的额定压力是指泵在正常工作条件下连续运转所允许的最高压力，用 p_n 表示。泵的额定压力是一种安全指标，大小受泵本身的泄漏及结构强度所制约。

额定压力等级的划分为：低压泵（≤2.5MPa）、中压泵（>2.5MPa）、中高压泵（>8MPa）、高压泵（>16MPa）和超高压泵（>32MPa）。对于不同结构、规格的液压泵，额定压力值有很大的区别。

三、基本性能参数

1. 液压泵的工作压力

泵的工作压力是指实际工作中泵的出口产生的压力。泵的工作压力决定于负载，负载不仅仅指的是外载荷，而是指油液流动过程中所受的一切阻力。负载增大，泵的工作压力也随之增大。工作时，泵的工作压力与泵的种类、型号基本无关。通常，整个液压系统中压力最大的地方就是泵的出口。

泵的工作压力用压力表测量后才能知道，而泵的额定压力则标注在铭牌和产品说明书上。泵的工作压力必须小于其额定压力，否则就会超载，泵将无法保证容积效率和使用寿命。例如，某液压泵额定压力为15MPa，实际工作时压力表在泵的压油口测量出的工作压力有可能低于15MPa，也可能高于15MPa。若低于15MPa，则属正常现象；但若高于15MPa，则说明系统超载。

2. 液压泵的排量和流量

1) 排量

排量是指泵每转一圈所通过的油液体积，由泵在工作时密封空间几何尺寸变化计算而得。在图3-1中，排量为柱塞左、右行程之间的体积，用 V 表示，常用单位为 mL/r。

泵的排量一般标注在泵的铭牌上，其数值大小未考虑泵的泄漏因素，只与泵的结构尺寸有关。体积较大的泵，其排量一般也较大。

2) 流量

理论输出流量 q_t 是指在不考虑泄漏情况下的泵的输出流量，其值与泵的工作压力无关，它等于排量和转速的乘积，即

$$q_t = Vn \tag{3-1}$$

实际输出流量 q 是指在考虑泄漏情况下的泵的输出流量。由于存在泄漏，泵的实际输出流量小于理论输出流量。

泵的实际输出流量 q 与理论输出流量 q_t 的比值称为容积效率，用 η_V 表示。因此，泵的实际输出流量为

$$q = q_t \eta_V = V n \eta_V \tag{3-2}$$

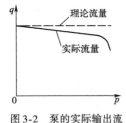

图3-2 泵的实际输出流量与压力的关系

泵的实际输出流量与工作压力有一定的关系。载荷增大，泵的工作压力增加，泵的泄漏量也随之增加，容积效率下降，使实际输出流量减小。当泵的工作压力小于额定压力时，泵的泄漏量受工作压力的影响较小，不致影响其正常工作。但如果工作压力大于额定压力，泄漏量会明显增加，液压泵将无法正常工作。泵的实际输出流量随工作压力而变化的关系曲线如图3-2所示。

3. 液压泵的功率

1) 输入功率

液压泵的能量由原动机提供，液压泵获得了原动机的旋转机械能。设液压泵实际输入转矩为 T，泵轴转速为 n，则液压泵输入功率 P_i 为

$$P_i = 2\pi n T \tag{3-3}$$

2)输出功率

液压泵输出的是具有一定压力和流量的压力能。由物理学可知,功率等于力 F 和速度 v 的乘积,因 $F=pA, v=q/A$,所以液压泵的输出功率 P_0 为

$$P_0 = Fv = \frac{pAq}{A} = pq \tag{3-4}$$

式中:p——工作压力;

q——实际输出流量。

4.液压泵的效率

液压泵工作时,由于存在泄漏和摩擦,自身会有一定的能量损失,故其输出功率小于输入功率,两者的差值为功率损失。功率损失可分为容积损失和机械损失两部分,功率损失的大小可用效率来表示。因此,泵的总效率为泵的输出功率与输入功率的比值,也为容积效率和机械效率的乘积,即

$$\eta = \frac{P_0}{P_i} = \eta_V \eta_m \tag{3-5}$$

式中:η_m——泵的机械效率,它是泵的理论转矩 T_t 与实际输入转矩 T 的比值。

液压泵工作时存在着相对运动零件之间的机械摩擦及液体的黏性摩擦,必然会消耗一定的能量,驱动泵所需的实际输入转矩必然大于理论转矩。

例3-1 某液压泵的工作压力为 10MPa,转速为 1450r/min,排量为 46.2mL/r,容积效率为 0.95,总效率为 0.9。求液压泵的输出功率及驱动泵的电动机功率。

解:1)求液压泵的输出功率

液压泵的实际输出流量为

$$q = q_t \eta_V = Vn\eta_V = 46.2 \times 10^{-6} \times 1450 \div 60 \times 0.95 = 1.06 \times 10^{-3} \text{m}^3/\text{s}$$

液压泵的输出功率为

$$P_0 = pq = 10 \times 10^6 \times 1.06 \times 10^{-3} = 10600\text{W} = 10.6\text{kW}$$

2)求电动机的功率

电动机的功率即泵的输入功率

$$P_i = \frac{P_0}{\eta} = \frac{10.6}{0.9} = 11.77\text{kW}$$

课题二 齿 轮 泵

◎知识点

(1)外啮合和内啮合齿轮泵的工作原理;

(2)外啮合齿轮泵的三个技术问题。

◎技能点

正确拆解、装配齿轮泵。

◎课题应用

在港口中小型装卸搬运设备中,齿轮泵的应用十分广泛,且多采用外啮合形式。如在叉车上,齿轮泵由柴油机驱动,向倾斜缸、升降缸、属具缸、转向缸输送液压油。由于需升降一

定的载荷,叉车上的液压泵的额定压力一般为中高压。由于多缸同时运动时需提供较大的流量,叉车上的液压泵有的采用双联或三联齿轮泵。

◎课题分析

外啮合齿轮泵是液压泵中结构相对简单的液压泵,且都是单向定量泵。针对困油问题、径向力不平衡问题和间隙泄漏问题等,各类液压泵采取了不同的结构形式,这使得齿轮泵的型号十分繁多,应用面较广泛。

◎相关知识

齿轮泵是一种常用的液压泵。它具有结构简单、体积小、重量轻、制造方便、成本低、工作可靠、抗污染能力强等优点,但容积效率低,流量和压力脉动大,噪声大,排量不可调。齿轮泵被广泛地应用在各类设备中。

按照啮合形式的不同,可将齿轮泵分为外啮合和内啮合两种结构形式,其中外啮合齿轮泵应用最广。

一、外啮合齿轮泵

1. 外啮合齿轮泵的工作原理

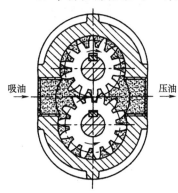

图3-3 齿轮泵的工作原理

如图3-3所示,在泵体内有一对齿数、模数相同的外啮合渐开线齿轮。齿轮的两个侧面由泵盖密封(图中未画出)。泵体、泵盖和齿轮之间形成了密封工作空间,并由两个齿轮的齿面接触线将左右两腔隔开,形成了吸、压油腔。当齿轮在原动机的驱动下按图示方向旋转时,左侧吸油腔的轮齿相继脱离啮合,使密封空间容积增大,形成局部真空。油箱中的油液在大气压力的作用下通过吸油管进入吸油腔,并被旋转的轮齿带至右侧。右侧压油腔的轮齿则不断啮合,使密封空间容积减小,油液被挤出,通过压油口压油。当齿轮连续旋转时,齿轮泵就不断地进行吸油和压油。

2. 外啮合齿轮泵的三个技术问题

1) 困油问题

为了保证齿轮泵平稳地工作,齿轮的重叠系数必须大于1,因而在任何时刻均有两对轮齿同时啮合。这样,两对啮合的轮齿之间就形成一封闭的空间,称为"困油区"。随着齿轮的旋转,困油区的容积大小发生变化,如图3-4所示,容积先逐渐减小,尔后又逐渐增大。容积变小[由图a)过渡到图b)]时,困油区的油液受到挤压而产生高压,从缝隙中强行挤出一部分油液,使齿轮、轴承受到很大的附加载荷,影响其寿命,并产生功率损失,油温升高。容积增大[由图b)过渡到图c)]时,困油区形成局部真空,易产生气穴、气蚀现象,引起振动和噪声。

为消除困油,通常在两个泵盖的侧面均开两个卸荷槽[图3-4d)中的虚线],使困油区容积减小时通过右边的卸荷槽与压油腔相通,将油液排出;容积增大时通过左边的卸荷槽与吸油腔相通,以补充油液。两卸荷槽的间距不能过小,以避免吸、压油腔通过困油区相通,影响泵的容积效率。在很多齿轮泵中,两卸荷槽并不对称于齿轮中心线分布,而是偏向吸油腔一侧,以取得更好的放油减压效果。

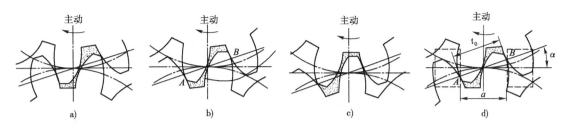

图 3-4 齿轮泵的困油现象及其消除措施

2）径向力不平衡问题

齿轮泵工作时，齿轮承受着径向液压力的作用。从吸油腔到压油腔，压力沿齿轮旋转方向逐齿递增，因此齿轮和轴受到径向不平衡力作用。工作压力越高，径向不平衡力越大。径向不平衡力很大时能使泵轴弯曲，加速轴承磨损，导致齿顶接触泵体，产生"擦壳"现象。为了减少径向不平衡力的影响，通常采取两种方法。一是缩小压油口，使压油腔的压力油仅作用在 1～2 个齿的范围；二是适当加大径向间隙，如 CB-B 型泵的径向间隙加大到 0.12～0.15mm，使齿轮齿顶不致与泵体接触。

3）间隙泄漏问题

为了保证齿轮泵内齿轮的正常旋转，在齿轮端面与泵盖间（齿轮轴向）、齿轮齿顶与泵体内孔间（齿轮径向）、两齿轮的齿面啮合区都存在着一定的间隙。这些间隙的存在，使液压泵在工作时，油液总会从压油腔向吸油腔泄漏。如果内泄漏量过大，容积效率就会降得很低，压力也无法升高。在三种间隙中，以齿轮端面与泵盖间的轴向间隙泄漏量最大，占总泄漏量的 75%～80%。轴向泄漏量与轴向间隙的三次方成正比。若轴向间隙增大 0.1mm，泵的容积效率就下降 20%。因此，控制轴向间隙成为解决齿轮泵间隙泄漏问题的关键。

3. 外啮合齿轮泵的典型结构

CB-B 型齿轮泵是一种使用较为广泛的齿轮泵，其结构如图 3-5 所示。由于该泵采用了泵体 3 及前、后泵盖 5 和 1 组成的三片式结构，故其轴向间隙直接由齿轮厚度和泵体厚度的公差来决定，即轴向间隙由加工工艺加以保证。小流量泵轴向间隙为 0.025～0.04mm，大流

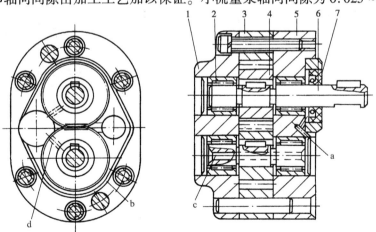

图 3-5 CB-B 型齿轮泵
1-后泵盖；2-滚针轴承；3-泵体；4-齿轮；5-前泵盖；6-传动轴；7-防尘圈；a、c、d-油道；b-环形油槽

量泵为0.04~0.06mm。另外,流经轴向间隙的泄漏油会产生推开泵盖的轴向力,使工作时的轴向间隙加大。CB-B型齿轮泵在泵体两侧均开有环形油槽b,环形油槽与吸油口相通,可将泵体与泵盖间的少量泄漏油及时排出,减少泄漏油对泵盖的轴向作用面积,以防间隙的继续增加。CB-B型齿轮泵工作压力越高,泄漏量越大,因此只能作低压泵使用,额定压力一般为2.5MPa。

为了使齿轮泵能在较高压力下工作,并具有较高的容积效率,需要在结构上采取措施对轴向间隙进行自动补偿。通常采用的轴向间隙自动补偿装置有浮动轴套式和浮动侧板式两种。

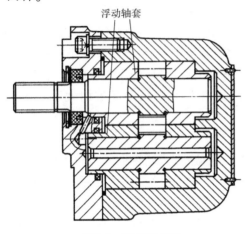

图3-6为采用浮动轴套的CB型齿轮泵。图中,浮动轴套浮动安装在齿轮的侧面,浮动轴套左侧的空腔与压油口相通,压力与压油口相同;浮动轴套的右侧则有泄漏油液的作用。这样,在浮动轴套的左侧作用有减小轴向间隙的压紧力,右侧作用有增大轴向间隙的反推力。由于压紧力和反推力随工作压力的提高而同步等值增加,而且能始终保证压紧力稍大于反推力,故浮动轴套轻轻地贴在齿轮端面,基本消除了轴向间隙,使齿轮泵轴向间隙泄漏量很小,工作压力得以提高。CB型齿轮泵额定压力可达10MPa,容积效率不低于0.9。

图3-6 CB型齿轮泵

CB-F型、CB-L型齿轮泵采用的是浮动侧板式轴向间隙自动补偿方式,其工作原理与CB型相似,其额定压力分别可达20MPa和16MPa。

在叉车、装载机等设备中,有时多个液压缸同时动作时,各缸均需输入较大流量的液压油,一个齿轮泵的输出流量难以达到要求,此时往往采用双联齿轮泵或三联齿轮泵。所谓双联泵或三联泵,是将两个或三个排量不一定相等(一般为排量相等)的小泵安装在同一个泵体内,由同一根轴驱动,两个小泵相互并联。外形上看似一个泵,实质上是两个泵。每个小泵有独立的压油口,可单独向某个执行元件供油,也可通过管路将压力油合并后集中向某个执行元件供油。采用双联或三联泵的优点是,在成倍提高输出流量的同时,体积、成本并没有明显增加,只需一个原动机,方便布置。图3-7为某型双联齿轮泵的外型。

图3-7 双联齿轮泵

4. 外啮合齿轮泵的排量和流量

齿轮泵的排量是指齿轮旋转一周,两个齿轮的齿间槽将油液从吸油腔带至压油腔的容积,即等于两齿轮齿间槽有效容积的总和。精确计算齿间槽容积比较麻烦,为简化计算可近似认为齿间槽容积等于轮齿体积,即排量等于一个齿轮的齿间槽容积和齿轮轮齿体积之和。设齿轮齿数为z,模数为m,齿宽为B,分度圆直径为$d(d=mz)$,齿高为$h(h$取$2m)$,则齿轮泵的排量为

$$V = \pi dhB = 2\pi zm^2 B \qquad (3\text{-}6)$$

实际上,齿间槽容积比轮齿体积稍大一些,所以通常取

$$V = 6.66zm^2 B \qquad (3\text{-}7)$$

由上式可见,齿轮泵的排量无法调节,故齿轮泵为定量泵。

齿轮泵的实际输出流量为

$$q = 6.66zm^2 Bn\eta_V \qquad (3\text{-}8)$$

式(3-8)中的 q 是齿轮泵的平均流量。实际上,由于齿轮啮合过程中压油腔的容积变化是不均匀的,因此齿轮泵的瞬时流量是脉动的,齿数越少,脉动率越大。流量脉动引起压力脉动,随之产生振动和噪声,所以高精度设备不宜采用齿轮泵。

二、内啮合齿轮泵

内啮合齿轮泵有渐开线齿形和摆线齿形2种,其结构如图3-8所示,其基本原理和主要特点皆同于外啮合齿轮泵。

1. 渐开线齿形内啮合齿轮泵

如图3-8a)所示,渐开线齿形内啮合齿轮泵由小齿轮、内齿环、月牙隔板等组成,月牙隔板固定不动,小齿轮与内齿环的齿数不等且有偏心,小齿轮与原动机相连。当小齿轮带动内齿环绕各自的中心作同方向旋转时,左半部轮齿分离,容积增大,形成真空,进行吸油。进入齿间槽的油液被带到压油腔,右半部轮齿进入啮合,容积减小,油液受到挤压,从压油

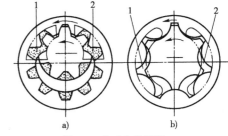

图3-8 内啮合齿轮泵
a) 渐开线齿形; b) 摆线齿形
1—吸油腔; 2—压油腔

口压油。月牙隔板安装在内齿环与小齿轮之间,将吸、压油腔隔开。此类泵容积效率和总效率都很高,额定压力可达30MPa,某些车辆上所使用的液压泵就是采用这样的结构。

2. 摆线齿形内啮合齿轮泵

摆线齿形内啮合齿轮泵简称为摆线泵,又称摆线转子泵,其结构如图3-8b)所示,其主要零件是一对内啮合的齿轮,即内、外转子。外转子齿数比内转子多一个,两转子之间有偏心距。内转子在原动机的驱动下带动外转子同向转动,所有内转子的轮齿都进入啮合,形成了几个独立的密封腔,密封腔的个数与外转子齿数相同。随着内、外转子的啮合旋转,各密封腔的容积发生变化,从而进行吸油和压油。BB-B型摆线齿轮泵即属于此类泵,其额定压力仅为2.5MPa。摆线齿轮泵如要高压化,则需采用端面间隙补偿结构,其额定压力可达16MPa。

内啮合齿轮泵结构紧凑,尺寸小,重量轻,运转平稳,噪声低,在高转速工况下工作时有较高的容积效率。但齿形复杂,加工困难,价格较贵。在低速高压工况下工作时,压力脉动大。在闭式系统中,常用这种泵作为补油泵。

三、齿轮泵常见故障分析

齿轮泵常见故障的原因与排除方法,见表3-2。

齿轮泵常见故障的原因与排除方法　　　　　　表 3-2

故　　障	原　　因	排除方法
液压泵吸空	(1)吸油管路漏油 (2)吸油管径过小 (3)吸油管浸入油面太低 (4)吸油管高度过高 (5)过滤器堵塞或通流面积小 (6)油箱不透气 (7)油液黏度过大	(1)用灌油法或涂黄油法找到漏气处,并予以排除 (2)更换管道 (3)吸油口应浸入油面以下2/3处 (4)吸油高度应不小于500mm (5)清除脏物,使过滤器畅通或改用合适的过滤器 (6)油箱应与大气相通 (7)选用合适黏度的液压油
流量不足或压力提不高	(1)轴向间隙过大 (2)径向间隙过大	(1)修配轴向间隙在规定的范围内 (2)修复或更换泵体和齿轮
液压泵咬死	(1)油液严重污染 (2)泵与输入联轴器不同心	(1)换油,修理或换新泵 (2)调整同轴度在0.1mm以内
装配后旋转时,时紧时松	(1)泵盖与轴不垂直 (2)螺钉孔位置不正 (3)齿轮有毛刺	检查调整,重新装配
噪声及压力不稳定	(1)泵体与泵盖间密封不严 (2)卸荷槽尺寸小,位置不当 (3)齿轮精度低	(1)修磨泵体、泵盖或更换纸垫 (2)调整泵盖,修理卸荷槽,对研齿轮,使其全齿接触 (3)更换齿轮

课题三　叶　片　泵

◎知识点

(1)叶片泵的工作原理;

(2)叶片泵的结构特点。

◎技能点

熟悉叶片泵的结构特点及在港口的应用。

◎课题应用

叶片泵与其他液压泵相比,具有工作压力适中、结构紧凑、流量均匀、工作平稳、噪声较小等优点;但结构较复杂,自吸性能差,对油液污染较敏感。叶片泵在港口设备中应用不多,但在港口设备制造企业的专用设备中应用较广。

◎课题分析

所有的叶片泵,都是利用相邻叶片间的容积变化实现吸、压油的。叶片泵按作用次数分,有双作用式和单作用式两种。双作用式叶片泵结构相对简单,但单作用式叶片泵能够实现变量,使设备利用容积进行调速。

◎相关知识

叶片泵具有结构紧凑、体积小、流量均匀、运动平稳、噪声小、使用寿命较长、容积效率较高等优点,但它也存在着结构复杂、吸油性能差、对油液污染比较敏感等缺点。叶片泵广泛应用于完成各种中等负荷的工作。

叶片泵按工作原理可分为双作用式和单作用式两类。双作用式叶片泵不能变量,但径向力是平衡的,应用较广。单作用式叶片泵一般为变量泵,但主要零件在工作时要受到径向不平衡力作用,工作条件较差。

一、双作用叶片泵

1. 双作用叶片泵的工作原理

双作用叶片泵的工作原理可用图3-9所示的简图来说明。该泵主要由定子4、转子3、叶片5及安装在它们两侧的配流盘组成,定子与转子的中心重合,定子内表面近似椭圆形。转子上沿圆周均布的若干个叶片槽内分别安放有叶片,这些叶片可沿叶片槽做近似径向滑动。在两侧的配流盘上,对应于定子四段过渡曲线的位置开有四个腰形配油窗口,其中两个窗口与泵的吸油口相通,为吸油窗口;另两个窗口与泵的压油口连通,为压油窗口。当转子由原动机带动按图示方向旋转时,叶片在离心力的作用下外伸,压向定子内表面,并随定子内表面曲线的变化在叶片槽内往复滑动。于是,相邻叶片间的密封容积随转子的转动而发生变化。经过吸油窗口处时容积增大,产生真空度,并通过吸油窗口从油箱中吸油;经过压油窗口处时容积缩小,通过压油窗口向系统压油。因此,该泵是依靠相邻叶片间的容积变化实现吸、压油的。转子每转一周,每个密封空间完成两次吸、压油,故这种泵称为双作用叶片泵。因吸、压油区域对称布置,故转子和轴承所受的径向液压作用力相平衡。这种泵的排量不可调,为定量泵。

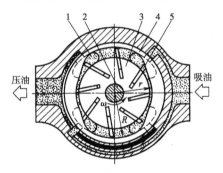

图3-9 双作用叶片泵的工作原理
1-配流盘上的窗口;2-轴;3-转子;4-定子;5-叶片

2. YB_1型叶片泵

1)总体结构

YB_1型叶片泵是在YB型叶片泵基础上改进设计而成的双作用叶片泵。YB_1型叶片泵的结构如图3-10所示,它由泵体1和7、定子4、转子3、叶片5、配流盘2和6等组成。为了方便装配和使用,两个配流盘与定子、转子和叶片等可组装成一个部件,两个长螺钉为组件的紧固螺钉。螺钉的头部作为定位销插入左泵体1的定位孔内,以保证配流盘上吸、压油窗口的位置能与定子内表面的过渡曲线相对应。转子3上开有12条叶片槽(小排量泵为10条),叶片5安装在槽内,并可以在槽内自由滑动。转子通过内花键与传动轴9相配合,传动轴用两个滚动轴承支承。骨架式密封圈安装在泵盖8内,用来防止油液泄漏和粉尘混入。

2)油液流动路线

在图3-10中,油液由左向右、由下向上而流动。油液在YB_1型叶片泵内的流动路线如下。

吸油路：吸油口→左泵体1内腔→左配流盘2的两个吸油窗口→定子与转子间的两个容积增大区域。

压油路：定子与转子间的两个容积减小区域→右配流盘6的两个压油窗口→右泵体7内腔→压油口。

3）结构分析

（1）定子过渡曲线。定子内表面的曲线是由两段长径圆弧、两段短径圆弧和四段过渡曲线所组成（图3-9）。理想的过渡曲线不仅应使叶片在槽中滑动时的径向速度和径向加速度变化均匀，而且应使叶片转到交接点处的加速

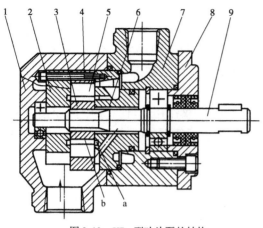

图3-10 YB₁型叶片泵的结构

1-左泵体；2-左配流盘；3-转子；4-定子；5-叶片；6-右配流盘；7-右泵体；8-泵盖；9-传动轴

度突变不大，以减少冲击和噪声。目前，双作用叶片泵一般都使用综合性能较好的等加速等减速曲线作为过渡曲线。

（2）轴向间隙的控制。为保证叶片泵能正常运动，既避免摩擦，又能控制泄漏，配流盘与转子、叶片之间应保持适当的微小的轴向间隙。轴向间隙主要由定子、转子、叶片的宽度尺寸确定。YB₁型叶片泵的叶片宽度比转子宽度小0.01mm，转子宽度比定子宽度小0.02～0.04mm。因此，当两侧配流盘在螺钉的作用下压紧定子端面时，转子和配流盘之间就有0.02～0.04mm的总间隙，叶片和配流盘之间就有0.03～0.05mm的总间隙。

叶片泵工作时，转子与右配流盘左侧之间的泄漏油液对右配流盘产生增加轴向间隙的轴向反推力。右配流盘右侧与压油腔相通，对配流盘产生减小轴向间隙的压紧力。当工作压力增加时，反推力和压紧力同步增加，轴向间隙不会增加，实现了轴向间隙的自动补偿。

（3）叶片外伸力和额定压力。液压泵工作时，叶片应贴在定子内表面，以保证能形成产生容积变化的密封工作空间。当叶片处于压油区位置时，由于叶片顶部有倒角，作用在叶片倒角面上的液压作用力产生使叶片缩回的内缩力。当工作压力较高时，内缩力大于叶片因转动而产生的离心力，叶片会脱离定子内表面而使泵无法工作。为解决这个问题，YB₁型双作用叶片泵在左、右配流盘上开有环形油槽，通入来自于压油口的压力油，而环形油槽的直径与转子上的叶片槽根部直径相同。这样，叶片根部就通入与压油口压力相等的压力油，使作用在叶片顶部、根部的液压作用力相互抵消，从而保证剩下的离心力使叶片贴在定子内表面。

当叶片转到吸油区时，叶片顶部倒角面无液压作用力作用，叶片离心力和叶片根部的液压作用力使叶片对定子内表面的作用力过大，叶片与定子间又会产生较大的摩擦磨损。为了控制摩擦磨损，YB₁型双作用叶片泵不得不限制工作压力，故只得作中压泵使用，其额定压力为6.3MPa。

（4）叶片前倾和倒角。叶片在压油区工作时，受到定子内表面推力的作用不断缩回槽内。若叶片径向布置，定子内表面对叶片作用力的切向分力较大，因而叶片在槽内所受的摩擦力也较大，使叶片滑动困难，甚至被卡死或折断。为了解决这一问题，该泵将叶片不作径

向布置,而是朝转子旋转方向前倾一个角度 θ。另外,为减少叶片与定子内表面之间的滑动摩擦,叶片顶部必须倒角。倒角面要背向转子旋转方向,否则会增大定子对叶片作用力的切向分力。

对于叶片前倾布置的液压泵,转子只能按规定方向旋转,且对叶片顶部的倒角方向也有要求,因此双作用叶片泵只能作单向泵使用。

上述的叶片布置形式不是绝对的。实践表明,目前有些双作用叶片泵的叶片作径向布置,仍能正常工作。

4) 双作用叶片泵的排量和流量

由图 3-9 可知,当叶片每伸缩一次时,相邻叶片间油液的输出量,等于长径圆弧段的容积与短径圆弧段的容积之差。若叶片数为 z,则双作用叶片泵的排量等于上述容积差的 2z 倍。当忽略叶片本身所占的体积时,双作用叶片泵的排量为环形体容积的 2 倍,即

$$V = 2\pi(R^2 - r^2)b \tag{3-9}$$

由上式可以看出,双作用叶片泵的排量无法调节,故为定量泵。

泵的实际输出流量则为

$$q = Vn\eta_V = 2\pi(R^2 - r^2)bn\eta_V \tag{3-10}$$

式中:n——转速;

η_V——泵的容积效率;

R——长径圆弧段半径;

r——短径圆弧段半径;

b——叶片宽。

从上式可以看出,如不考虑叶片对泵排量的影响,则理论上双作用叶片泵流量无脉动。实际上,叶片有一定的厚度,根部又连通压油腔,而且泵的生产过程中存在各种误差,这些原因均会造成输出流量有微小的脉动,但其脉动量除螺杆泵以外是最小的。

3. 复合叶片泵

YB_1 型双作用叶片泵由于排量小、额定压力不高,其应用受到了一定的限制。将两个双作用叶片泵并联或串联,就可达到提高排量或额定压力的目的。为了使结构紧凑,减少成本,可将经并联、串联后的两个双作用叶片泵安装在同一个泵体内,用同一根轴驱动,这种经组合而成的泵称为双联泵和双级泵。

1) 双联叶片泵

双联叶片泵是将两个排量不等的双作用叶片泵相互并联,安装在同一泵体内,同轴驱动,以提高泵的排量和输出流量。如图 3-11 所示,双联叶片泵内两个小泵合用一个吸油口,有各自独立的压油口,两小泵的输出流量可以分开使用,也可以合并使用。叉车、装载机、机床等设备常用双联泵向多个执行元件供油。

2) 双级叶片泵

双级叶片泵是将两个排量完全相等的双作用叶片泵相互串联,安装在同一泵体内,同轴驱动,以提高泵的额定压力。

双级叶片泵的工作原理如图 3-12 所示,第一级泵的压油口接第二级泵的进油口,第二级泵压出的油输入系统,其总的额定压力为单级泵的两倍。实际上,两个小泵的排量和效率

不可能完全相等,每级泵的压力负荷也就不可能相同。为了解决这一问题,在泵体内装有一个平衡阀。平衡阀阀芯左、右端面积之比 $A_1:A_2=2:1$,阀芯左端与第一级泵的出口油路相通,压力为 p_1;阀芯右端与第二级泵的出口油路相通,压力为 p_2。平衡阀平衡时,$p_1A_1=p_2A_2$,因而 $p_1:p_2=1:2$,p_1 等于 p_2 的一半,也即第一级泵与第二级泵所受的压力负荷相等。如果第一级泵出口压力过高,$p_1A_1>p_2A_2$,则阀芯右移,左端阀口打开,向第一级泵吸油口放油,p_1 降低;反之,如果 $p_1A_1<p_2A_2$,则阀芯左移,右端阀口打开,第二级泵出口向第一级泵出口压油,p_1 增高。这样,阀芯自动趋于平衡,实现均衡两泵压力负荷的目的。

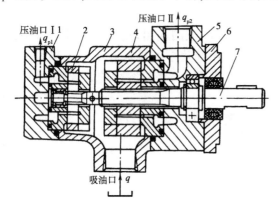

图 3-11 双联叶片泵
1-后泵盖;2-定子;3-泵体;4-转子;5-前泵盖;6-压盖;
7-传动轴

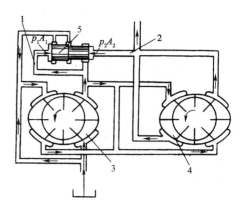

图 3-12 双级叶片泵的工作原理
1-第一级泵与第二级泵之间油道;2-第二级泵出口油道;3-第一级泵;4-第二级泵;5-负载平衡阀

4. 高压叶片泵

双级叶片泵虽然额定压力较高,但由于结构较复杂,所以应用很少。目前,使用的一些双作用高压叶片泵,结构上采取了一些特别的措施,使额定压力大为提高,最高能达到 18MPa。

前已述及,YB_1 型双作用叶片泵额定压力之所以不高,是因为叶片根部通入与压油口压力相等的压力油,如果工作压力过高,会使叶片对定子的作用力过大,产生较大的摩擦磨损。高压叶片泵在结构上采取了措施,解决了这一矛盾,使叶片在吸油区对定子的作用力减小,额定压力得以提高。高压叶片泵结构上采取的措施有多种,常用的有双叶片结构和子母叶片结构。

1) 双叶片结构

如图 3-13 所示,在转子 2 的每个叶片槽内装有两片叶片 1,两叶片间可以相对滑动。叶片顶端倒角面相对布置,构成了与叶片外侧隔绝的 V 形油室。此油室通过叶片间的小孔与叶片根部相通,而叶片根部通过配流盘与泵的压油口相通。这样,无论叶片是处于吸油区还是压油区,叶片上、下油压相等。合理设计叶片顶部棱边的宽度,使叶片顶部的承压面积略小于根部的承压面积,从而保证液压泵工作压力即使较高,叶片也既能与定子紧密接触,又不至于产生过大的压紧力。为了保证叶片间运动灵活,该泵对零件的制造精度有较高的要求。

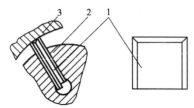

图 3-13 双叶片结构
1-叶片;2-转子;3-定子

2) 子母叶片结构

子母叶片结构又称复合叶片结构,如图 3-14 所示。叶片分母叶片 1 和子叶片 4 两部分。通过 K 槽使母、子叶片间的小腔 C 总是和压力油相通,母叶片根部 L 腔经转子 2 上虚线所示的油孔始终和顶部油腔相通。当叶片在吸油区工作时,推动母叶片压向定子 3 的作用力仅为小腔 C 的油压作用力。此力不大,但能使叶片与定子接触良好,保证密封,但转子和母、子叶片加工复杂。

高压叶片泵还有弹簧叶片式结构和辅助阀结构等形式。

二、单作用叶片泵

1. 单作用叶片泵的基本原理

图 3-15 所示为单作用叶片泵的工作原理图。与双作用叶片泵显著不同之处是,单作用叶片泵的定子内表面是一个圆形,转子与定子间有一偏心距 e,配流盘上只开有一个吸油窗口和一个压油窗口,叶片后倾。单作用叶片泵的基本原理与双作用叶片泵相同,也是利用转子旋转时相邻叶片间的容积变化实现吸压油的。

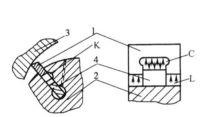
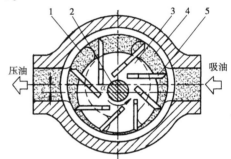

图 3-14 子母叶片结构
1-母叶片;2-转子;3-定子;4-子叶片

图 3-15 单作用叶片泵的工作原理图
1-配流盘;2-轴;3-转子;4-定子;5-叶片

当转子旋转一周时,每一叶片在叶片槽内往复移动一次,相邻叶片间的密封工作空间容积发生一次增大和缩小的变化,容积增大时通过吸油窗口吸油,容积缩小时则通过压油窗口将油压出。这种泵在转子每转一周过程中,吸油、压油各一次,故称单作用叶片泵。又因这种泵的转子受到来自压油区的不平衡径向力作用,故又称非平衡式叶片泵。由于轴和轴承上的不平衡负荷较大,因而使这种泵工作压力的提高受到了限制。

单作用叶片泵依靠定子和转子间偏心距 e 的变化,来改变泵的排量和输出流量,因此单作用叶片泵为变量泵。偏心距 e 的改变,可以自动调节,也可以人工调节。根据自动调节后泵的压力流量特性的不同,单作用叶片泵又可分为限压式、恒流量式(其输出流量基本不随压力的高低而变化)和恒压式(其调定压力基本不受输出流量的变化而变化),其中限压式应用较多。

2. 单作用叶片泵的排量和流量

单作用叶片泵的排量可近似表达为

$$V = 2\pi beD \tag{3-11}$$

式中:b——叶片宽度;

e——定子与转子之间的偏心距;

D——定子内径。

单作用叶片泵的实际输出流量为

$$q = Vn\eta_V = 2\pi beDn\eta_V \tag{3-12}$$

单作用叶片泵的定子内表面和转子外表面都为圆形,由于偏心安置,故容积变化是不均匀的,存在流量脉动。理论分析表明,叶片数为奇数时脉动率较小,故叶片数一般为 13 或 15。

3. 外反馈限压式变量叶片泵的变量原理

限压式变量叶片泵是利用泵的出口压力的反馈作用来实现变量的,它有内反馈和外反馈两种。实际使用中,应用最为广泛的是外反馈限压式变量叶片泵。

图 3-16 为 YBX 型外反馈限压式变量叶片泵的工作原理图。转子 2 的中心 O_1 是固定的,定子 3 则可以左右移动。调节调压螺钉 4,定子在调压弹簧 5 的作用下,被推向左端,与反馈液压缸 6 内的活塞靠牢,这时定子中心 O_2 和转子中心 O_1 之间有一初始偏心量 e_0,它决定泵的最大流量,e_0 的大小可用流量调节螺钉 1 调节。泵的出口压力 p 经泵体内通道作用于活塞上,使活塞对定子产生一个朝右的作用力 pA,它与右侧的调压弹簧的预紧力 kx_0(k 为弹簧刚度,x_0 为弹簧的预压缩量)相抗衡。

限压式变量叶片泵的流量压力特性曲线如图 3-17 所示,曲线表示该泵工作时输出流量和工作压力的关系。

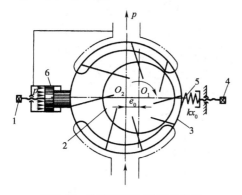

图 3-16 外反馈限压式变量叶片泵

1-流量调节螺钉;2-转子;3-定子;4-调压螺钉;
5-调压弹簧;6-反馈液压缸

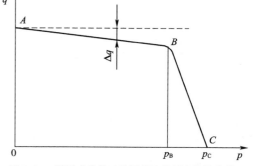

图 3-17 限压式变量叶片泵的流量压力特性曲线

当泵的工作压力较低时,$pA \leq kx_0$。在此阶段,压力如有变化,定子并不作移动,调压弹簧的压缩量不变,偏心距处于最大状态,流量处于最大状态而且基本保持不变,不可实现自动变量,如图 3-17 中的 AB 线所示。但由于液压泵的泄漏量随着工作压力的增加也会有一定程度的增加,使实际输出流量稍有减少,因此 AB 线并非水平线。在此阶段,虽不可进行自动变量,但仍可进行人工变量。调节流量调节螺钉 1,可使 AB 线上下平移。若旋进螺钉 1,泵的偏心距减小,使最大输出流量减小,AB 线下移。

当泵的工作压力较高时,$pA > kx_0$,定子右移,这时调压弹簧 5 被压缩,偏心量减小,泵的排量和输出流量也减小。泵的工作压力愈高,偏心量愈小,泵的输出流量也愈小,泵的输出流量随工作压力的增加而自动地减小,如图 3-17 中的 BC 线所示。因此,单作用叶片泵只有在工作压力较高时才可实现自动变量。工作压力达到接近极限值 p_C(极限工作压力)时,调压弹簧 5 被压缩到最短,定子移动到最右端位置,偏心量减至最小,泵的输出流量很小,这时泵输出的少量流量仅来补偿泄漏。

当 $pA = kx_0$，即 $p = kx_0/A$ 时所对应的压力称为泵的限定压力，也即图 3-17 中的 p_B，它是实现自动变量的起始压力。由式 $p_B = kx_0/A$ 可知，限定压力可由弹簧预压缩量 x_0 来调节，也可通过调节调压螺钉 4 来实现。若旋进调压螺钉 4，则调压弹簧预压缩量 x_0 增大，使限定压力 p_B 增大，B 点右移，自动变量的范围减小。

为了减小叶片与定子间的磨损，单作用叶片泵叶片根部采取在压油区通压油腔、在吸油区通吸油腔的结构形式。这样，不论是在吸油区还是在压油区，叶片根部和顶部所受的液压作用力是平衡的，叶片的向外运动主要靠旋转时所产生的离心力。

根据力学分析可知，若叶片后倾，叶片在吸油区时与定子之间的摩擦力能够帮助叶片向外伸出。反之，叶片则有可能被缩回。因此，单作用叶片泵叶片后倾一定的角度，但却使该泵只能作单向泵使用。

限压式变量叶片泵的转子及轴承上承受着不平衡径向力作用，这限制了泵工作压力的提高，故 YBX 型外反馈限压式变量叶片泵的额定压力一般仅为 6.3MPa。

限压式变量泵与双作用叶片泵（为定量泵）相比，具有结构复杂、噪声大、效率低等缺点。但它可根据负载压力自动调节输出流量，功率使用合理，可减少油液发热。限压式变量叶片泵在要求的有快速、慢速运动和保压的机床液压系统中应用最为广泛。

三、叶片泵常见故障的原因与排除方法

叶片泵在工作时，抗油液污染的能力较差，叶片与转子槽间的配合精度也较高，因此故障较多。叶片泵常见故障的原因与排除方法，见表 3-3。

叶片泵常见故障的原因与排除方法　　　　　表 3-3

故　障	原　因	排　除　方　法
油液吸不上，压力没有	(1) 泵的转向搞错或电机接反 (2) 油面过低，油液吸不上 (3) 叶片在转子槽内配合过紧 (4) 油液黏度过大，使叶片移动不灵活 (5) 泵体有砂眼，高、低压油互通 (6) 配流盘在压力油作用下变形，配油盘与壳体接触不良	(1) 按规定换向安装或纠正电机接线 (2) 定期检查油箱油液，并加至规定油面高度 (3) 单配叶片，使各叶片在所处的转子槽内移动灵活 (4) 更换合适黏度的油液 (5) 更换新泵体 (6) 修整配流盘的接触面
流量不足，压力提不高	(1) 各连接处密封不严，吸入空气 (2) 个别叶片移动不灵活 (3) 轴向间隙及径向间隙过大 (4) 叶片和转子装反 (5) 定子内表面曲面磨损，致使接触不良 (6) 配流盘内孔磨损 (7) 叶片和叶片槽配合间隙过大 (8) 吸油不通畅	(1) 检查吸油口各连接处是否泄漏，紧固各连接处 (2) 不灵活的应单槽配研 (3) 修复或更换有关零件 (4) 纠正叶片和转子方向 (5) 修磨定子内表面曲面 (6) 严重损坏时需更换 (7) 根据叶片槽单配叶片 (8) 清洗过滤器，定期更换液压油

续上表

故　　障	原　　因	排 除 方 法
噪声严重	(1)定子内表面拉伤 (2)配流盘端面与孔不垂直或叶片本身垂直不好 (3)叶片倒角太小,叶片运动时作用力有突变 (4)叶片高度尺寸不一致 (5)吸油管密封不严,空气侵入泵体 (6)联轴器安装不同心或松动 (7)电机转速高于泵的额定转速	(1)抛光定子内表面 (2)修磨配流盘端面或叶片侧面 (3)将原叶片一侧0.5×45°的倒角改为1×45°或加工成圆弧形 (4)同一组叶片高度差不超过0.01mm (5)排除泵内空气并改变密封 (6)修配联轴器,调整同轴度 (7)选配合适转速的电机

课题四　柱　塞　泵

◎知识点

(1)柱塞泵的种类和特点;
(2)斜盘式和斜轴式轴向柱塞泵的工作原理。

◎技能点

正确拆解、组装以及调试斜盘式轴向柱塞泵的典型结构。

◎课题应用

绝大多数港口设备为大型、特大型设备,如门机、集装箱桥吊、斗轮堆取料机等,功率特别大,液压系统一般要求采用高压、大流量和变量泵,此类设备中的液压系统采用柱塞泵较为合适。

◎课题分析

柱塞泵是通过柱塞在柱塞孔内往复运动时密封工作空间的容积变化来实现吸、压油的。由于柱塞与柱塞孔均为圆柱表面,因此加工方便,配合精度高,密封性好,所以能获得较高的容积效率,额定压力高。柱塞泵的种类虽然有很多,但常用的还是斜盘式轴向柱塞泵。

◎相关知识

柱塞泵是依靠柱塞在缸体柱塞孔中往复运动时柱塞底部密封工作空间的容积变化实现吸、压油的。柱塞泵与其他液压泵相比,有如下几方面的特点:

(1)额定压力高。因柱塞和柱塞孔加工容易,尺寸精度和表面质量可以达到很高的要求,因而配合精度高,油液泄漏少,容积效率高,额定压力一般为31.5~35MPa,最高可达100MPa。

(2)流量范围大。只要适当地加大柱塞直径,增加柱塞数目或柱塞行程,就可获得较大的流量。

(3)变量泵。通过改变柱塞的行程来改变泵的排量和流量。

(4)柱塞泵主要零件均受压,使材料强度性能得以充分利用,寿命长,单位功率重量小。

由以上可知,柱塞泵为高压、大流量、大功率的变量泵,但其结构复杂,材料及加工工艺要求高,价格较高。柱塞泵常用于高压大流量和流量需要调节的液压系统,如液压机、起重机械等设备的液压系统。

柱塞泵按柱塞排列方向的不同,分为轴向柱塞泵和径向柱塞泵。轴向柱塞泵按其结构特点又分为斜盘式和斜轴式两种。这里,主要分析常用的斜盘式轴向柱塞泵。

一、斜盘式轴向柱塞泵

1. 斜盘式轴向柱塞泵的工作原理

斜盘式轴向柱塞泵的工作原理,如图3-18所示。原动机驱动传动轴2并通过键3与缸体4相连,缸体沿圆周均匀分布有柱塞孔(一般为7个),柱塞7轴向安装在柱塞孔内。缸体底部安装有配流盘1,工作时配流盘固定。斜盘11与缸体间有一定夹角,工作时柱塞头部滑履10贴在斜盘表面。当传动轴带动缸体旋转时,由于斜盘和回程弹簧6的作用,迫使柱塞在与缸体做定轴转动的同时,又在柱塞孔内做轴向往复直线运动。当柱塞向外伸出时,柱塞底部密封工作空间容积增大,产生局部真空,油液便经配流盘上的吸油窗口吸油;当柱塞处于另半周时,柱塞向内缩回,柱塞底部密封工作空间容积减小,油液受到挤压,经配流盘上的压油窗口压出。传动轴每旋转一周,每个柱塞底部完成一次吸油和压油。如果通过变量机构改变斜盘倾角 γ,就能改变柱塞行程,调节泵的排量和流量。如果能改变斜盘倾斜方向,就能改变吸、压油方向,实现换向,使该泵成为双向变量泵。

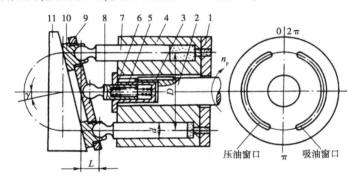

图3-18 斜盘式轴向柱塞泵

1-配流盘;2-传动轴;3-键;4-缸体;5-外套;6-回程弹簧;7-柱塞;8-内套;9-回程盘;10-滑履;11-斜盘

2. 斜盘式轴向柱塞泵排量和流量

如图3-18所示,若柱塞数目为 z,柱塞直径为 d,柱塞孔的分布圆直径为 D,斜盘倾角为 γ,则斜盘式轴向柱塞泵的排量为

$$V = \frac{1}{4}\pi d^2 D (\tan\gamma) z \tag{3-13}$$

由上式可以看出,如果斜盘倾角 γ 越大,则泵的排量越大。

斜盘式轴向柱塞泵的实际输出流量为

$$q = V n \eta_V = \frac{1}{4}\pi d^2 D (\tan\gamma) z n \eta_V \tag{3-14}$$

式中:n——泵轴转速;

η_V——容积效率,即泵的实际输出流量 q 与理论输出流量 q_t 的比值。

单个柱塞的瞬时流量是按正弦规律变化的,整个泵的瞬时流量是处于压油区几个柱塞瞬时流量的总和,也是脉动的。

不同柱塞数的柱塞泵,其输出流量的脉动率是不同的。当柱塞数较多并为奇数时,脉动率较小,故柱塞泵的柱塞数一般都为奇数。从结构和工艺性考虑,常取 $z=7$ 或 $z=9$。此时,其脉动率远小于外啮合齿轮泵。

3. 斜盘式轴向柱塞泵的典型结构

1) CY14-1B 型斜盘式轴向柱塞泵

CY14-1B 型斜盘式轴向柱塞泵是使用比较广泛的一种液压泵,额定压力达 31.5MPa,其结构如图 3-19 所示。

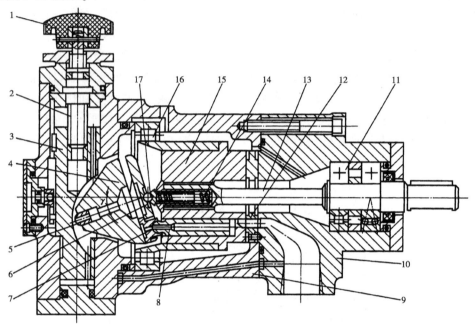

图 3-19 CY14-1B 型轴向柱塞泵

1-手轮;2-螺杆;3-变量活塞;4-斜盘;5-销轴;6-回程盘;7-滑履;8-柱塞;9-中间泵体;10-前泵体;11-前轴承;12-配流盘;13-传动轴;14-回程弹簧;15-缸体;16-大轴承;17-钢球

缸体 15 安装在中间泵体 9 内,由传动轴 13 通过花键带动旋转。在缸体内的 7 个轴向柱塞孔中装有柱塞 8,柱塞的球形头部与滑履 7 铰接。当缸体由传动轴 13 带动旋转时,柱塞相对缸体做往复运动,于是柱塞底部容积发生变化,油液通过缸体底部腰形通油孔、配流盘 12 上的油口完成吸、压油工作。

回程弹簧 14 安装在传动轴轴端的内孔中,其作用非常重要。当柱塞泵安装好之后,回程弹簧被压缩,存在一定的弹簧力。通过内套、钢球 17 和回程盘 6,回程弹簧的弹簧力将滑履拉向斜盘 4,使柱塞在吸油区时能够外伸,因而泵具有自吸能力;同时,回程弹簧还通过外套将缸体推向配流盘,消除缸体与配流盘间的间隙,使密封可靠,当缸体与配流盘间磨损后间隙也能得到自动补偿。由于回程弹簧的弹力有限,因而对斜盘、缸体的作用力并不大。

柱塞头部若以球形头部直接接触斜盘而滑动,则由于理论上为点接触,当柱塞位于压油区时,接触应力很大,极易磨损。CY14-1B 型柱塞泵在柱塞头部铰接一滑履 2,按静压原理设计,如图 3-20 所示。柱塞底部的压力油经柱塞球头中间小孔 f、滑履小孔 g 流入滑履油室 3,使滑履和斜盘间形成液体油膜润滑,并使反推力 F 和压紧力 N 大致相等,改善了柱塞和斜盘的接触情况,有利于液压泵在高压下工作。

2) 通轴泵

图 3-21 所示为通轴型轴向柱塞泵,简称通轴泵。普通的非通轴型泵的主要缺点之一是要采用大型滚柱轴承(图 3-19 中的 16)来承受斜盘施加给缸体的径向力,其受力状况不佳,轴承寿命较低,且噪声大,成本高。通轴泵的不同之处在于:

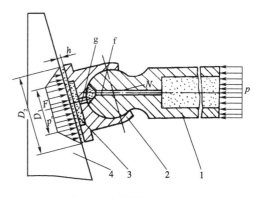

图 3-20 滑履的静压支承
1-柱塞;2-滑履;3-油室;4-斜盘

主轴采用了两端轴承直接支承,斜盘通过柱塞作用在缸体上的径向力可以由主轴承受,因而取消了缸体外缘的大轴承。通轴泵无单独的配流盘,而是通过缸体和后泵盖端面直接配油。通轴泵在泵的外伸端可以安装一个小型辅油泵(图中为内齿轮泵),供闭式系统补油之用,因而可以简化油路系统和管路连接,有利于液压系统的集成化,这是近年来通轴泵发展较快的原因之一。

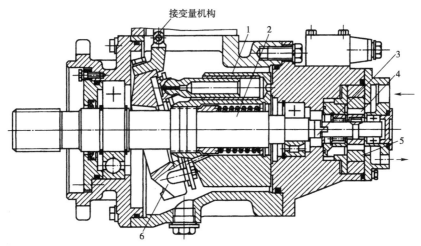

图 3-21 通轴型轴向柱塞泵
1-缸体;2-传动轴;3-联轴器;4、5-辅助泵内、外转子;6-斜盘

4. 变量机构

变量机构用来改变斜盘的倾角,调节柱塞行程,从而调节泵的排量和输出流量。变量方式有手动变量(S)、伺服变量(C)、恒功率变量(Y)、恒压变量(p)等多种。

图 3-19 所示液压泵为手动变量。若转动手轮 1,使螺杆 2 转动,便可带动变量活塞 3 做轴向移动。变量活塞通过销轴 5 使支承在变量壳体上的斜盘 4 绕钢球 17 的中心转动,从而改变斜盘的倾角,也就改变了泵的排量和流量。手动变量机构结构简单,但人手操纵费力,通常只能在停机或泵压较低的情况下才能实现变量。

恒功率轴向柱塞变量泵能使泵的输出流量随出口压力的大小自动呈近似恒功率变化,即泵的压力增大,则输出流量减小;反之,则输出流量增大。这种特性非常适合于港口设备的要求,因为港口设备外载荷变化比较大,使用恒功率变量系统可以实现自动调速。当外载荷增大时,压力升高,速度降低;外载荷减小时,压力降低,速度升高。这样,港口设备可以经常处于高效率工况下运行,从而提高设备的效率。在斗轮堆取料机等大型设备中广泛采用了这种变量的柱塞泵。

对于恒压变量的轴向柱塞泵,当工作压力小于调定压力时,全排量输出压力油,即定量输出;当工作压力达到调定压力时,工作压力保持基本恒定,但输出流量接近于零。岸边集装箱起重机吊具液压系统所使用的轴向柱塞泵即是采用恒压变量形式。

二、斜轴式轴向柱塞泵

图 3-22 为斜轴式轴向柱塞泵的工作原理图。传动轴 1 相对于缸体 4 有一倾角 γ,柱塞 3 与传动轴圆盘之间用相互铰接的连杆 2 相连。当传动轴沿图示方向旋转时,连杆就带动柱塞连同缸体一起转动,柱塞同时也在孔内做往复运动,使柱塞孔底部的密封腔容积不断发生增大和缩小的变化,通过配流盘 5 上的窗口 a 和 b 实现吸油和压油。

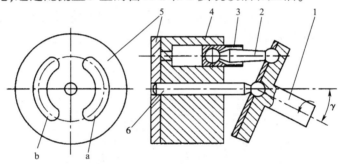

图 3-22 斜轴式轴向柱塞泵工作原理
1-传动轴;2-连杆;3-柱塞;4-缸体;5-配流盘;6-中心轴

与斜盘式柱塞泵相比较,斜轴式柱塞泵由于柱塞及缸体所受的径向力较小,故结构强度较高。由于倾角最大可达 40°,故变量范围较广。斜轴式泵是靠摆动缸体来改变倾角而实现变量的,因而体积较大。

三、径向柱塞泵

图 3-23 为径向柱塞泵的工作原理图。转子 2 上沿径向均匀分布有柱塞 3,并套装在配流轴 4 上,配流轴是固定不动的。转子连同柱塞由原动机带动一起旋转,柱塞靠离心力紧贴在定子 1 的内表面。由于定子和转子间有一偏心距 e,所以当转子按图示方向旋转时,柱塞在上半周内向外伸出,柱塞底部的密封容积逐渐增大,产生局部真空,通过配流轴上的吸油窗口吸油。当柱塞处于下半周时,柱塞底部的密封容积减小,通过配流轴上的压油窗口压油。转子每转一周,每个密封容积吸、压油一次。若改变定子和转子间的偏心距,排量也就改变。若改变偏心距的方向,则可改变吸、压油的方向。因此,径向柱塞泵可制成单向或双向变量泵。

径向柱塞泵性能稳定,耐冲击性能好,工作可靠,轴向尺寸小,便于制成多排柱塞的形式。但径向尺寸大,结构复杂,自吸性能差,且配流轴受到径向不平衡力作用,易于磨损,泄漏间隙不能补偿,故不如轴向柱塞泵应用广泛。

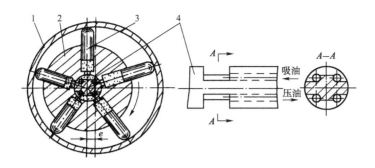

图 3-23 径向柱塞泵
1-定子;2-转子;3-柱塞;4-配流轴

四、斜盘式柱塞泵的常见故障及排除方法

斜盘式柱塞泵常见故障的原因与排除方法,见表 3-4。

斜盘式轴向柱塞泵常见故障的原因与排除方法　　表 3-4

故　障	原　因	排 除 方 法
流量不够	(1)吸油管阻力较大;阀门阻力太大;油面太低;吸油管漏气 (2)泵的回程弹簧折断,使柱塞不能回程,缸体和配流盘密封不好 (3)壳体未充满油液,留有空气,工作时从配流盘端面吸入空气 (4)泵连接不当使泵轴受轴向力,引起缸体和配流盘产生间隙,高、低油腔串通 (5)油液不清洁,配流盘和缸体磨损,漏油太多 (6)变量泵的变量角太小 (7)油温太高	(1)减少管道阻力,增高油面,排除漏气现象 (2)更换回程弹簧 (3)从回油口注满油或把系统中回油管通道以支管接入回油口 (4)改变连接方法,消除轴向力 (5)检修配流盘和缸体,更换液压油 (6)调大变量角 (7)降低油温
压力脉动、压力表针不稳	(1)液压系统中压力阀不正常 (2)系统中有空气,管道不合适 (3)吸油管堵塞、阻力大或漏气 (4)配流盘磨损漏油较大;变量泵变量机构漏油控制不稳	(1)检修各阀 (2)排除空气,更换管道 (3)疏通吸油管及清洗吸油口过滤器,紧固吸油管段的连接螺钉 (4)检修配流盘,调整变量机构
泵建立不起压力	(1)泵打不出油或流量不够 (2)液压系统有漏油 (3)压力表损坏或堵塞 (4)缸体和配流盘磨损 (5)变量泵变量角太小 (6)溢流阀压力调整太低	(1)见故障"流量不够" (2)检修各漏油处 (3)检修压力表 (4)检修缸体和配流盘 (5)调大变量角 (6)调整溢流阀压力

续上表

故　　障	原　　因	排 除 方 法
泵的噪声过大	(1)吸油管直径太小,或弯头太多,使阻力过大引起吸油不足 (2)吸油管道接头漏气 (3)泵体内漏气 (4)泵安装不同心,使泵轴受径向力大 (5)油箱油面过低,使泵吸入油面上的泡沫 (6)油液黏度太大	(1)增大吸油管径,减少弯头 (2)查出漏气处后重新拧紧接头 (3)将油灌满泵体或将液压系统回油管道的油液充入泵壳内 (4)调整泵输入轴的安装同轴度 (5)加足油液,加强油液冷却,减少泡沫 (6)降低油液的黏度
油温过高	(1)油液黏度太大 (2)油箱容积太小,散热面不够大 (3)泵的内部漏损过大	(1)换用合适黏度的油液 (2)增大油箱容积或在液压系统中增设冷却装置 (3)检修液压泵
泵漏油严重	(1)泵的回油管漏损严重 (2)结合面漏油或轴端漏油 (3)变量活塞或伺服活塞磨损	(1)解体泵,检查主要零件是否损坏或严重磨损 (2)检查结合面密封和轴端密封是否损坏,视情况修复或更换 (3)严重时更换
变量机构失灵	(1)控制油道上的单向阀弹簧折断 (2)斜盘与变量壳体磨损 (3)伺服活塞、变量活塞、弹簧心轴卡死 (4)个别通油道堵塞	(1)更换弹簧 (2)修刮研配两者的圆弧配合表面 (3)机械卡死时,用研磨的方法使各运动件灵活 (4)疏通油道

课题五　液压泵的选用

◎知识点

各类液压泵的适用场合。

◎技能点

正确选用港口设备所使用的液压泵。

◎课题应用

港口设备所处的工作环境较差,通常是露天作业,油液容易受到污染,且工作压力大,所需流量大,这就使得所选用的液压泵有别于一般行业。一般而言,港口设备多采用齿轮泵,尤其是双联或三联齿轮泵,大中型港口设备采用柱塞泵也较多,而叶片泵在港口设备中的应用就很少。

◎课题分析

在各类设备中,究竟采用何种液压泵,这要看液压泵的工作性能是否能满足设备的使用要求,并不是说液压泵结构越复杂越优先选用。在工作性能中,选用液压泵主要考虑的是压力和流量这两个参数。在港口设备中,要重点考虑泵对油液污染的敏感性。

◎ 相关知识

在选用液压泵时,应根据液压设备的工作情况和系统所要求的工作压力、流量和工作性能等来确定泵的种类和型号,同时还应考虑能量的合理利用和系统发热等问题。

一般负载、功率小的液压设备,可选用齿轮泵、双作用叶片泵;精度较高的设备可选用双作用叶片泵;负载、功率较大的港口设备、工程机械可选用柱塞泵;负载、功率较小的港口设备、工程机械一般选用齿轮泵;有快速和慢速工作行程的设备(如机床等)可选用限压式变量叶片泵和双联叶片泵;机械设备的辅助装置如送料、夹紧等不重要的场合,可选用价格低廉的齿轮泵;对于野外作业或工作环境较差的系统可考虑选择齿轮泵或柱塞泵。

表3-5为常用液压泵的一般性能比较及应用。

常用液压泵的性能比较及应用　　　　　　　　　　表3-5

项　　目	外啮合齿轮泵	双作用叶片泵	限压式变量叶片泵	径向柱塞泵	轴向柱塞泵
输出压力	低压	中压	中压	高压	高压
流量调节	不能	不能	能	能	能
效率	低	较高	较高	高	高
流量脉动	很大	很小	一般	一般	一般
自吸特性	好	较差	较差	差	差
对油的污染敏感性	不敏感	较敏感	较敏感	很敏感	很敏感
噪声	大	小	较大	大	大
功率重量比	中等	中等	小	小	大
寿命	较短	较长	较短	长	长
单位功率造价	最低	中等	较高	高	高
应用范围	机床、工程机械、农机、航空、船舶机械、起重运输机械、工程机械	机床、注塑机、液压机、飞机	机床、注塑机	机床、液压机、船舶机械	工程机械、锻压机械、起重运输机械、矿山机械、冶金机械、船舶机械、飞机

课题六　液压马达

◎ 知识点

(1)液压马达的分类;
(2)液压马达的基本性能参数;
(3)典型液压马达的工作原理。

◎ 技能点

熟悉内曲线多作用式液压马达的总体结构。

◎ 课题应用

在港口设备中,液压马达的应用远不及液压缸多,但在一些起重机的旋转机构、起升机构中常采用液压马达来驱动。由于起重机体积和重量都较大,所需的驱动功率大,因而较多地采用低速大转矩液压马达。

◎ 课题分析

液压马达是将液压能转换成旋转运动机械能的元件,通俗地讲,具有一定压力和流量的液压油进入液压马达之后,液压马达就会转动起来。因此,液压马达的原理与液压泵正好相反,这就类似电动机与发电机一样。从道理上讲,液压泵完全可以拿来作液压马达使用。但由于液压泵在结构上有一些技术问题,内部结构并不完全对称,因而常制作成单向泵。而液压马达直接驱动工作机构或外载荷,工作机构或外载荷一般都要求能正反转,也就是液压马达一般都要求制成双向马达,所以通常的液压泵是不能用作液压马达使用的。

◎ 相关知识

液压马达是液压系统的执行元件,它将液体的压力能转换成旋转的机械能,向外输出转矩和转速。

从能量转换的观点来看,液压泵与液压马达是可逆工作的液压元件,向任何一种液压泵输入工作液体,都可以使其变成液压马达工况;反之,当液压马达的旋转轴由外力驱动旋转时,也可以变成液压泵工况。因为它们具有同样的基本结构要素——密封而又可以周期变化的容积和相应的配流装置。

事实上,由于两者的使用目的不一样,所以同类型的液压泵和液压马达之间仍存在许多区别。例如,绝大多数液压马达通常与工作机构或外载直接相连,需要能正、反转,所以在内部结构上应具有对称性,其进、回油口大小相等,为双向马达;而液压泵与原动机相连,通常为单方向旋转,因而一般没有这方面要求;液压马达的转速范围需要足够大,特别对它的最低稳定转速有一定的要求,因此一般采用滚动轴承或静压滑动轴承;液压马达在输入液压油的条件下工作,因而不必具备自吸能力,但需要有一定的初始密封性,以能提供必要的起动转矩。由于存在着这些差别,使得液压马达和液压泵虽在结构上比较相似,但一般不能可逆工作。

液压马达按其结构分,有齿轮马达、叶片马达和柱塞马达等;按额定转速分,有高速马达和低速马达两大类。额定转速高于 500r/min 的属于高速液压马达,低于 500r/min 的属于低速液压马达。齿轮马达、叶片马达和轴向柱塞马达一般属于高速马达。高速液压马达的主要特点是转速较高,转动惯量小,便于起动和制动,调速和换向灵敏度高。通常,高速液压马达输出转矩不大,仅有几十牛顿米到几百牛顿米,所以又称为高速小转矩液压马达。低速液压马达的基本结构是径向柱塞马达,但在齿轮马达、叶片马达和轴向柱塞马达中也有低速的结构形式。低速液压马达的主要特点是排量大、体积大、转速低,有时可达每分钟几转甚至零点几转,因此可直接与工作机构连接,不需要减速装置,使传动机构大为简化。通常,低速液压马达输出转矩较大,可达几千牛顿米到几万牛顿米,所以又称为低速大转矩液压马达,港口设备常用此类液压马达。

另外,液压马达也有单向马达与双向马达之分,定量马达与变量马达之分,故有单向定量马达、双向定量马达、单向变量马达和双向变量马达四种,其符号见表3-6。

液压马达的图形符号　　　　　表3-6

液压马达类型	单向定量	双向定量	单向变量	双向变量
图形符号				

一、主要性能参数

在液压马达的各项性能参数中,压力、排量、流量等参数与液压泵同类参数有相似的意义,其原则差别在于,在泵中它们是输出参数,在液压马达中则是输入参数。

1. 液压马达的功率和效率

设液压马达进、出口间的工作压差为 Δp,则输入功率为

$$P_t = \Delta p q \tag{3-15}$$

液压马达的输出功率为

$$P_0 = 2\pi n T \tag{3-16}$$

与液压泵一样,液压马达工作时,同样会存在泄漏和摩擦,自身会有一定的能量损失,故其输出功率小于输入功率,两者的差值为功率损失。功率损失可分为容积损失和机械损失两部分,功率损失的大小可用效率来表示。因此,液压马达的总效率为液压马达的输出功率与输入功率的比值,也为容积效率与机械效率的乘积,即

$$\eta = \frac{P_0}{P_t} = \eta_V \eta_m \tag{3-17}$$

式中:η_V——容积效率;

η_m——机械效率。

由于液压马达存在泄漏,它的实际输入流量 q 必然大于理论输入流量 q_t,故液压马达的容积效率为

$$\eta_V = \frac{q_t}{q} \tag{3-18}$$

液压马达工作时存在着相对运动零件之间的机械摩擦及液体的黏性摩擦,它的理论输出转矩 T_t 必然大于实际输出转矩 T,故液压马达的机械效率为

$$\eta_m = \frac{T}{T_t} \tag{3-19}$$

2. 液压马达的输出转速

将 $q_t = Vn$ 代入式(3-18),可得液压马达的输出转速公式为

$$n = \frac{q}{V} \eta_V \tag{3-20}$$

3. 液压马达的输出转矩

因为 $P_0 = P_i \eta, \eta = \eta_V \eta_m$,故经整理可知,液压马达的实际输出转矩公式为

$$T = 0.159 \Delta p V \eta_m \tag{3-21}$$

液压马达用以驱动各种工作机构,因此最重要的工作参数是输出转速和转矩。从式(3-20)和式(3-21)可以看出,对于定量马达,排量 V 为定值,在输入流量和工作压差不变的情况下,输出转速 n 和转矩 T 皆不可变;对于变量马达,排量 V 的大小可以调节,因而其输出转速 n 和转矩 T 是可以改变的,但影响是不同的,若 V 增大,则 n 减小,T 增大。

二、液压马达的工作原理及结构

常用液压马达的结构与同类型的液压泵相似。下面就常用液压马达的工作原理作简单

1. 叶片马达

叶片马达的结构与双作用叶片泵相似,图3-24为叶片马达的工作原理图。当压力油经进油窗口通入进油腔后,在叶片1、3、5、7的一侧作用有压力油,另一侧是与油箱相通的低压油。由于叶片1、5伸出的面积大于叶片3、7伸出的面积,因此作用于叶片1、5上的油液作用力大于作用于叶片3、7上的油液作用力,使叶片带动转子作顺时针方向旋转,继而通过输出轴驱动外载旋转。而叶片2、6两侧及叶片4、8两侧受等值油液作用力作用,受力平衡,对转子不产生转矩。

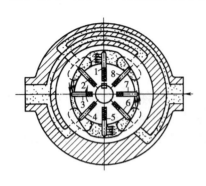

图3-24 叶片马达的工作原理
1~8-叶片

由于液压马达一般都要求能正反转,所以叶片马达的叶片径向布置,进、回油口通径一样大。因此,通过改变压力油的输入方向,则马达反向旋转,可作双向马达使用。另外,叶片根部也与压力油相通,使叶片与定子内表面紧密接触。为保证接触良好,在通入叶片根部的压力油路上装有单向阀(图中未画出),并在叶片根部安装有预紧弹簧。

叶片马达体积小,转动惯量小,转速高,动作灵敏,易起动和制动,便于调速和换向,但缺点是起动转矩较低,泄漏量大,低速稳定性差,排量不可调。叶片马达适用于换向频繁、高转速、低转矩和动作要求灵敏的场合。

2. 轴向柱塞马达

轴向柱塞马达的工作原理如图3-25所示。斜盘1和配流盘4固定不动,缸体2和传动轴相连并一起转动。斜盘1的中心线与缸体的轴线相交一个倾角γ。在半个圆周内,压力油经配流盘的进油窗口输入到缸体的柱塞孔,柱塞3受力外伸,并紧贴在斜盘的表面,柱塞对斜盘产生作用力,斜盘对柱塞产生反作用力F,其方向是垂直于斜盘表面的。该反作用力可分解为两个分力:水平分力F_x和垂直分力F_y。垂直分力与柱塞轴向垂直,对缸体轴向产生转矩,驱动缸体带动外载旋转。而水平分力与作用在柱塞上的液压推力相平衡。通过改变输油方向,则缸体反向旋转,因此该液压马达为双向马达。斜盘倾角越大,则排量越大,产生的转矩越大,转速越低。

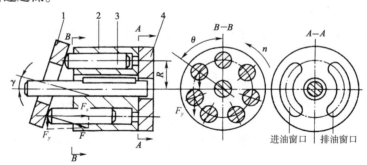

图3-25 轴向柱塞马达的工作原理
1-斜盘;2-缸体;3-柱塞;4-配流盘

图3-26为点接触式轴向柱塞马达的结构,它与一般的斜盘式轴向柱塞泵在结构上的主要区别有以下几个方面:

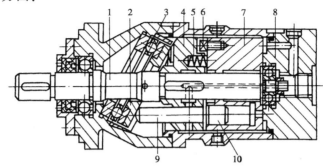

图3-26 点接触式轴向柱塞马达的结构
1-传动轴;2-斜盘;3-轴承;4-鼓轮;5-弹簧;6-传动销;7-缸体;8-配流盘;9-推杆;10-柱塞

(1)缸体分成两段,左半段称鼓轮4,右半段仍称缸体7。鼓轮与传动轴1通过键相连,传递转矩,而缸体与传动轴空套,并由鼓轮上的传动销6拨动它与轴一起转动,不传递转矩。因此,斜盘2对推杆9的反作用力所造成的颠覆力矩不会作用在缸体表面上。由于缸体只受轴向力作用以及三只弹簧5的均布作用,使得缸体与配流盘8表面贴合良好,既保证了密封性能,又能自动补偿磨损。

(2)柱塞被分成两段,鼓轮内一段称为推杆9,缸体内一段仍称为柱塞10。由于传动销6的作用,推杆和柱塞仍能很好地对中。推杆头部直接用球面与斜盘接触,由于该马达为小转矩马达,因而接触应力并不很大。柱塞只受轴向力作用,因此可使柱塞与柱塞孔间的磨损保持均匀。

(3)斜盘由推力轴承3支承,与推杆一起旋转,目的是为了减少推杆端部与斜盘端面的磨损,提高机械效率。

(4)配流盘直接加工在后泵盖上,以使结构简化。

该马达结构对称,进、回油口可以换接,为双向马达;斜盘倾角不作改变,为定量马达;没有自吸能力,不能作液压泵使用。

3. 内曲线多作用式径向柱塞马达

内曲线多作用径向柱塞式液压马达,简称内曲线马达,具有排量大、径向力平衡、转矩脉动小、传动效率高、能在极低转速下平稳工作等优点。

图3-27为内曲线多作用式马达的工作原理图。该马达由定子1、缸体2、柱塞组(柱塞3、横梁4、滚轮5)、配流轴6等组成。定子的内表面有 x 段(图中为6段,通常取偶数)形状相同的作用曲面,每段曲面的凹部的顶点把曲面分成对称的两半,一半为进油区段,另一半为回油区段。缸体上有 z 个(图中为8个)沿径向均匀分布的径向柱塞孔,孔内安装能做径向移动的柱塞。柱塞头部与横梁接触,横梁可在缸体的径向槽中滑动,安装在横梁两端轴颈上的滚轮可沿定子内曲面滚动。缸体的中心孔与配流轴滑动配合。配流轴固定不动,其圆周上均匀交替分布有 x 个进油窗口A和 x 个回油窗口B,分别与马达的进、回油口相通。进、回油窗口与定子内曲面的进、回油区段位置一一对应。

当柱塞处于定子进油区段时,柱塞底部与配流轴进油窗口相通,柱塞受力外伸,通过横

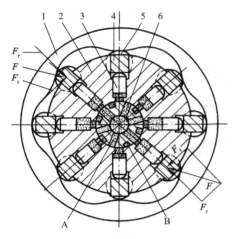

图 3-27 内曲线多作用式马达工作原理
1-定子;2-缸体;3-柱塞;4-横梁;5-滚轮;6-配流轴

梁使滚轮顶紧在定子内表面上。定子对滚轮的法向反力 F 可分解成两个方向的分力,其中径向分力 F_r 与作用在柱塞底部的液压作用力相平衡,切向分力 F_t 通过横梁对缸体产生转矩,推动缸体及所连接的工作机构旋转。缸体每旋转一周,每个柱塞往复运动 x 次。由于内曲面数与柱塞数不等,所以任一瞬间总有一部分柱塞处于进油区段,使缸体旋转。

当柱塞处于定子回油区段时,柱塞底部与配流轴回油窗口相通,定子使滚轮、横梁和柱塞内缩,油液被排入油箱,此时不产生使缸体旋转的切向分力。

应当提出的是,为了保证滚轮在回油区段时不脱离定子内曲面,防止滚轮到达进油区段时产生冲击或被砸坏,通常应使马达的出口保持一定的压力(依靠在回油路中设置的背压阀),称为回油背压。因此,处于回油区段的柱塞实际上产生一个阻止缸体旋转的反转矩,致使马达的实际输出转矩稍有减小。

由于内曲线多作用式马达作用次数多,而且可制成双排、三排柱塞结构,所以排量大,转速低,转矩大。其排量的计算式为

$$V = \frac{1}{4}\pi d^2 hxz \tag{3-22}$$

式中:d——柱塞直径;
$\quad\quad h$——柱塞工作行程;
$\quad\quad x$——定子内曲面数;
$\quad\quad z$——柱塞总数。

内曲线马达多为定量马达。对于具有多排柱塞的马达,可通过液压变速阀改变各排柱塞之间的相互组合,实现有级变量。

内曲线马达结构对称,当马达的进、回油口换接时,马达将反转。

图 3-28 所示为应用最为广泛的横梁传力式内曲线马达的结构。

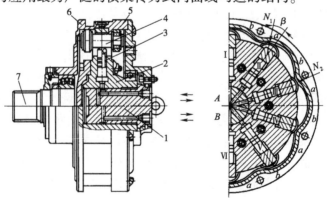

图 3-28 横梁传力式内曲线马达的结构
1-配流轴;2-缸体;3-柱塞组;4-横梁;5-滚轮;6-定子;7-输出轴

由图可见,缸体2与输出轴7固接,并用轴承支承在前、后端盖中。缸体在径向布置有十个柱塞孔,用以安装柱塞组3。柱塞头部球面顶着横梁4,横梁两端装有带滚针轴承的滚轮5,滚轮在定子6的导轨曲面上滚动。横梁的方身以很小的间隙安装在缸体的方槽中,并在其中滑动。在压力油的作用下,柱塞头部顶紧横梁底面,由定子内曲面作用所产生的切向分力直接由横梁传到缸体上驱动缸体转动。柱塞不受侧向力,所以磨损情况大为改善。虽然横梁侧面与缸体方槽间有些磨损,但并不影响柱塞的密封,故这种马达的容积效率较高。

思考题与习题

1. 从能量观点看,液压泵与液压马达有什么区别?
2. 液压泵完成吸、压油,必须具备什么条件?
3. 什么是双向泵、变量泵?
4. 液压泵的工作压力取决于什么?泵的工作压力与额定压力有何区别?工作压力对输出流量有何影响?
5. 液压泵的排量、流量各决定于哪些参数?流量的理论值和实际值有什么区别?
6. 如何计算液压泵的输出功率和输入功率?液压泵在工作过程中会产生哪两方面的能量损失?
7. 外啮合齿轮泵有哪三个技术问题?对其工作有何影响?如何解决?
8. 限压式变量叶片泵是如何实现变量的?
9. 双作用叶片泵和单作用叶片泵有何区别?
10. 限压式变量叶片泵的限定压力和最大流量如何调节?调节时,泵的流量压力特性曲线将如何变化?
11. CB-B型、YB_1型、YBX型、CY14-1B型液压泵额定压力分别属于何种压力等级?为什么?
12. CB-B型、YB_1型、YBX型、CY14-1B型液压泵能否换向和变量?为什么?
13. 正确写出液压马达输入功率、输出功率、效率、实际输出转速、实际输出转矩的计算式,并写出实际输出转矩的推导过程。
14. 轴向柱塞马达和内曲线多作用式径向柱塞马达的工作原理是什么?
15. 正确画出液压泵、液压马达的符号。
16. 某液压泵的输出功率为9kW,输出压力为$p=5$MPa,转速$n=1200$r/min,排量$V=100$mL/r,总效率$\eta=0.81$。求泵的容积效率和电动机的驱动功率。
17. 液压马达的排量$V=100$mL/r,进口压力$p_1=10$MPa,出口压力$p_2=0.5$MPa,容积效率$\eta_V=0.95$,机械效率$\eta_m=0.85$,输入流量$q=0.95$L/min。求液压马达的输出转速、输出转矩、输出功率和输入功率。
18. 某液压泵的排量为V,泄漏量$\Delta q=kp$,k为泄漏系数,p为工作压力,此泵可兼作马达使用。当泵和马达的转速相同时,其容积效率是否相同?

模块四　液　压　缸

液压缸和前述的液压马达同属于液压传动系统的执行元件。从能量转换的角度来看，它们都是将油液的压力能转换成机械能的液压元件。液压马达是用来实现连续旋转运动的执行元件，而液压缸则是用来实现往复直线运动或小于一周的周期性摆动的执行元件。

液压缸具有结构简单、制造容易、维修方便、工作可靠等特点，而且传力大、运动惯性小、可作频繁换向，易于实现远程控制和自动控制。在各类液压设备中，广泛地利用液压缸来完成工作机构的各种动作。

课题一　液压缸的类型和特点

◎知识点

(1) 液压缸的分类；
(2) 活塞式液压缸、柱塞式液压缸、摆动式液压缸的运动分析；
(3) 柱塞式液压缸的特点。

◎技能点

正确计算单杆活塞式液压缸不同连接情况下的运动速度。

◎课题应用

液压缸结构简单，原理易于分析，但种类繁多。液压缸在港口设备中应用极其广泛，绝大多数场合采用单杆活塞式液压缸，少数场合采用柱塞式液压缸，而双杆活塞式液压缸、摆动缸几乎看不见。如在叉车上，倾斜机构、属具水平位移机构、转向机构采用单杆活塞式液压缸，升降机构常采用柱塞式液压缸。

◎课题分析

液压缸的运动速度既与输入流量成正比，也与输入油腔的油液有效作用面积成反比。由于液压缸的结构无法调节，因此液压缸的运动速度主要由输入流量来调节，但人们可以通过改变油路连接路线实现速度换接。液压缸的压力是由负载决定的，人们在分析时，常将负载理解为外载荷；但实际上，摩擦阻力、回油腔的油液反向阻力有时也较大，甚至造成液压缸无法正常运动。

◎相关知识

液压缸按结构形式分，有活塞式、柱塞式和摆动式三类；按液压油的作用方向分，有单作用式、双作用式两类;按固定方式分,又有缸体固定、杆固定两类;按作用行程分,有单级、双级、多级等。

一、活塞式液压缸

活塞式液压缸缸体内有一与缸体内表面相配合的活塞。活塞把缸体分成两个腔并沿缸体内表面做往复运动。活塞杆一端与活塞相连,另一端一般与工作机构相接。

1. 双杆活塞式液压缸

这种液压缸其活塞两端都有活塞杆,如图4-1所示。这种液压缸的最大特点是,两端的活塞杆直径通常是相等的,因而左右两腔油液的有效作用面积相等。当分别向左、右两腔输入相同流量,则两个方向的运动速度 v 相等,可方便地实现等速往复运动,其计算式为(略去油液泄漏的影响)

$$v = \frac{q}{A} = \frac{4q}{\pi(D^2 - d^2)} \quad (4-1)$$

若两个方向的进、回油压力相同,则两个方向油液对活塞产生的推力也相等,其计算式为

$$F = (p_1 - p_2)A = \frac{1}{4}\pi(D^2 - d^2)(p_1 - p_2) \quad (4-2)$$

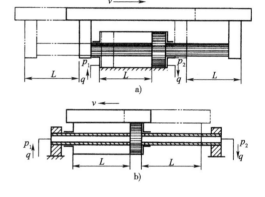

图4-1 双杆活塞式液压缸
a) 缸体固定; b) 活塞杆固定

式中:A——液压缸的有效作用面积;
D、d——活塞、活塞杆直径;
q——输入液压缸的流量;
F——运行阻力;
p_1、p_2——液压缸的进油、回油压力。

这里需要特别说明的是,液压油对活塞产生的推力 F 等于液压缸的运行阻力 $\sum f$,而运行阻力既包括外载阻力,也包括活塞、活塞杆运动时产生的摩擦阻力,这些阻力均与运动方向相反,其和与推力相平衡,即

$$F = \sum f \quad (4-3)$$

液压缸有两种不同的固定形式,图4-1a)所示为缸体固定,是最为常见的固定方式,图4-1b)所示为活塞杆固定。当液压缸采用缸体固定时,油口布置在固定不动的缸体上,对油管种类没有特别的要求,活塞杆通常也采用实心的。但液压缸的轴向工作范围近似等于液压缸有效行程 L 的3倍,占地范围大。当液压缸采用活塞杆固定时,如果油口布置在运动的缸体上,则油管只能采用软管。因此,为了便于采用硬管相连接,这类固定形式的液压缸通常将进、回油口布置在固定不动的活塞杆两端,油液通过空心活塞杆与两油腔相通。但液压缸的轴向工作范围近似等于液压缸有效行程 L 的2倍,占地范围小,常应用于大、中型设备,如外圆磨床工作台液压缸。

2. 单杆活塞式液压缸

单杆活塞式液压缸只有一侧连接有活塞杆,它也有缸体固定和活塞杆固定两种形式。图4-2所示均为缸体固定形式。这种液压缸由于左、右两腔的有效面积 A_1 和 A_2 不相等,所

以在图 4-2a) 和 b) 中,当两个方向的输入流量皆为 q 时,前进的速度 v_1 与后退的速度 v_2 并不相等,其计算式分别为(略去油液泄漏的影响)

$$v_1 = \frac{q}{A_1} = \frac{4q}{\pi D^2} \tag{4-4}$$

$$v_2 = \frac{q}{A_2} = \frac{4q}{\pi(D^2 - d^2)} \tag{4-5}$$

式中:A_1、A_2——无杆腔、有杆腔的有效面积。

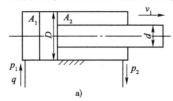 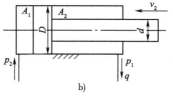

图 4-2 单杆活塞式液压缸
a) 无杆腔进油;b) 有杆腔进油

分析式(4-4)和式(4-5)可知,在输入流量相同的情况下,v_1 小于 v_2,也即前进是慢进(或称工进),后退是快退,两个方向无法获得相等的运动速度。

若两个方向的进、回油压力相同,则两个方向油液对活塞产生的推力 F_1、F_2 分别为

$$F_1 = p_1 A_1 - p_2 A_2 = \frac{1}{4}\pi D^2 p_1 - \frac{1}{4}\pi(D^2 - d^2)p_2 = \frac{1}{4}\pi D^2 (p_1 - p_2) + \frac{1}{4}\pi d^2 p_2 \tag{4-6}$$

$$F_2 = p_1 A_2 - p_2 A_1 = \frac{1}{4}\pi(D^2 - d^2)p_1 - \frac{1}{4}\pi D^2 p_2 = \frac{1}{4}\pi D^2 (p_1 - p_2) + \frac{1}{4}\pi d^2 p_2 \tag{4-7}$$

式中:p_1、p_2——液压缸的进油、回油压力。

分析式(4-6)和式(4-7)可知,$F_1 > F_2$,也即在相同的进、回油压力前提下,前进时产生的推力较大。但无论是前进还是后退,推力总是等于运行阻力。

单杆活塞式液压缸还有一种非常重要的连接方式,即液压缸的两腔相接,均与液压泵相通,如图 4-3 所示,就连成所谓的差动连接,或称为 P 形连接。

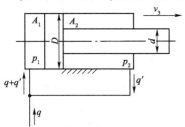

图 4-3 液压缸差动连接

差动连接时,在忽略两腔连通油路的压力损失的情况下,液压缸两腔的油液压力相等。但由于无杆腔的受力面积大于有杆腔的受力面积,故活塞向右的作用力大于向左的作用力,活塞将向右运动,有杆腔排油并流进无杆腔。也即无杆腔不但输入了来自液压泵的流量 q,而且还得到了有杆腔的排油流量 q',从而加快了活塞的运动速度。差动连接运动速度 v_3 的计算式为(略去油液泄漏的影响)

$$v_3 = \frac{q + q'}{A_1} = \frac{q + \frac{1}{4}\pi(D^2 - d^2)v_3}{\frac{1}{4}\pi D^2} \tag{4-8}$$

整理后得

$$v_3 = \frac{q}{A'} = \frac{q}{\frac{1}{4}\pi d^2} \tag{4-9}$$

式中：A'——活塞杆面积，或两腔有效作用面积之差。

显然，由上式可以看出，由于A'较小，v_3较大，故采用差动连接能够增加前进时的运动速度，实现快进。差动连接是在不增加液压泵流量的前提下实现液压缸快速运动的有效办法，它广泛应用于各种液压系统中。

分析式（4-5）和式（4-9）可知，如果要求快退与快进速度相等，即要求$v_2 = v_3$，则有

$$\frac{4q}{\pi(D^2 - d^2)} = \frac{4q}{\pi d^2} \tag{4-10}$$

这时，活塞直径D与活塞杆直径d之间有$D = \sqrt{2}d$，或$d \approx 0.7D$。同时，慢进、快退、快进三种连接的运动速度之比为1:2:2。

实际应用中，液压系统常通过控制阀来改变单杆液压缸的油路连接，使其有不同的工作方式，从而获得：快进（差动连接）—工进（无杆腔进油）—快退（有杆腔进油）的工作循环。

差动连接时，若忽略两腔连通油路的压力损失，则有$p_1 = p_2$，则油液对活塞产生的推力为

$$F_3 = p_1 A_1 - p_2 A_2 = \frac{1}{4}\pi D^2 p_1 - \frac{1}{4}\pi(D^2 - d^2)p_1 = \frac{1}{4}\pi d^2 p_1 \tag{4-11}$$

由上式可知，差动连接时油液对活塞产生的推力较小。同样，推力也等于运行阻力。

对于差动连接，这里需要特别说明的是，实际使用中，进、回油路存在一定的压力损失，p_1与p_2值并不相等，而是p_1小，p_2大。这样，当油路压力损失较大时，或活塞杆的直径较小时，很有可能出现差动连接的活塞运动方向不是向前，而是后退，出现运动错乱现象。

以上分析均认为是缸体固定。当液压缸改成活塞杆固定时，其运动方向与上述分析的方向相反，速度大小不变。

对于上述活塞式液压缸，往复运动均是在液压油的作用下实现的，统称为双作用液压缸。但也有少数小型液压缸，如制动缸、锁紧缸等，为简化结构、节省能量，采用单方向运动依靠液压油推动，回程依靠重力、弹簧力或其他外力作用，这类缸称为单作用液压缸。

活塞式液压缸内的活塞在缸体内表面做相对运动，对缸体内表面的加工精度提出了较高要求。因此，活塞式液压缸难以制成行程较长的大型液压缸。

二、柱塞式液压缸

在港口装卸机械中，叉车常常用于垂直装卸货物。由于货物升降行程较长，故采用活塞式液压缸不大合适，普遍采用的是柱塞式液压缸。

柱塞式液压缸符号如图4-4所示，主要由缸体、柱塞、缸盖等零件组成。与活塞式液压缸相比，柱塞式液压缸主要有以下特点：

（1）柱塞与缸体不直接接触，因此缸体内表面无需精加工，工艺性好，成本低，可制成行程较长的大型液压缸。

（2）柱塞缸为单作用式，只接一个油口，压力油只能使柱塞朝单方向运动，柱塞回程依靠重力或其他外力作用。因此，柱塞式液压缸能节省能量，但通常需垂直布置或倾斜布置，并极易造成加速下行的现象。

（3）缸内只有一个大油腔，因此不存在内泄漏问题，容积效率较高。

图4-4 柱塞式液压缸符号

(4)工作时,柱塞受载较大且总是受压,因此它必须具有足够的强度和刚度,柱塞直径较粗。为减轻重量,大型柱塞缸的柱塞通常由空心钢管制成。

三、摆动式液压缸

摆动式液压缸作小于一周的往复摆动,因此它又称叶片式摆动马达。摆动缸有单叶片式和双叶片式两种,如图4-5所示。单叶片式摆动缸定子块1固定在缸体4上,叶片2和摆动轴3连接为一体。当两油口交替通入压力油时,叶片带动摆动轴往复摆动,向外输出转矩。由于有定子块的存在,单叶片式摆动缸摆动角度一般小于300°。与单叶片式相比,双叶片式摆动缸摆动角度小,一般小于150°,但在同样大小的结构尺寸和进油压力下,转矩增大一倍,且径向力能够平衡。

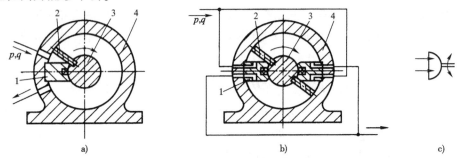

图4-5 摆动式液压缸
a)单叶片式;b)双叶片式;c)图形符号
1-定子块;2-叶片;3-摆动轴;4-缸体

摆动缸主要用来驱动作间歇回转运动的工作机构,如回转夹具、液压机械手、分度机构等辅助装置。由于密封材料的改善,应用范围已扩大至中高压。

四、其他液压缸

上述液压缸为液压缸的三种基本形式。为了满足某些特定的需要,液压缸还可制成其他特种缸。

1. 伸缩缸

伸缩缸又称多级缸,它由两级或多级活塞缸套装而成,如图4-6所示。前一级活塞缸的活塞杆就是后一级活塞缸的缸体。伸缩缸逐个伸出时,有效工作面积逐次减小。因此,当输入流量不变时,外伸速度逐次增大;当负载恒定时,液压缸的工作压力逐次提高。缩回的顺序一般是从小活塞到大活塞。由于伸缩缸收缩后总长度较短,结构紧凑,且对液压缸的布置角度无特别要求,故适用于安装空间受到限制而行程要求很长的场合,如汽车起重机伸缩臂液压缸、自卸汽车举升液压缸等。

2. 增压缸

增压缸又称增压器,它能将输入的低压油转变为高压油供液压系统中的高压支路使用,如图4-7所示。它由面积不同(A_1和A_2)的两个液压缸串接而成,大缸为原动缸,小缸为输出缸。设原动缸的输入压力为p_1,输出缸的输出压力为p_2,若不计摩擦力,根据力的平衡关系可有如下等式

$$p_1 A_1 = p_2 A_2 \tag{4-12}$$

整理得

$$p_2 = \frac{A_1}{A_2} p_1 \tag{4-13}$$

其中,比值 A_2/A_1(或 D_2^2/D_1^2)称为增压比。

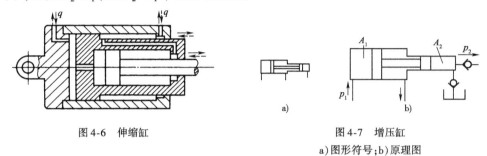

图 4-6 伸缩缸

图 4-7 增压缸
a)图形符号；b)原理图

由式(4-13)可知,若 $D_1 = 2D_2$,则 $A_1 = 4A_2$, $p_2 = 4p_1$,即输出压力为输入压力的 4 倍,增压比为 4。

这里需要说明的有三点,一是从能量的角度看,增压缸输出的并不是机械能,而是压力能,因此其后还必须有一工作缸来驱动工作机构运动,故增压缸并不是真正意义上的"缸",将其称为阀也许更恰当。二是如果增压缸后面的工作缸处于运动状态,则增压缸的输出压力并不是因为装了增压缸之后而增大的,而是由其后的负载大小所决定。因此,从严格意义上说,增压缸的作用是将输出缸缸后的较高压力减压为输入缸缸前的较低压力,使输入油路在较低压力下工作。增压缸如果改称为"减压缸",也许更能符合它的实际意义。三是如果工作缸的载荷和运动状态一定,在油路中安装增压缸并不能减少泵的输出功率。

3. 齿条活塞缸

齿条活塞缸又称无杆式液压缸,或称活塞式摆动马达,由带有齿条杆的双活塞缸和齿轮齿条所组成,如图 4-8 所示。活塞的往复运动经齿轮齿条机构变成齿轮轴往复转动,转动角度可能达到超过 1 圈,它多用于自动生产线、组合机床等设备中。

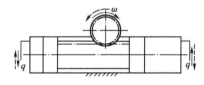

图 4-8 齿条活塞缸

课题二 液压缸的结构与维修

◎知识点

(1)液压缸的基本组成；
(2)液压缸内各部件的连接方式；
(3)液压缸的缓冲装置、排气装置的常见方式及原理。

◎技能点

正确进行单杆活塞式液压缸、柱塞式液压缸的结构分析。

◎课题应用

液压缸结构虽然简单,但组成的部件并不少,每一部件均有其特定的作用。港口设备作业环境较为恶劣,液压缸有时也会出现故障,这就需要解体维修。而维修的前提就是要弄清所有部件的结构、功能和原理。

◎课题分析

在液压缸的结构布置中,首要考虑的是各部件连接可靠,受力好;其次要考虑密封性,保证高压区与低压区之间、缸内与缸外之间均有很好的密封;还要考虑缓冲、排气、导向、便于拆装等问题。

◎相关知识

一、液压缸的典型结构

1. 双杆活塞式液压缸

图4-9所示为双杆活塞式液压缸的典型结构。该缸活塞杆固定,缸体运动。压力油由右侧b口输入,经活塞杆10的空心内孔,从孔d进入缸体右腔,推动缸体向右运动,通过托架2带动外载运动。同时,左腔容积减小(图示状态为左腔容积处于最小状态),油液经孔c、活塞杆1空心内孔、油口a流出;反之,若压力油由油口a流入、油口b流出,缸体向左移动。

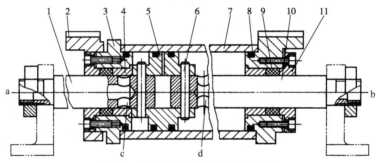

图4-9 双杆活塞式液压缸的典型结构

1、10-活塞杆;2-托架;3-缸盖;4-导向套;5-活塞;6-销;7-缸体;8-O型密封圈;9-V型密封圈;11-压盖

为了防止泄漏,该缸在活塞与缸体接触处、缸盖与缸体接触处采用O型密封圈8进行密封;在活塞杆与导向套接触处采用V型密封圈9进行密封。由于孔c、d与活塞端面保持一定的距离,当缸体移动到两头时,两孔通流口逐渐减小,起到节流缓冲作用。另外,缸盖3上设有排气孔(图中未画出),以便排出油中空气。

2. 单杆活塞式液压缸

图4-10所示为一单杆活塞式液压缸的典型结构。该缸缸体固定,活塞杆运动。当液压

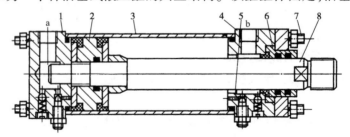

图4-10 单杆活塞式液压缸的典型结构

1、4-缸盖;2-活塞;3-缸体;5-缓冲及排气装置;6-导向套;7-拉杆;8-活塞杆

油从 a 孔或 b 孔进入缸体内油腔时,可使活塞实现往复运动。该缸利用设在缸两端的缓冲及排气装置 5,以减少冲击和振动。该缸缸体与缸盖是通过拉杆连接起来的。为了防止泄漏,在缸体与活塞、活塞杆与导向套以及缸体与缸盖处均安装有密封圈进行密封。

3. 柱塞式液压缸

图 4-11 所示为一柱塞式液压缸的典型结构,它由缸体 4、柱塞 5、密封圈 2、导向套 3 等组成。缸体由上、下两段无缝钢管焊接而成,缸底 6 与焊接在缸体底部的环面支座用螺钉相连接,并用缓冲弹簧 8 与支架固定,缸体上端与缸盖 1 用螺纹连接。为了保证柱塞在液压缸缸内运动的直线性和柱塞全部伸出后的稳定性,在柱塞和缸体之间安装有导向套 3。柱塞与缸体的密封,是依靠装在缸盖 1 和上部缸体之间的 V 型密封圈 2 来实现的。缸盖内还装有防尘圈(图中未画出)以防止尘土进入缸内。缸体上方设有排气塞 10,用来排除缸内积留的空气。

二、液压缸的组成

液压缸由缸体组件、活塞组件、密封件和连接件等基本部分组成。此外,一般液压缸还设有缓冲装置和排气装置。

1. 缸体组件

缸体组件包括缸体、缸底、缸盖及其连接件等。

缸体是液压缸的主体,它与缸底、缸盖、活塞等零件构成密闭的容腔,承受油压,因此要有足够的强度和刚性,以抵抗液压力和其他外力的作用。活塞式液压缸缸体内孔制造精度要求高,以保证活塞、密封件、支承件能顺利滑动,保证密封效果,减少磨损。

缸底、缸盖位于缸体两端,同样承受很大的液压力,因此它们和其连接部件既要有足够的强度,又要选择工艺性好的结构形式。

导向套对活塞杆、活塞起导向、支承作用。有些液压缸不设导向套,直接用缸盖孔导向,这种结构简单,但磨损后必须更换缸盖。

缸体与缸底、缸盖常用的连接形式如图 4-12 所示。

(1)法兰式连接结构简单,加工和装拆都很方便,连接可靠。缸体端部一般用铸造、镦粗或焊接方式制成粗大的外径,用以穿装螺柱。其径向尺寸和质量都较大,大、中型液压缸大部分采用此种结构,如图 4-12a)所示。

(2)半环式连接分外半环连接和内半环连接两种。半环连接工艺性好,连接可靠,结构紧凑,装拆较方便,但半环槽对缸体强度有所削弱,需加厚缸壁,常用于无缝钢管缸体与缸盖的连接,如图 4-12b)所示。

(3)螺纹式连接有外螺纹连接和内螺纹连接两种。其特点是质量轻、外径小、结构紧凑,

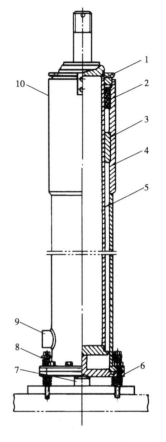

图 4-11 柱塞式液压缸的典型结构
1-缸盖;2-V 型密封圈;3-导向套;4-缸体;5-柱塞;6-缸底;7-环面支座;8-缓冲弹簧;9-油口;10-排气塞

但结构较复杂,装拆需专用工具,旋缸盖时易损坏密封圈,一般用于小型液压缸,如图4-12c)、d)所示。

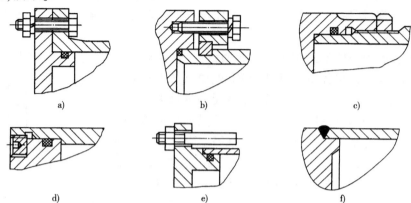

图4-12 缸体组件的连接形式
a)法兰式;b)半环式;c)外螺纹式;d)内螺纹式;e)拉杆式;f)焊接式

(4)拉杆式连接结构通用性好,缸体加工装拆方便,但体积、质量较大,拉杆受力后会拉伸变形,影响端部密封效果,只适用于长度不大的中低压缸,如图4-12e)所示。

(5)焊接式连接外形尺寸较小,结构简单,但焊接时易引起缸体变形,主要应用于柱塞式液压缸,如图4-12f)所示。

2. 活塞组件

活塞组件由活塞、活塞杆和连接件等组成。

活塞受油压作用在缸体内做往复运动,因此,活塞必须具有一定的强度和良好的耐磨性。活塞的结构有的为整体式,也有的为组合式。

活塞杆是连接活塞和工作机构的传力部件,它必须具有足够的强度、刚性和稳定性。从受力的角度分析,应尽量使活塞杆受拉而不受压。活塞杆无论是实心的还是空心的,通常都用钢料制造。活塞杆在导向套内往复运动,并且要露在空气中,其外圆表面应当耐磨并有防锈能力,故活塞杆外圆表面通常镀铬。

活塞与活塞杆常用的连接形式,如图4-13所示。

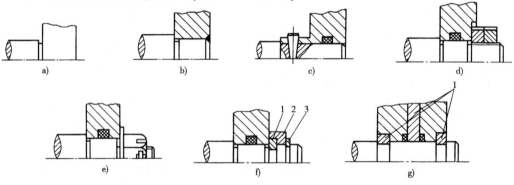

图4-13 活塞与活塞杆的连接形式
a)整体式;b)焊接式;c)锥销式;d)、e)螺纹式;f)、g)半环式
1—半环;2—轴套;3—弹簧圈

(1) 整体式连接和焊接式连接结构简单,轴向尺寸紧凑,但损坏后需整体更换,如图4-13a)、b)所示。

(2) 锥销式连接加工容易,装配简单,但承载能力小,且需要必要的防脱落措施,如图4-13c)所示。

(3) 螺纹式连接结构简单,装拆方便,但一般需要有螺母防松装置,如图4-13d)、e)所示。

(4) 半环式连接强度高,但结构复杂,如图4-13f)、g)所示。

连接方式主要用于以下情况:

在轻载情况下可采用锥销式连接;一般使用螺纹连接;高压和振动较大时多用半环式连接;对活塞和活塞杆比值 D/d 较小、行程较短或尺寸不大的液压缸,其活塞和活塞杆可采用整体式或焊接式连接。

3. 缓冲装置

当液压缸驱动质量较大的部件做快速往复运动时,运动部件具有很大的动能。这样,在活塞运动到缸的终端时,会与缸盖、缸底发生机械碰撞,产生很大的冲击和噪声,引起液压缸的损坏。为此,在大型、高速和高精度的液压设备中必须设置缓冲装置,或在液压系统中设置缓冲回路。尽管各种缓冲装置的结构不同,但工作原理相似,都是在活塞接近缸盖时增大液压缸的回油阻力,使回油速度减慢,活塞减速,从而防止活塞撞击缸盖。常见的缓冲装置,如图4-14所示。

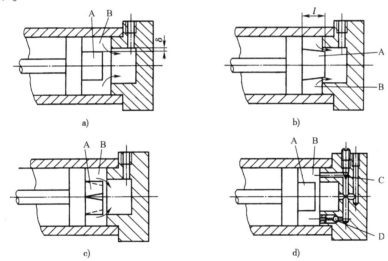

图4-14 液压缸的缓冲装置
a)圆柱形环状间隙式;b)圆锥形环状间隙式;c)可变节流槽式;d)可调节流孔式
A-缓冲柱塞;B-缓冲油腔;C-节流阀;D-单向阀

1)圆柱形环状间隙式[图4-14a)]

当缓冲柱塞A进入缸盖上的内孔时,缸盖和活塞间形成缓冲油腔B。B腔内的油液只能经环状间隙δ排出,回油产生阻力,回油速度减慢,从而使活塞减速缓行。这种装置在缓冲开始时产生的缓冲制动力大,使液压冲击较大,加之回油通道的节流面积不变,故缓冲效果并不十分理想。这种装置结构简单,所以在一般系列化的成品液压缸中采用较多。

2）圆锥形环状间隙式［图4-14b)］

这种装置的缓冲柱塞A为圆锥形,节流面积随缓冲行程的增大而减小,活塞减速较均匀,冲击小,缓冲效果较好。

3）可变节流槽式［图4-14c)］

缓冲柱塞A与缸盖内孔直径相同,但在缓冲柱塞上开有数道轴向三角槽,缓冲油腔B内的油液经轴向三角槽回油,节流面积逐渐减小,冲击压力小,制动位置精度高。

4）可调节流孔式［图4-14d)］

当缓冲柱塞A进入到缸盖内孔时,回油口被柱塞堵住,油液只能通过节流阀C回油。调节节流阀的开度,可以控制回油流量,从而控制活塞的回油速度。当活塞反向运动时,由于单向阀D这时正向布置,压力油很快通过单向阀及节流阀进入液压缸内,使活塞迅速起动。这种缓冲装置可根据液压缸的负载、速度等情况调整节流阀开度的大小,以获得较理想的缓冲效果,因此适用范围较广。

4. 排气装置

在液压系统首次工作时或停止使用一段时间后重新工作时,必须把液压系统中的空气排除,否则会影响运动的平稳性,造成换向精度下降和低速爬行现象,甚至在开车时产生运动部件突然前冲等状况。

对于要求不高的液压缸往往不设专门的排气装置,而是将油口布置在缸体两端的最高处,如图4-15a)所示,这样也能使空气随油液排往油箱,再从油面逸出;对于速度稳定性要求较高的液压缸或大型液压缸,常在液压缸两侧的最高位置处设置排气塞,或通过长管将两侧最高位置处的排气口与排气阀相连,用排气阀排气。

排气塞结构如图4-15b)、c)所示。排气时,先松开排气塞,让液压缸全行程空载往复运动若干次,带有气泡的油液便从排气塞中逸出。当排出的油中无气泡时,拧紧排气塞,液压缸便可正常工作。

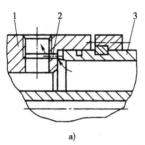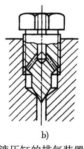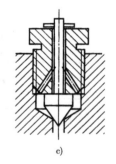

图4-15 液压缸的排气装置
a)排气孔式;b)、c)排气塞式
1-缸盖;2-排气孔;3-缸体

三、液压缸的安装、调整、常见故障和排除方法

1. 液压缸的安装

液压缸安装合理与否,对系统工作性能有很大影响,因此在液压缸安装时,应注意以下几点：
（1）装配前应清洗零件和去除其毛刺。
（2）活塞与活塞杆组装好后,应检测两者的同轴度（一般应小于 $\phi0.04$ mm）和活塞杆的直线度(一般应小于 $\phi 0.1/1000$)。

(3)缸盖装上后,应调整活塞与缸体内孔、缸盖导孔的同轴度,均匀紧固螺钉,以使活塞在全行程内移动轻重一致。

(4)液压缸装配符合要求,在设备上安装好后,必须保证液压缸轴线与负载作用轴线同轴,以免因存在侧向力而导致密封件、活塞和缸体内孔过早磨损损坏。

(5)对于较长液压缸,应考虑热变形和受力变形对液压缸工作性能的影响。

(6)液压缸的密封圈不应调得过紧(特别是V型密封圈)。如过紧,活塞运动阻力会增大,同时因密封圈工作面无油润滑也会导致其严重磨损(伸出的活塞杆上能见到油膜,但无泄漏,即认为密封圈松紧合适)。

总之,在安装液压缸时,必须严格按技术要求进行操作和检测,以保证其工作可靠。

2. 液压缸的调整

液压缸安装完毕后,需进行整个液压装置的试运行。在检查液压缸各个部位无泄漏及其他异常之后,应排除液压缸内的空气。有排气塞(阀)的液压缸,先将排气塞(阀)打开。对压力高的液压系统应适当降低压力(一般为 0.5~1.0MPa),让液压缸空载全程快速往复运动,使缸内(包括管道内)空气排尽后,再将排气塞(阀)关闭。对于有可调式缓冲装置的液压缸,还需调整起缓冲作用的节流阀,以便获得满意的缓冲效果。调整时,先将节流阀通流面积调至较小,然后慢慢地调大,调整合适后再锁紧。在试运行中,应检查进、回油口配管部位和密封部位有无漏油,以及各连接处是否牢固可靠,以防事故发生。

3. 液压缸的常见故障与排除方法

液压缸在试运行时除泄漏现象能发现外,其余故障多在液压系统工作时才能暴露出来。现将液压缸常见故障的原因与排除方法列于表4-1。

液压缸常见故障的原因与排除方法　　表4-1

故　障	原　　　　因	排　除　方　法
爬　行	(1)空气混入	(1)打开排气塞(阀),使运动部件空载全行程快速往复运动 20~30min
	(2)活塞杆的密封圈压得太紧	(2)调整密封圈,保证活塞杆能用手推拉动而在试车时无泄漏即可(允许微量渗油,即在活塞杆上能见到油膜)
	(3)活塞杆与活塞同轴度过低	(3)校正活塞、活塞杆组件,保证其同轴度小于 $\phi 0.04$mm
	(4)活塞杆弯曲变形	(4)校正(或更换)活塞杆,保证直线度小于 $\phi 0.1/1000$
	(5)安装精度破坏	(5)检查和调整液压缸轴线对导轨面的平行度及与负载作用线的同轴性
	(6)缸体内孔圆柱度超差	(6)镗磨缸体内孔,然后配制活塞(或增装O型密封圈)
	(7)活塞杆两端螺母太紧,导致活塞与缸体内孔同轴度降低	(7)活塞杆两端的螺母不宜太紧,一般应保证在液压缸未工作时活塞杆处于自然状态
	(8)采用间隙密封的活塞,其压力平衡槽局部被磨损掉,不能保证活塞与缸体孔同轴	(8)更换活塞

续上表

故　　障	原　　因	排　除　方　法
推力不足或速度逐渐下降,甚至停止	(1)缸体内孔和活塞的配合间隙太小,或活塞上装O型密封圈的槽与活塞不同轴 (2)缸体内孔和活塞配合间隙太大或O型密封圈磨损严重 (3)工作时经常用某一段,造成缸体内孔圆柱度误差增大 (4)活塞杆弯曲,造成偏心环状间隙 (5)活塞杆的密封圈压得太紧 (6)油温太高,油液黏度降低太大	(1)单配活塞,保证间隙,或修正活塞密封圈槽使之与活塞外圆同轴 (2)单配活塞,保证间隙,或更换O型密封圈 (3)镗磨缸体内孔,单配活塞 (4)校直(或更换)活塞杆 (5)调整密封圈压紧力,以不漏油为限(允许微量渗油) (6)分析油温太高的原因,消除温升太高的根源

思考题与习题

1. 双杆活塞式液压缸缸体固定与活塞杆固定的区别有哪些?
2. 柱塞式液压缸有哪些特点?
3. 正确写出单杆活塞式液压缸在三种不同连接状态下的速度计算公式,并写出实现往复运动速度相等的条件。
4. 若将单杆活塞式液压缸的活塞杆直径变小,则慢进、工进、快退的速度会怎样变化?
5. 正确推导出液压缸差动连接的速度计算公式。
6. 液压缸为什么要设置缓冲和排气装置?
7. 图4-16所示两个液压缸结构、尺寸完全相同,相互串联。无杆腔面积 $A_1 = 100 \times 10^{-4} m^2$,有杆腔面积 $A_2 = 80 \times 10^{-4} m^2$,缸1的输入压力 $p_1 = 0.9 MPa$,输入流量 $q_1 = 12 L/min$,不计损失和泄漏,求:

(1) 两缸承受相同负载($F_1 = F_2$)时,该负载的数值及两缸的速度。

(2) 缸2的输入压力是缸1的输入压力一半($p_2 = 0.5 p_1$)时,两缸各承受多少负载?

(3) 缸1不承受负载($F_1 = 0$)时,缸2承受多少负载?

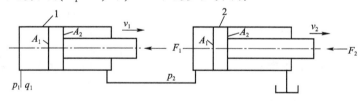

图 4-16

模块五　液压控制阀

　　液压控制阀是液压系统中用来控制液流方向、压力和流量的元件。借助于这些阀，人们便能对执行元件的起动、停止、运动方向、速度、动作顺序和克服负载的能力进行控制和调节，使各类液压设备都能按要求协调地进行工作。

　　根据用途和工作特点的不同，液压阀可分为方向控制阀、压力控制阀和流量控制阀。这三类阀还可根据需要组合成组合阀，使其结构紧凑，连接简便。

　　根据控制原理的不同，液压阀可分为开关阀、比例阀、伺服阀和数字阀。开关阀调定后只能在调定状态下工作，本模块将重点介绍这类使用最为普遍的阀。比例阀和伺服阀能根据输入信号连续地或按比例地控制系统的参数。数字阀则用数字信息直接控制阀的动作。

　　根据液压阀安装连接方式的不同，可分为：

　　（1）管式连接。管式连接又称螺纹连接，阀的油口用螺纹管接头或法兰与管道及其他元件连接。

　　（2）板式连接。阀的各油口没有螺纹，布置在同一安装面上。阀用螺钉固定在与阀有对应油口的连接板上，连接面的另一面用管接头与管及其他元件连接。或者把几个阀用螺钉固定在一个集成块的侧面，在集成块上打孔，沟通各阀形成回路。板式连接由于拆卸时无需拆卸与之相连的其他元件，故应用较广。

　　（3）法兰式连接。该类阀在油口上制出法兰，通过法兰与管道连接。一般通径大于 $\phi 32mm$ 的大流量阀采用法兰式连接。该连接方式连接可靠，强度高，但尺寸大，拆卸困难。

　　（4）叠加式连接。阀的上下面为连接结合面，各油口均在这两个面上，阀相互叠加便成回路，无需管道连接。

　　（5）插装式连接。这类阀无单独的阀体，由阀芯、阀套等组成的单元体插装在插装块体的预制孔中，用连接螺纹或盖板固定，并通过块内通道把各插装式阀连通组成回路。

　　液压阀的类型虽有各式各样，但它们均具有下述基本共同点：

　　（1）在结构上，阀均是由阀体、阀芯以及驱动阀芯动作的控制装置所组成。

　　（2）在原理上，阀均是通过阀芯的动作来改变、限制油液的流动。

　　（3）在功能上，阀均不对外做功，只是用来满足系统在方向、压力和速度方面的要求。

　　（4）阀只要有油通过，均会产生不同程度的压力损失和能量损失。

　　对液压系统中所使用的液压阀有如下共同要求：

(1)动作灵敏,使用可靠,工作时冲击和振动小。
(2)油液流动时压力损失小。
(3)密封性能好。
(4)结构紧凑,安装、调整、使用、维护方便,通用性好。

各种液压阀都有各自的性能参数,其中共同的性能参数一般有两个。一是公称通径,它代表了阀的通流能力的大小,常用的公称通径有 6mm、10mm、16mm、25mm 等几种;二是额定压力,它是液压阀连续工作所允许的最高工作压力,由阀的结构特点和密封能力来决定。

课题一 方向控制阀

◎知识点
(1)普通单向阀、液控单向阀、双向液压锁及换向阀的功用和符号;
(2)普通单向阀、液控单向阀、双向液压锁及换向阀的动作原理;
(3)三位四通换向阀常见中位的中位机能。

◎技能点
(1)正确分析多路换向阀的组成和动作原理;
(2)正确分析电液换向阀的工作原理。

◎课题应用

方向控制阀是三大类液压控制阀中结构、原理均较为简单的阀,其中换向阀又是液压系统中必不可少的阀,换向阀的数量往往有好几个,甚至十几个。在港口设备中,普通单向阀常在组合阀中出现,液控单向阀、双向液压锁则用在变幅、升降、支腿等机构起锁紧作用,而换向阀多采用手动换向阀、电液换向阀等。

◎课题分析

顾名思义,单向阀就是油液只能单向流动的阀;液控单向阀本身是一个单向阀,它是通过液压油控制,也可使油液反向流动的阀;双向液压锁又称双液控单向阀,是两个液控单向阀的组合;换向阀是用来改变油路连接方向,从而使液压缸(或液压马达)达到换向目的的阀。

◎相关知识

方向控制阀简称方向阀,主要用来通断油路或切换液流的方向,以满足执行元件起动、停止和改变运动方向的要求。方向阀按其用途可分为两大类:单向阀和换向阀。

一、单向阀

1. 普通单向阀

普通单向阀通常简称为单向阀,它只允许油液朝一个方向流动,不能反向流动,故又称逆止阀或止回阀。

单向阀结构简单,主要由阀体、阀芯和弹簧等组成。图 5-1 所示为单向阀的常用结构及符号。由图可见,此阀与管路间采用螺纹连接。当液流从进油口 P_1 流入时,油液作用力克服弹簧阻力,使阀芯离开阀座,从出油口 P_2 流出。当油液反向流动时,阀芯则在弹簧力和油液作用力的作用下压紧在阀座上,将进、出油口隔开,油液无法通过。

根据单向阀的工作特点,要求油液正向流动时阻力要小,以减少压力损失,因此单向阀中的弹簧仅用于使阀芯在阀座上就位,故弹簧刚度很小,一般单向阀的正向开启压力为 0.035~0.05MPa。若将单向阀安装在系统的回油路上作为背压阀使用,则应换上刚度稍大的弹簧,使开启压力提高到 0.2~0.6MPa。

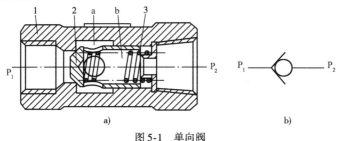

图 5-1 单向阀
a)结构原理图;b)图形符号
1-阀体;2-阀芯;3-弹簧;a-阀体内腔;b-阀芯内腔

单向阀根据阀芯的形状不同可分为球阀式和锥阀式两种。图 5-1 所示结构为锥阀式,其阀芯的导向部分较长,阀芯顶端锥面密封性好,被广泛使用,尤其在高压大流量的液压系统中使用。

2. 液控单向阀

液控单向阀又称单向液压锁,是一种通入控制压力油后允许油液双向流动的单向阀。它由单向阀和液控装置两部分组成。

如图 5-2b)所示为普通液控单向阀。当控制油口 K 未通压力油时,其作用同普通单向阀相同,油液正向流通,反向截止;当控制油口 K 通入压力油(称控制油)后,控制活塞上行,把单向阀的锥形阀芯顶离阀座,油液正反方向均可流动。油液反向流动(即由 P_2 口进油)时,由于进油压力通常较高,而受结构限制,控制活塞直径不可能比阀芯直径大很多,因而顶开锥阀所需的控制油压可能要求很高,使这种结构仅适用于中、低压场合。

图 5-2c)所示为带卸荷阀芯的液控单向阀。为了减少控制油压,在主阀芯的中心增加了一个更小的锥阀芯(有的是球阀芯),称卸荷阀芯(或先导阀芯)。因卸荷阀芯承压面积小,因

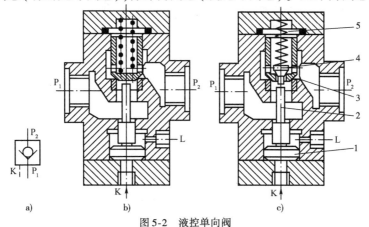

图 5-2 液控单向阀
a)图形符号;b)普通液控单向阀;c)带卸荷阀芯的液控单向阀
1-控制活塞;2-推杆;3-主阀芯;4-卸荷阀芯;5-弹簧

而控制油口无需多大的控制油压便可将它先行顶开,两腔随即通过卸荷阀芯圆杆上的间隙相互沟通,使反向压力下降,直到控制活塞轻易地将主阀芯推离阀座,使单向阀的反向通道打开。

由于液控单向阀在控制油口未通压力油时反向具有良好的密封性能,因而常用于锁紧回路中作液压锁使用。

3. 双向液压锁

双向液压锁又称双液控单向阀,由一对液控单向阀并联而成,广泛地应用于汽车起重机、轮胎起重机、装载机及液压挖掘机的支腿上。

支腿实质上为单杆双作用活塞式液压缸。由于支腿液压缸承受设备自重和载荷作用,因此要求支腿在支承时能严格锁紧,避免发生倾覆的危险。另外,即使设备处于行驶或停放状态,收起的支腿也有可能因活塞、活塞杆的自重而自行下滑。双向液压锁能对支腿液压缸进行双向锁紧,避免上述现象的发生。

图 5-3 所示为双向液压锁的结构和应用。双向液压锁由阀体 2、两边带推杆的控制活塞 3 及一对单向阀等组成。油口 A、B 与换向阀压力油口和回油口相通,油口 C、D 则分别与支腿液压缸的两腔相连。液压缸的缸体与机械的机身相连,活塞杆用来支承地面。当压力油从 A 口进入时,左单向阀打开,油液从 C 口流出,活塞杆下行支承地面。与此同时,压力油又作用在控制活塞的左腔,推开右阀芯,接通 DB 油路,液压缸下腔得以正常回油。反之,当换向阀处于右侧工作位置时,压力油从 B 口进入,液压缸也能正常收腿。所以,油路中安装双向液压锁,不影响支腿正常收放。

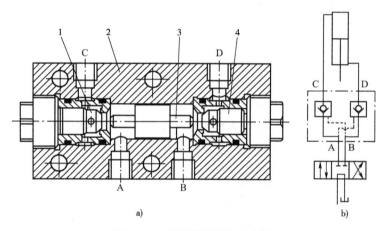

图 5-3 双向液压锁的结构和应用
a) 结构原理图; b) 应用举例
1、4-单向阀; 2-阀体; 3-控制活塞

如图 5-3b) 所示,当支腿支承地面后,换向阀恢复中位,支腿处于制动状态。由于设备自重和外载均很大,液压缸上腔的油液压力非常大。虽然换向阀中位理论上能起到锁紧作用,但由于阀芯与阀体之间采用的是间隙密封,因而如果油路不用双向液压锁,液压缸上腔的油液就会通过换向阀的间隙流出,缸体下移,发生"软腿"现象。油路中如果安装了双向液压锁,这一问题便能迎刃而解。这是因为,液压缸上腔压力升高后,通过油口 C,压力油使双向液压锁左侧阀芯在阀座上的压紧程度也随之增加。而液压缸下腔油液没有压力,推杆对左侧阀没有作用力。这样,借助锥阀芯良好的密封性能,就能可靠地防止"软腿"的发生。

当支腿提升后,收起的支腿也能可靠地锁住,其工作原理与上相似。

二、换向阀

换向阀利用阀芯与阀体之间相对位置的变化,改变油液的流动方向,接通或切断油路。

1. 换向阀的工作原理

换向阀的工作原理,如图5-4所示。在图示位置,液压缸两腔A、B无法与压力油口P相通,处于制动状态。若将换向阀的阀芯1右移,阀体2上的油口P与A连通,B与T相通。压力油经P、A进入液压缸左腔,活塞右移,右腔油液经B、T流回油箱。反之,若将阀芯左移,则P与B连通,A与T相通,活塞左移。因此,换向阀通过变换阀芯在阀体上的相对工作位置,使阀体各油口连通或断开,从而控制执行元件的换向、起动或停止。

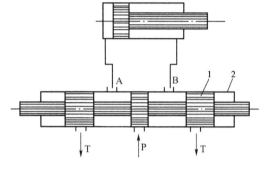

图5-4 换向阀的工作原理
1-阀芯;2-阀体

2. 换向阀的分类

换向阀的类型非常多,按不同的特性有如下几种分类:

(1)按阀芯与阀体的相对运动分,有滑阀式和转阀式两种。滑阀式换向阀在液压系统中远比转阀式用得广泛,本课题主要介绍滑阀式结构。

(2)按阀与系统油路的连通数分,有二通、三通、四通、五通、六通等。

(3)按阀芯相对阀体的可变位置数分,有二位、三位、四位等。

(4)按使阀芯动作的操纵方式分,有手动式、电磁式、液动式、电液动式、机动式等。

由于换向阀的种类较多,故在表述具体换向阀时,一般都要对上述几个方面进行叙述,例如,某泵为三位四通电磁式换向滑阀。但实际上,即使如上表述,仍未说明油路在各种可变位置状态下的连通关系。

3. 换向阀的符号

为了便于设计和阅读液压系统工作图,各种换向阀都可用相应的符号来表示。表5-1列出了几种常用换向阀的符号。

常用滑阀式换向阀的结构原理及图形符号 表5-1

位 和 通	结构原理图	图形符号
二位二通	(图) A B	(图) B A
二位三通	(图) A P B	(图) A B P

续上表

位 和 通	结构原理图	图形符号
二位四通	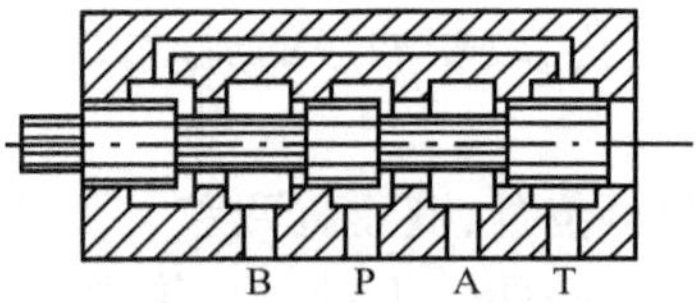 (结构原理图，油口标注 B P A T)	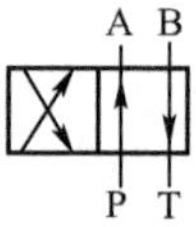 (图形符号，油口 A B 上，P T 下)
二位五通	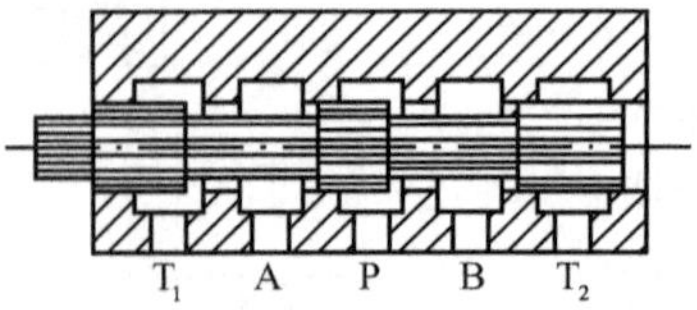 (结构原理图，油口标注 T_1 A P B T_2)	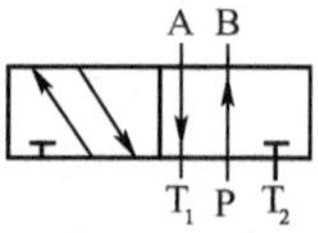 (图形符号，油口 A B 上，T_1 P T_2 下)
三位四通	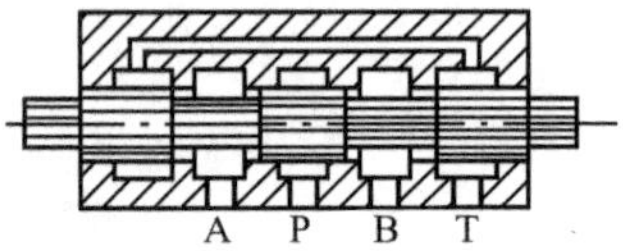 (结构原理图，油口标注 A P B T)	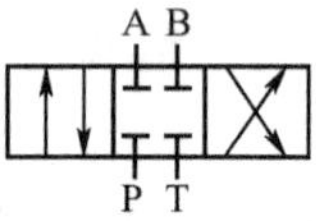 (图形符号，油口 A B 上，P T 下)
三位五通	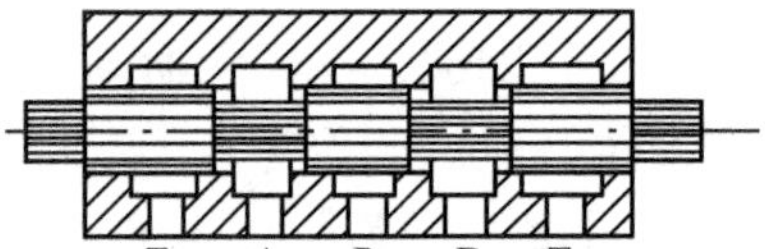 (结构原理图，油口标注 T_1 A P B T_2)	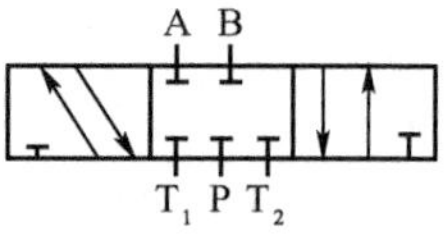 (图形符号，油口 A B 上，T_1 P T_2 下)

换向阀的符号有如下含义:

(1)每个方框表示阀芯相对阀体的一个工作位置,有几个方框,就表示该阀有几位。

(2)方框中的箭头表示油液处于接通状态,但不一定代表液流方向,油液在换向阀中是可以逆箭头方向流动的。符号"⊥"和"⊤"表示油路不通。

(3)为叙述方便,一般用字母表示与阀相通管路的性质,有几个字母,就表示外接几根系统油管。通常规定,字母P表示该油口与系统压力油路(即液压泵)相通,字母T表示该油口与系统回油路(即油箱)相通,字母A、B等表示油口与执行元件的工作油口或系统的其他油路相通。应该说明的是,字母或液压油路图中的管路,应标注或连接在阀初始连通状态的那个"位"的位置上。对三位阀来讲,中位就是初始连通位。

(4)符号还应采用特定的形状表达阀芯动作的操纵方式和复位方式(在表5-1中未画出)。

4.三位四通换向阀的中位机能

在各种换向阀中,以三位四通换向阀应用最多。阀芯处于中间位置时,各油口的连通方式有很多种,以适应不同的使用要求,用相应的字母和符号来表示。表5-2列出了三位四通阀O、H、P、Y、K、M六种常用的中位机能。

三位四通换向阀的中位机能

表 5-2

机能代号	结构原理图	中位图形符号	机能特点和作用
O	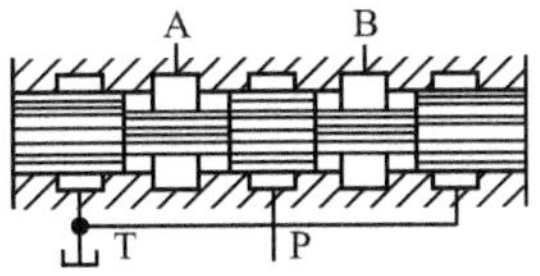	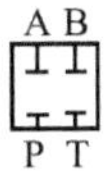 A B / P T	各油口全部封闭,缸两腔封闭,系统不卸荷。液压缸充满油,从静止到起动平稳;制动时运动惯性引起液压冲击较大;换向位置精度高
H	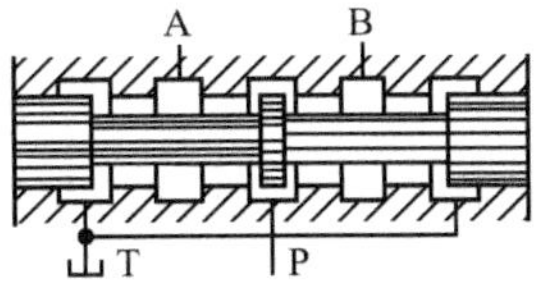	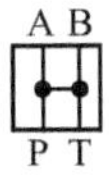 A B / P T	各油口全部连通,系统卸荷,缸成浮动状态。液压缸两腔接油箱,从静止到起动有冲击;制动时油口互通,故制动较 O 型平稳;但换向位置变动大
P	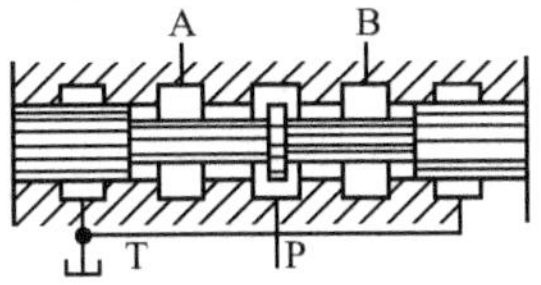	 A B / P T	压力油口 P 与缸两腔连通,可形成差动回路,回油口封闭。从静止到起动较平稳;制动时缸两腔均通压力油,故制动平稳;换向位置变动比 H 型的小,应用广泛
Y	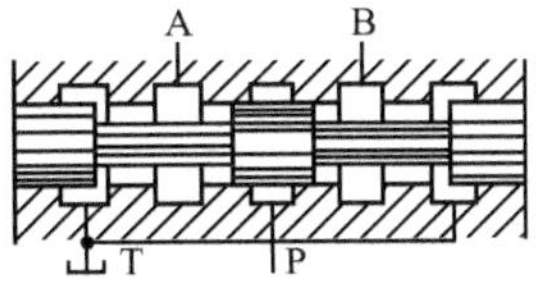	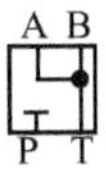 A B / P T	油泵不卸荷,缸两腔通回油,缸成浮动状态。由于缸两腔接油箱,从静止到起动有冲击,制动性能介于 O 型与 H 型之间
K	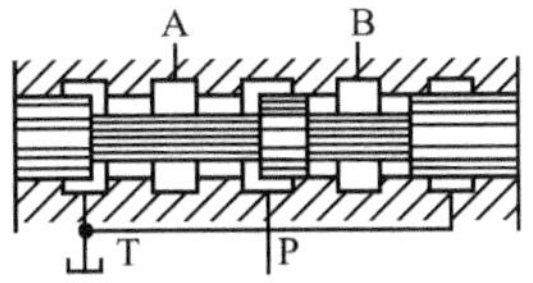	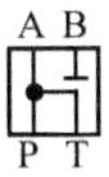 A B / P T	油泵卸荷,液压缸一腔封闭一腔接回油。两个方向换向时性能不同
M	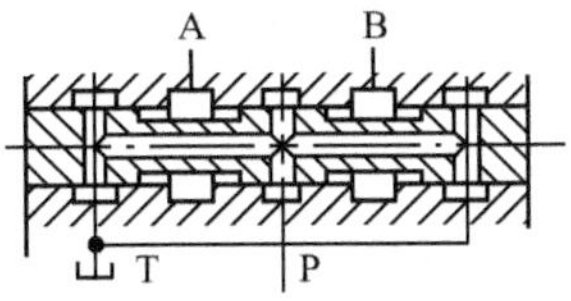	 A B / P T	油泵卸荷,缸两腔封闭。从静止到起动较平稳;制动性能与 O 型相同;可用于油泵卸荷液压缸锁紧的液压回路中

对三位四通换向阀中位的选用应从执行元件的换向平稳性、换向位置精度要求、重新起动时冲击的大小、液压泵是否需要卸荷、执行元件是否需要锁紧等方面加以考虑。选用中位机能时,一般重点考虑两个机能,一是卸荷功能,二是锁紧功能。所谓卸荷,是指液压泵处于运转状态时,其输出功率近似为零。卸荷有两种方法,一是使泵的出口压力近似为零,实现压力卸荷,换向阀即是采用此方法实现卸荷的;二是采用变量泵,使泵的排量和输出流量近似为零,实现流量卸荷。所谓锁紧,是指执行元件制动后,不因重力或其他外力的作用而自行运动。现就常用的 O 型、H 型的中位机能举例说明如下:

O 型:当油路连接成 O 型中位时,所有油口全封。液压泵出口不能直通油箱,压力不为零,不能实现压力卸荷;执行元件可在任意位置制动和双向锁紧。但这种锁紧只能是短时锁紧,这是因为换向阀内阀芯与阀体之间采用的是间隙密封,油液会因压力的作用而产生一定的泄漏,执行元件不能形成长时间的锁紧。执行元件双向换向位置精度高,重新起动时因两腔充满油液,故起动平稳,但因运动部件惯性引起的换向冲击较大。

H 型:当油路连接成 H 型中位时,所有油口全通。液压泵输出的油液直通油箱,压力近似为零,实现压力卸荷。执行元件两腔也与油箱相通,处于双向浮动状态。执行元件换向平稳,但冲出量大,换向位置精度低,重新起动时有冲击。

其余形式的性能可以类推,不再赘述。

5. 换向阀的典型结构

1)机动换向阀

机动换向阀又称行程阀,通常安装在液压缸或工作机构的某一行程位置处。在工作机构上安装挡块或者凸轮,机动阀利用挡块或凸轮的运动来推动阀芯移动。

机动阀通常是二位的,图 5-5 所示为一种二位二通机动换向阀的结构及符号。常态时,阀芯 2 被弹簧 3 顶向左端,压力油口 P 与油口 A 不相通。当运动部件上的挡块压下滚轮 1,使阀芯 2 右移时,P 与 A 相通,同时弹簧被压缩。当挡块对滚轮的作用力撤销后,阀芯在弹簧力的作用下自动复位。

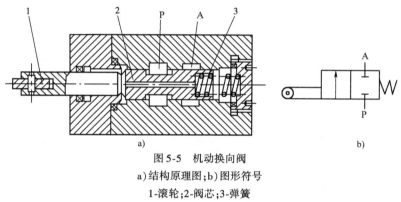

图 5-5 机动换向阀
a)结构原理图;b)图形符号
1-滚轮;2-阀芯;3-弹簧

机动阀由于工作时与挡块或凸轮刚性接触,动作可靠,换向位置精度高,且改变挡块的迎角或凸轮外形,可使阀芯获得合适的换位速度,以减小换向冲击。

2)电磁换向阀

电磁换向阀是利用电磁铁产生的磁力来推动阀芯移动的换向阀。

图 5-6a)所示为一种二位三通电磁换向阀的结构和符号。其左边为一交流电磁铁,右边为滑阀。常态下,油口 P 与 A 相通。当左端电磁铁通电时,衔铁 1 右移,通过推杆 2 使阀芯 3 右移,油口 P 与 B 相通,P 与 A 断开,同时弹簧被压缩。电磁铁断电时,阀芯在弹簧力的作用下重新复位。

图 5-6b)所示为一种三位四通电磁换向阀的结构和符号。阀的两端各装一个电磁铁和一个复位弹簧,阀芯在常态下处于中位,各油口互不相通。当右端电磁铁通电时,衔铁 1 左移,通过推杆 2 将阀芯 3 推向左端,油口 P 与 A 相通,B 与 T 相通。反之,左端电磁铁通电时,阀芯被推向右侧工作。

电磁换向阀中的电磁铁按所接电源的不同,分交流电磁铁和直流电磁铁两种。图 5-6a)所示换向阀采用的是交流电磁铁,电压常用 220V 和 380V,电力来源方便,电磁铁吸力大,换向时间短(0.01~0.03s);但换向冲击大,换向频率不能太高(每分钟30次左右),噪声大,如果阀芯被卡死、摩擦阻力较大或由于电压低等原因吸合不上时,线圈易烧坏。图5-6b)所示换向阀采用的是直流电磁铁,电压常用24V,需要专门的直流低压电源或整流装置,换向冲击小,换向频率高(允许每分钟120次),而且有恒电流特性,当电磁铁吸合不上时,线圈不会烧坏,故工作可靠性高;但它起动力小,换向时间长,需要有直流电源。还有一种本整型(本机整流型)电磁铁,能把接入的交流电整流后自用,因而兼具了前述两者的优点。

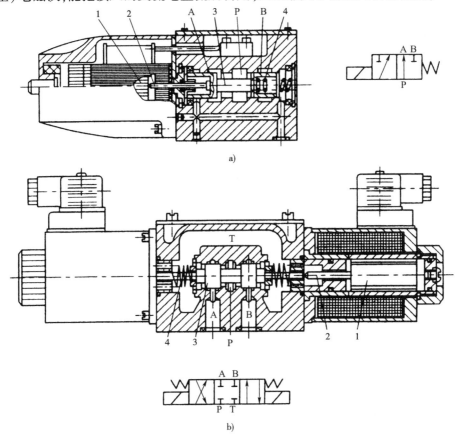

图5-6 电磁换向阀
a)二位三通电磁换向阀;b)三位四通电磁换向阀
1-衔铁;2-推杆;3-阀芯;4-弹簧

与其他换向阀相比,电磁换向阀具有动作灵敏、布置灵活、可实现远距离操纵及自动化控制等优点,但也具有换向冲击较大、受电磁力大小的限制、难以切换大的流量等缺点。电磁换向阀在各类机电设备上被广泛使用。

3)手动换向阀

手动换向阀是依靠手动杠杆的作用力来驱动阀芯动作的换向阀。根据换向定、复位形式的不同,手动阀有自动复位式和钢球定位式两种。

图5-7所示为三位四通手动换向阀的结构和符号。阀体内开有四道环形沟槽,分别与P、T、A、B相通。阀芯上开有三道环形沟槽,两端两道沟槽经径向孔、轴向孔互相沟通。当阀芯处于中位时,A、B油口分别被相应的台肩封闭,均不能与P、T油口相通;当阀芯在手柄的

操纵下右移时,P 与 A 接通,B 与 T 接通;当阀芯左移时,P 与 B 接通,A 油口通过阀芯上的径向孔 a 和轴向孔与 T 相通。

换向阀阀芯的工作位置是由操纵阀芯的控制装置所决定的。图 5-7a)所示为自动复位式,又称弹簧复位式。阀芯在中位时推、拉手柄,阀芯左移或右移,同时右侧弹簧被压缩。然后松开手柄,阀芯会在弹簧力的作用下自动地恢复到中间位置。这种结构适用于动作频繁,工作持续时间较短的场合,操作比较安全。图 5-7b)所示为钢球定位式,与自动复位式在结构上仅是右侧结构稍有区别。操纵手柄人力撤销后,阀芯依靠右侧的径向小弹簧和钢球依然保持在换向位置,不能自动复位。要移动阀芯,必须用力扳动操纵手柄,使定位钢球跳出凹槽。它适用于工作持续时间较长的场合。

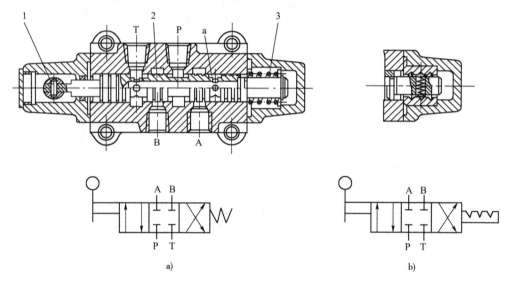

图 5-7 三位四通手动换向阀
a)自动复位式;b)钢球定位式
1-手柄;2-阀芯;3-弹簧

自动复位式手动阀只可能有二位、三位两类,而钢球定位式手动阀可以有二位、三位、四位等多位。

手动换向阀除了能对执行元件起到换向的功能外,还可通过控制操纵手柄的拉动程度,调节其阀口开度大小,对执行元件实现节流调速。在图 5-7a)的结构图中,若将阀芯向右稍加移动,压力油口 P 与油口 A 相通,但阀口开度较小,P 流向 A 的流量较小。但若阀芯向右的移动量较大,阀口开度就较大,P 流向 A 的流量就较大。由于手动换向阀具有这一特殊功能,且可省掉专门用于调速的流量控制阀,加之结构简单、操纵方便,因而在港口、公路及其他许多工程机械上被广泛使用。但它操纵费力,换向精度低,不能实现电气化自动操作,因而在换向精度要求高的设备上应用很少。

在起重机、装载机、叉车等港口设备中,由于广泛使用手动换向阀,因而人们将若干个滑阀式手动换向阀及溢流阀、单向阀等组合在一起,共用一个阀体,形成了多路换向阀。多路换向阀简称为多路阀,又称分配阀。多路换向阀结构紧凑,便于布置、使用和维修。

多路换向阀中手动换向阀的数目,可根据集中控制的执行元件的数目而定,而其他一些阀则可根据需要装设,也可不装。

多路换向阀结构形式有整体式和分片式两种。

整体式多路换向阀,是将若干个换向阀体做成一个整体,使其结构紧凑、质量轻,但通用性差,且加工时只要有一个阀孔不符合要求,则整个阀体报废。整体式的阀体一般是铸造的,其铸造工艺比较复杂。当换向阀的个数较少时(如叉车、装载机等动作较少的设备),阀体可采用整体式结构。

分片式多路换向阀是由若干个阀体组成,一个换向滑阀即为一片,又称一联,然后用螺栓将各片连接起来。分片式结构可用很少几种单元阀体组合成不同功用的多路换向阀,以适应多种机械的需要。另外,加工中报废一片不影响其他阀片,用坏的阀片也容易更换或修理。但这种结构体积和质量都较整体式大,且各片之间要有良好的密封,上紧连接螺栓时会使与阀芯配合的阀体孔道变形,影响其几何精度甚至使阀芯卡死,为此不得不增加阀芯与阀体之间的配合间隙,并在新装配后或重新装配后再进行阀芯与阀体的研配。

根据工作机构的要求,多路换向阀中各换向滑阀之间可按并联、串联、独联等多种方式连接。图5-8所示为几种多路换向阀油路连接方式。

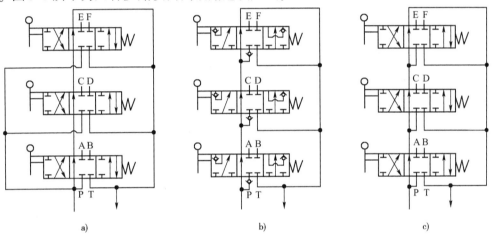

图5-8 多路换向阀油路连接方式
a)并联;b)串联;c)独联

当多路换向阀为并联连接[图5-8a)]时,泵可以同时向多个或向其中任一个执行元件供油。在向多个执行元件供油时,当载荷不相等时,则会出现动作快慢现象,即重载低速,轻载高速,故很难实现各工作机构的协调。

当多路换向阀为串联连接[图5-8b)]时,泵依次向各执行元件供油,第一个阀的回油口与第二个阀的进油口相连。各执行元件可单独动作,也可同时动作。在多个执行元件同时动作的情况下,各元件的运动速度稳定,但系统产生的压力较大。

当多路换向阀为独联连接[图5-8c)]时,操纵手柄使泵按顺序向各执行元件供油,多个执行元件无法同时动作。操作前一个阀时,就切断了后面阀的油路,从而可以防止各执行元件之间的动作干扰。

为了适应各类工作机构的需要,多路换向阀有多种不同的机能,其图形符号如图5-9所示。

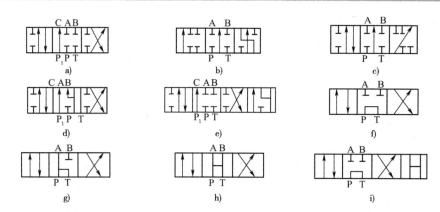

图 5-9 多路换向阀机能

a) O 型; b) A 型; c) B 型; d) Y 型; e) OY 型; f) M 型; g) K 型; h) H 型; i) MH 型

图 5-10 所示的多路换向阀为 ZFS-L20C 型多路换向阀,它由两个三位六通换向滑阀组成,阀体为铸件,用螺栓连接,并带有安全阀和单向阀。图 5-10a) 为自动复位式结构,图 5-10c) 为钢球定位式结构。油路采用并联连接,即两个换向阀有共同的进油口 P 和回油口 O,用以连接液压缸或液压马达的工作油口 A、B、C 和 D。当用手扳动操作手柄时,可以分别变换通过两个执行元件的油路,从而改变运动方向。并联在油路上的安全阀出口接回油,当系统超载时,溢流阀开启,油液流回油箱。单向阀为锥阀型,密封性较好。

4) 液动换向阀

液动换向阀是利用控制油路压力油来推动阀芯移动的换向阀。其基本原理是:在阀芯的轴端通入压力油(称控制油),对阀芯产生轴向推力,使阀芯移动。液动阀有二位、三位两类,二位阀阀芯仅一端通油,三位阀阀芯两端分别通油和回油,其结构、符号举例如图 5-11 所示,常用的是三位阀。

液动换向阀换向平稳、工作可靠,可实现远距离操纵,控制油对阀芯的轴向推力较大,通常用来切换功率较大的液压油路。

液动换向阀为调节阀芯移动速度,可在控制油路中串接单向节流阀。

液动换向阀一般无法单独工作,这是因为阀芯能否移动、如何移动,取决于阀芯轴端控制油是否输入、怎样输入,因此液动换向阀(又称主阀)还需接有另一换向阀来切换其控制油路的流动。这一换向阀又称先导阀,先导阀的"位"数与主阀的"位"数相同。由于控制油路所需流量较小,故先导阀的规格可较小。先导阀可采用手动式、机动式或电磁式等,其中电磁式用得最多,这便构成了电液换向阀。

5) 电液换向阀

电液换向阀是由电磁换向阀(先导阀)与液动换向阀(主阀)组合在一起的组合式换向阀。电磁阀起先导控制作用,实现液动阀控制油路的换向,从而使液动阀操纵的主油路换向。

电液换向阀有多种结构,图 5-12a) 所示为一种三位四通电液换向阀结构示意图,其工作原理可通过 5-12b) 所示的详细图形符号加以说明[图 5-12c) 为简化符号]。

常态时,电磁阀两端电磁铁均未通电,阀芯处于中位,液动阀两端均与油箱连通,阀芯在两侧弹簧力作用下处于中位,主油路 O 型连接。当电磁阀右侧电磁铁通电时,电磁阀阀芯左移,控制油路的压力油进入液动阀阀芯的右腔,推动液动阀阀芯左移,这时主油路油口 P 与油口 B 相通,油口 A 与油口 T 相通。反之,当电磁阀左侧电磁铁通电时,主油路 P 与 A、B 与 T 相通,也实现了主油路的换向。当电磁阀两侧电磁铁均不通电时,液动阀在两侧弹簧力作用下重新恢复到中位。

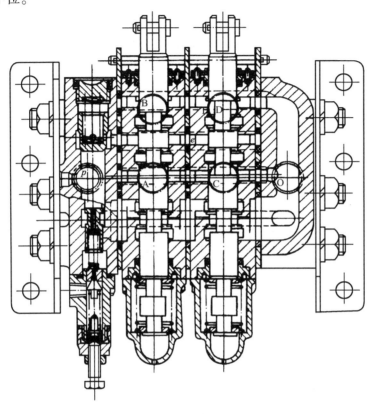

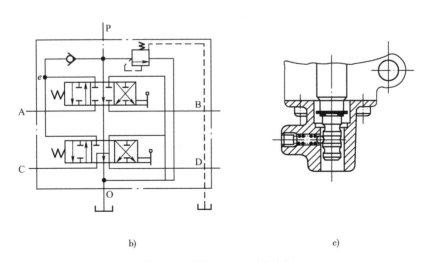

图 5-10 ZFS-L20C 型多路换向阀
a) 自动复位式;b) 自动复位式图形符号;c) 钢球定位式

由上不难看出,电液换向阀先有电磁阀芯的动作,才有液动阀芯的移动。小规格的电磁阀与大规格的液动阀组合在一起,便可用较小的电磁铁来控制较大的液流,并兼有电磁换向阀和液动换向阀的综合优点。

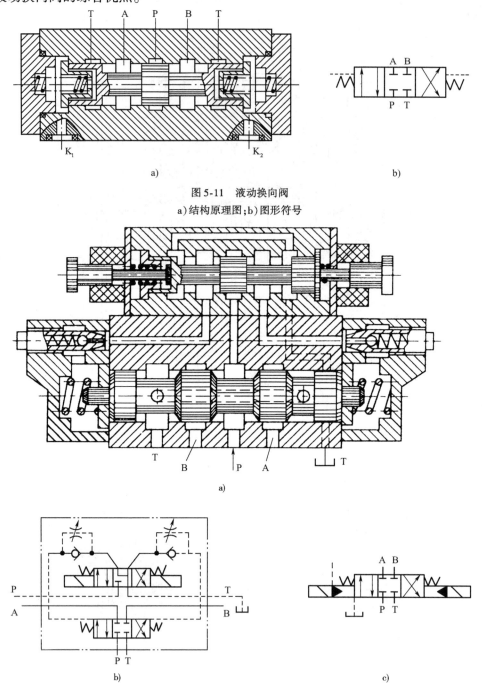

图 5-11 液动换向阀
a)结构原理图;b)图形符号

图 5-12 电液换向阀
a)结构原理图;b)复杂图形符号;c)简化图形符号

对于三位电液换向阀,其电磁阀的中位只能采用 Y 型和 H 型,常用 Y 型。在液动阀两侧的控制油路上串接单向节流阀,其目的是通过调节节流阀的阀口大小,即可调节控制油路的回油时间,改变液动阀的换向时间,从而消除执行元件的换向冲击。

6) 转阀

以上介绍的几种换向阀,阀芯均是相对阀体轴向滑动的,属滑阀式换向阀,而转阀则是通过转动阀芯来改变阀芯与阀体之间相对位置的换向阀。

图 5-13 所示为转阀换向原理图。在常态下(Ⅱ位),四油口 P、T、A、B 互不相通,O 型机能;若将阀芯顺时针转动一个角度(Ⅰ位),则 P、B 相通,A、T 相通;反之,逆时针转动一个角度(Ⅲ位),则 P、A 相通,B、T 相通。

图 5-13 转阀换向原理
a) Ⅰ 位;b) Ⅱ 位;c) Ⅲ 位

转阀的密封性能较差,径向力不易平衡,一般用于低压、小流量的系统中。

6. 换向阀的常见故障的原因及排除方法

换向阀的故障以电液换向阀居多,现将其常见故障的原因及排除方法列于表 5-3。

电液换向阀常见故障的原因及排除方法　　　　表 5-3

故障	原　　因	排除方法
冲击和振动	(1) 主阀阀芯移动速度太快(特别是大流量换向阀) (2) 单向阀封闭性太差而使主阀阀芯移动过快 (3) 电磁铁的紧固螺钉松动 (4) 交流电磁铁分磁环断裂	(1) 调节节流阀使主阀阀芯移动速度降低 (2) 修理研配(或更换)单向阀 (3) 紧固螺钉,并加防松垫圈 (4) 更换电磁铁
电磁铁噪声较大	(1) 推杆过长,电磁铁不能吸合 (2) 弹簧太硬,推杆不能将阀芯推到位而引起电磁铁不能吸合 (3) 电磁铁铁芯接触面不平(或接触不良) (4) 交流电磁铁分磁环断裂	(1) 修磨推杆 (2) 更换弹簧 (3) 清除污物,修整接触面 (4) 更换电磁铁

课题二　压力控制阀

◎知识点

(1) 溢流阀、减压阀、顺序阀、压力继电器的功用和符号;
(2) 溢流阀、减压阀、顺序阀、压力继电器的动作原理;
(3) 溢流阀与顺序阀的比较。

◎技能点

各压力控制阀的应用。

◎课题应用

压力控制阀是液压系统必不可少的阀,尤其是溢流阀。但在港口设备中,溢流阀一般存在于多路阀中,顺序阀则以组合成平衡阀的形式出现,减压阀、压力继电器则相对应用很少。

◎课题分析

压力控制阀是利用油压作用力与弹簧力相平衡的原理工作的,其内部均有"手柄(或调压螺钉)+弹簧+阀芯+油压作用力"的结构形式。几种压力控制阀的主要区别在于所控制的压力是进口压力还是出口压力,控制阀芯动作的油液来自进口还是出口,出口是接负载还是接油箱等。因此,学好了第一个溢流阀,其他压力控制阀也就能迎刃而解了。

◎相关知识

压力控制阀简称压力阀,用来控制油液压力或利用压力变化实现某种动作。压力阀是利用作用在阀芯上的液压作用力与弹簧力相平衡的原理工作的。常用的压力阀按功用分,有溢流阀、减压阀、顺序阀和压力继电器等。

一、溢流阀

溢流阀有多种用途,主要是使被控制的油液压力得到调整并保持基本恒定,实现溢流、稳压、调压、限压、安全等功能。溢流阀按其结构原理分,有直动式和先导式两种。

1. 直动式溢流阀

1)工作原理

图5-14所示为直动式溢流阀工作原理图。溢流阀进口P通常与液压泵出口相连,出口T与油箱相连。压力为p的压力油经面积为A的油道作用在阀芯2上,阀芯的上方则作用有弹簧力。设弹簧刚度为k,弹簧预压缩量为x_0,则弹簧预紧力为kx_0。

当进油压力较小时,$pA < kx_0$,阀芯在弹簧力的作用下压紧在阀座上,将P口与T口隔开,阀口没有溢流。

当进油压力上升,使$pA = kx_0$时,阀口处于将开未开的临界状态,此时的压力称作开启压力,用p_0来表示,$p_0 = kx_0/A$。

当进油口压力继续升高,使$pA > kx_0$时,阀芯上升,阀口打开,油液由P口经T口溢回油箱,同时弹簧被进一步压缩,其压缩量Δx称为弹簧附加压缩量。阀芯最终平衡在某一位置上保持一定的开度和溢流量,油压作用力与弹簧力实现平衡,其力的平衡式为

$$pA = k(x_0 + \Delta x) \tag{5-1}$$

因此

$$p = \frac{k(x_0 + \Delta x)}{A} \tag{5-2}$$

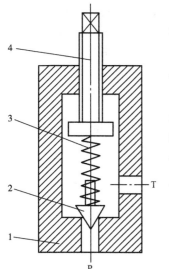

图5-14 直动式溢流阀工作原理图
1-阀体;2-阀芯;3-弹簧;4-调压手柄

2)功用

(1)溢流。当阀前压力超过开启压力时,阀口打开通油,将液压泵多余的油液溢回油箱。

(2)稳压。当阀口打开通油、手柄不动时,由式(5-2)可知,由于阀芯的振动有限,因此阀前压力$p \approx$常数,实现稳压。

(3)调压。当阀口打开通油时,若调整调压手柄4,则弹簧的预压缩量x_0变化。由式(5-2)可知,阀前压力p也随之变化,溢流阀起到调压作用。

若将手柄稍做旋紧(进),则x_0增大,p值增大。

(4)限压、安全。若溢流阀手柄较紧,开启压力较高,则在执行元件正常运动时溢流阀无法打开通油。只有当油路压力升至某一较高值,压力有可能会超过元件的额定压力时,溢流阀才会打开通油。这样,根据溢流阀的稳压原理可知,压力不再上升,溢流阀限制了系统压力的提高,起到了安全作用。

3) 特点

直动溢流阀是利用液压作用力与弹簧力直接相平衡的原理来工作的,故弹簧刚度较大,调压灵敏度高,结构简单,成本低。

事实上,溢流阀在阀口打开、手柄不动时能起到稳压作用,但阀前压力并不是完全不变的。当溢流流量 q 增加时,阀口开度、弹簧的附加压缩量会增加;由式(5-1)可知,阀前压力值也相应增加。当溢流阀通过额定流量时,阀口开度最大,阀前压力也达到最大值,此时的阀前压力称为调定压力。调定压力与开启压力的差值称为调压偏差。由于直动式溢流阀弹簧刚度较大,故阀前压力随通过流量的变化较大,其压力随流量变化的特性曲线见图5-15中的 A 线,因而调压偏差大,压力稳定性差,一般只能用于低压小流量的场合。

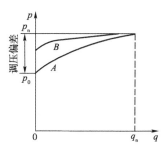

图5-15 溢流阀特性曲线

4) 结构

直动式溢流阀按阀芯结构的不同,有座阀式和滑阀式两种形式,座阀式结构又分球阀和锥阀两种,滑阀式结构又有滑阀、带阻尼孔的滑阀和差动滑阀三种。

图5-16所示为P型直动式溢流阀的结构图、图形符号和原理图。由进油口流入的压力油经阀芯3下端的径向孔、阻尼小孔 a 进入阀芯底部,对阀芯产生一个向上的液压作用力。当阀前压力较低时,阀芯在弹簧2的作用下被压在图示最下端位置,阀口被阀芯封闭,无法溢流。当阀的进口压力升高,使阀芯下端的液压作用力足以克服弹簧力时,阀芯向上移动,

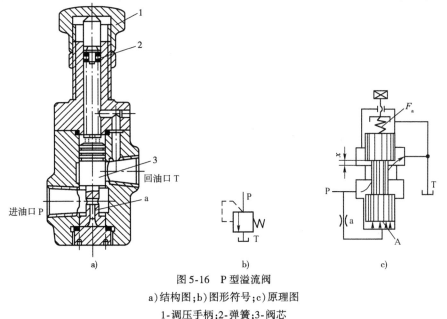

图5-16 P型溢流阀
a)结构图;b)图形符号;c)原理图
1-调压手柄;2-弹簧;3-阀芯

压缩弹簧,阀口被打开而溢流。由间隙而泄漏到弹簧腔的油液可通过泄漏孔经回油口排回油箱。调节调压手柄1可改变弹簧的预紧力,从而改变阀前压力。P型溢流阀的额定压力为2.5MPa,额定流量为10~63L/min。

2. 先导式溢流阀

1) 结构原理

图5-17所示为常用的Y型先导式溢流阀。这种阀结构由两部分组成,下部是主阀部分,上部是先导阀部分,它是利用先导阀打开后主阀阻尼小孔产生的压差而使主阀口打开通油进行压力控制的。

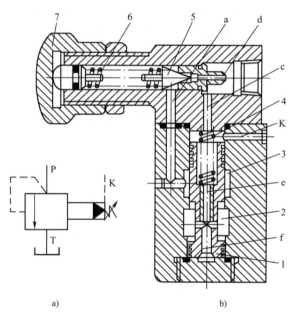

图5-17 Y型先导式溢流阀
a) 图形符号;b) 结构原理图
1-主阀芯;2-进油腔P;3-回油腔T;4-主阀弹簧;5-先导阀芯;6-弹簧;7-调压手轮

压力油通过进油口进入进油腔后,经主阀芯的轴向孔f流入阀芯的下端,同时油液又经阻尼小孔e流入主阀芯的上腔,并经c孔、d孔作用于先导阀芯上。当阀前压力p较低时,先导阀芯关闭,油液在阀内没有流动,主阀芯上、下腔压力相等,又由于油压作用面积相等,故油压作用力相互抵消。主阀芯在弹簧的作用下,处于最下端位置,将溢流阀主阀口封闭。当阀前压力升高至一定程度时,先导阀打开,主阀芯上腔的油液经先导阀阀口、油道a、回油腔T流入油箱。这时,由于主阀芯阻尼孔e有油液流动,产生压力损失,主阀芯上腔压力p_1便小于阀前压力p;而主阀芯下方轴向孔f内油液没有流动,故主阀芯下端压力仍等于阀前压力p。这样,主阀芯上腔的压力p_1小于下端的压力p。当主阀芯两端的压力差所形成的作用力超过主阀弹簧的作用力时,主阀芯被抬起,进油腔P与回油腔T相通,实现溢流。

当溢流阀稳定溢流时,作用于主阀芯上的力的平衡式为

$$pA = p_1 A + k(x_0 + \Delta x) \tag{5-3}$$

或

$$p = p_1 + \frac{k(x_0 + \Delta x)}{A} \quad (5\text{-}4)$$

式中：p——阀前压力；

p_1——主阀芯上腔压力；

A——主阀芯的端面积；

k——主阀弹簧刚度；

x_0——主阀弹簧预压缩量；

Δx——主阀弹簧附加压缩量。

2）功用

(1) 溢流、稳压、调压、限压和安全。与直动式溢流阀一样，先导式溢流阀同样也能起到溢流、稳压、调压、限压和安全作用。

在式(5-4)中，主阀 k、x_0、A 为常数；主阀芯的振动有限，Δx 近似为常数；p_1 大小取决于先导阀，而先导阀实际上是一个直动式溢流阀。根据前面的分析，当调压手柄不动时，p_1 值近似为常数。这样，当调压手柄不动时，式(5-4)中的各参数均可认为是常数，因此可以得出，先导式溢流阀阀前压力也近似为常数。

先导式溢流阀的压力调节是通过调节调压手柄进行的。若将手柄稍作旋紧（进），则先导阀弹簧预紧力增大，先导阀阀前压力提高，主阀上腔压力 p_1 相应增加。由式(5-4)可知，溢流阀阀前压力 p 也随之增加。

(2) 使泵卸荷。在图 5-18 所示的回路中，当二位二通阀的电磁铁通电后，先导式溢流阀的控制油口直通油箱（见图 5-17 中控制油口 K），此时主阀芯上腔压力 p_1 接近于零；且由于主阀弹簧较软，主阀弹簧刚度 k 较低，主阀芯便上移到最高位置，主阀口开度处于最大状态。由式(5-4)可知，进口压力 p 近似等于零，泵输出的油液便在此很低压力下经溢流阀流回油箱，实现了泵的卸荷。这时，泵接近于空载运转，功率消耗很小。由于流向二位二通阀油液是经主阀阻尼小孔而来，故二位二通阀通过的流量很小，所选择的规格并不要求大。由于在实用中经常使用这种卸荷方法，为此常将溢流阀和串接在该阀控制油路的电磁换向阀组合成一个元件，称为电磁溢流阀，并用双点画线框图表示。

(3) 远程调压。在图 5-19 所示的回路中，设先导式溢流阀 1 安装在不方便的位置，远程调压阀 2（通常为一直动式溢流阀）就近安装在易操作的工作台上。阀 1 控制油路与阀 2 相

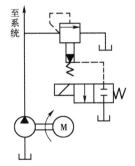

图 5-18 溢流阀使泵卸荷

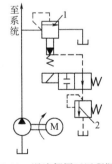

图 5-19 溢流阀用于远程调压
1-溢流阀；2-调压阀

接,这相当于给阀1除自身先导阀以外又加接了一个先导阀。若阀1手柄相对较紧,阀2手柄相对较松,则阀1先导阀阀口关闭,阀1主阀上腔油液经阀2流回油箱,阀2取代了阀1的先导阀部分,调节阀2手柄便可对阀1阀前压力进行调节,实现远程调压。

3) 特点

对于先导式溢流阀,当通过的流量变化时,主阀的阀口开度会增大或减小,弹簧的附加压缩量 Δx 会产生变动。但在式(5-4)中,先导式溢流阀的阀前压力 p 由两项相加而成。也就是说,由于主阀上腔有 p_1 存在,主阀的弹簧刚度 k 可以取得较小。这样,当 Δx 变化时,由于 k 较小,所引起的 p 值变化并不大,远比直动式溢流阀小得多。故先导式溢流阀阀前压力 p 随通过流量 q 的变化较小,压力随流量变化的特性曲线见图5-15中的 B 线,调压偏差小,压力稳定性好,调压较轻便,因而先导式溢流阀可适用于压力较高的场合。

二、减压阀

减压阀有定值减压阀、定差减压阀和定比减压阀三大类。定值减压阀是最常用的一种减压阀,通常简称为减压阀。减压阀安装在系统某一分支油路中,当所串联的液压缸处于"顶住"状态时,能使阀后实现减压、稳压和调压。减压阀也有直动式和先导式之分,先导式应用较多。

图5-20所示为先导式减压阀的结构和图形符号。它与溢流阀的外形几乎一样,内部也是由先导阀和主阀两部分组成,所不同的是主阀芯形状不同;进、出油口的位置相反,进口 P_1 在上,出口 P_2 在下;出口 P_2 不是通油箱,而是与执行元件串联;有一外泄油口 L,将先导阀打开后通过的油液用专门的泄油管通往油箱。

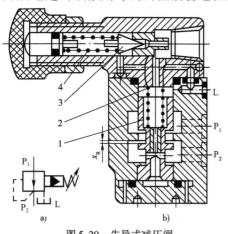

图5-20 先导式减压阀
a) 图形符号; b) 结构原理图
1-主阀芯; 2-主阀弹簧; 3-先导阀芯; 4-先导弹簧; x_R-主阀口开度

1. 减压原理

压力油由 P_1 流入,经过主阀口(又称减压口),从 P_2 引出,然后通过径向孔及向下的轴向孔与主阀的底部相通,同时通过向上的阻尼小孔流入主阀芯的上腔,最终作用于先导阀芯上。当阀前压力 p_1 小于先导阀开启压力时,先导阀未能打开,阀内油液没有流动,压力处处相等,没有减压,阀后压力 p_2 等于阀前压力 p_1。当阀前压力 p_1 超过先导阀开启压力时,先导阀打开,油液通过泄油口 L 排回油箱。因而,阀内油液有了流动,油液通过主阀芯阻尼小孔时产生压降,主阀上腔压力减小,主阀芯上移,主阀口开度 x_R 减小,主阀口产生压力损失,使阀后压力 p_2 下降。综上所述,减压阀之所以能使阀后压力降低,是利用先导阀打开后主阀阻尼小孔产生的压差使主阀口开度减小实现的。

2. 稳压原理

减压阀能使阀后压力保持稳定,阀后压力 p_2 不受阀前压力 p_1 变化的影响。

若阀前压力 p_1 因系统某种原因增加时,由于此刻主阀口开度一定,故阀后压力也随之上升,流入主阀芯下腔的压力也等值上升,主阀芯上移,主阀口开度减小,进、出口间的压降增加,阀后压力下降。这样,阀后开始增加的压力重新又降了下来,阀后压力既未增也未降,保持稳定不变。反之,若阀前压力减少,阀后压力也能保持不变。故减压阀能使阀后所串联的液压缸在处于"顶住"状态时所产生的作用力保持一定。

3. 调压原理

阀后压力 p_2 的大小可通过调压手柄调整。

若将调压手柄稍加旋紧,先导阀弹簧预紧力增加,先导阀阀前压力增加,主阀上腔压力也随之增加,主阀芯下移,主阀口开度增大,压降减小,阀后压力增大。反之,将调压手柄旋松,阀后压力减小。

4. 减压阀实现减压、稳压和调压的条件

(1)先导阀打开,泄油管有油通过。否则,如果手柄旋得过紧,或阀前压力过小,先导阀未能打开,则油液就没有流动,主阀口开度处于最大状态,阀内压力处处相等,阀后压力与阀前压力同步变化,没有减压。

(2)所串联的液压缸处于"顶住"状态(如制动、夹紧等)。否则,阀后油液有流动,阀后压力将随其后的负载而变化,不能保持稳定,调压手柄也无法起到调压作用。

与溢流阀相比较,减压阀的主要特点是:减压阀与执行元件串联;阀口常开;由阀后油液作用与弹簧力相平衡;阀后压力能保持恒定;手柄越紧,主阀口开度越大,阀后压力越大;泄漏油液需通过单独的泄油管接入油箱,为外泄式。这些特点大多能在减压阀的符号上有所反映。

三、顺序阀

当阀前压力或控制油路压力超过某一值时,顺序阀阀口打开通油,起顺序(使多个执行元件顺序动作)、卸荷(使液压泵压力卸荷)和平衡(平衡重量,使载荷下降速度均匀)等作用。因此,与溢流阀相似,顺序阀也是利用压力来控制油路通、断的。

1. 顺序阀结构原理

顺序阀按结构的不同,可分为直动式和先导式两种;按控制油的来源不同,又有内控式和外控式(液控)之分。顺序阀的工作原理、性能和外形与相应的溢流阀相似。

图5-21所示为一直动式顺序阀的工作原理图。压力油由进口A经阀体4和下盖7的小孔流到控制活塞6的下方,使阀芯5受到一个向上的推力作用。当进口油压较低时,阀芯在弹簧2的作用下处于最下端位置,这时进、出油口A、B不通。当进口油压增大到一定值后,阀芯底部所受的推力大于弹簧力,阀芯上移,进、出油口连通,压力油就从顺序阀流过。顺序阀的开启压力可以用调压手柄1来调节;调压手柄越紧,开启压力越大。

在图5-21的结构中,如果将阀的下盖、上盖旋转安装,就可得到不同形式的顺序阀。

在图示的安装结构中,控制阀芯动作的压力油直接引自进口,这种控制方式称为内控式。阀的出口B接负载,故泄漏油

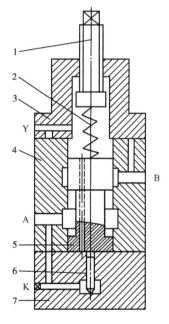

图5-21 直动式顺序阀的工作原理
1-调压手柄;2-弹簧;3-上盖;4-阀体;5-阀芯;6-控制活塞;7-下盖

液只好通过泄油口 Y 用单独的油管排入油箱,故这种泄油方式称为外泄式。因而这种顺序阀称为内控外泄式顺序阀,简称为内控式顺序阀。

将下盖旋转 90°安装,并打开外控口 K 的堵头,控制压力油从外部控制油路引入,控制方式便变成外控式,又称液控;若阀的出油口仍然接的是负载,泄油方式只好仍然是外泄式。故此阀就称为外控(液控)外泄式顺序阀。这种顺序阀在实际工程中应用极少。

如果控制方式仍然是外控,但出口接的是油箱,则为了简化管路连接,可将上盖旋转 180°安装,使泄漏油液通过内部油道汇入出口,这样,泄油方式就变成内泄式。故此阀就成为外控(液控)内泄式顺序阀。由于该阀经常用来使液压泵卸荷,故又称为卸荷阀。

图 5-22a)所示为另一直动式顺序阀的结构原理图和图形符号,它与 P 型溢流阀的结构和工作原理几乎相同。该阀由于控制阀芯动作的压力油直接引自进口,所以称为内控;由于出口接负载,故泄漏油液只好通过专门的外泄口 L 用一根外泄油管通油箱,所以称为外泄式。因此,该阀为直动式的内控外泄式顺序阀。

同理,图 5-22b)所示也为内控外泄式顺序阀,只不过该阀由主阀和先导阀组成,故为先导式的内控外泄式顺序阀。

图 5-22c)所示顺序阀控制阀芯动作的压力油由控制油口 K 从外部引入,所以称为外控;由于有外泄口 L,所以也称为外泄式。因此,该阀为直动式的外控外泄式顺序阀。

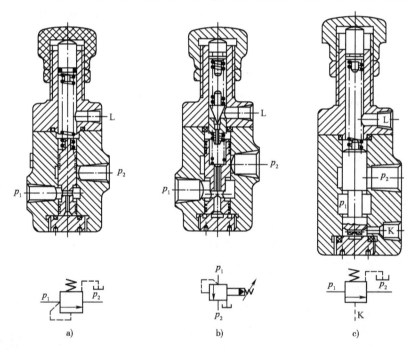

图 5-22 顺序阀
a)直动式顺序阀;b)先导式顺序阀;c)外控外泄式顺序阀

值得特别说明的是,对于外控类的顺序阀,主阀口能否打开通油,只与控制油路的压力有关,与阀的进口压力无关。也就是说,进口压力再大,也无法将主阀口打开通油。

2. 平衡阀

平衡阀是单向阀与顺序阀并联而成的组合阀,安装在载荷下降时的执行元件回油路中,在载荷制动后能起锁紧作用,载荷下降时能起限速作用。

平衡阀按顺序阀结构的不同有多种形式,常见的平衡阀为单向阀与外控内泄式顺序阀组合而成的外控内泄式单向顺序阀,其结构如图5-23所示。当压力油从A油口进入时,油液推开单向阀阀芯2经油口B方便地流出,此时主阀芯不动作;当压力油从B油口进入时,单向阀则处于关闭状态,只有当控制油口C通入压力油、经孔a推动主阀芯6右移时,才能使油液经主阀芯与阀座间的开口从A油口流出。

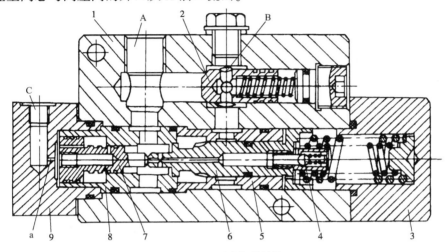

图5-23 平衡阀的结构
1-阀体;2-单向阀阀芯;3、9-阀盖;4-小单向阀;5、8-阀套;6-主阀芯;7-控制活塞

图5-24所示为平衡阀实际应用的原理图。平衡阀的锁紧原理与液控单向阀相似。当换向阀处于中位时,由于重力的作用,液压缸下腔压力很高,而上腔没有压力。由于平衡阀控制油口与液压缸上腔油路相接,顺序阀主阀芯无法打开,加之此时单向阀也处于关闭状态,故液压缸下降回油路被切断,重物无法因重力的作用而自行运动,重物被有效地锁紧。

平衡阀的限速作用则是利用了主阀芯的动态平衡效应。设换向阀处于左位,由于重力作用,液压缸处于加速下降状态。当下降速度超过进入缸的上腔流量相应的速度时,会使液压泵来不及供油,液压缸的进油路和平衡阀的控制油路的压力迅速下降,顺序阀的阀口开度变小,缸的回油阻力增大,通过阀口的流量相应减少,重物的下降速度随之减慢。接着,液压泵又能及时供油,控制油口的压力又开始升高,顺序阀的阀口开度加大,液压缸的下降速度又随之升高。速度升高后,液压泵供油又来不及,这样,就会使液压缸的运动速度处在"慢—快—慢……"的动态变化过程中,重物的下降速度在动态变化中获得了稳定。

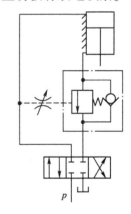

图5-24 平衡阀的应用

为了提高速度稳定性,避免因平衡阀主阀芯振动而发生速度脉动,平衡阀的控制油路中一般装有节流器,平衡阀结构中也采取了一些缓冲减振措施。

四、压力继电器

压力继电器是将油路中的压力信号转变为电信号的转换元件。它的作用是当油压升至某一调定值时,接通或切断电路,控制电气元件(如电磁铁、电动机等)动作,以实现程序控制或安全保护等作用。

压力继电器按其结构分,有膜片式、柱塞式、弹簧管式和波纹管式四类。

图5-25所示为膜片式压力继电器的结构和图形符号。当控制油口K的压力达到弹簧7的调定值时,作用在膜片1上的油压作用力使柱塞2向上移动,柱塞上的凹槽使钢球5和6做横向移动,钢球6推动杠杆10绕销轴9逆时针偏转,致使其端部压下微动开关11,发出电信号,接通或切断某一电路。当进口压力因某种原因下降到一定值时,弹簧7使柱塞下移,微动开关在其自身弹簧力作用下复位,断开或接通电路。同时,杠杆被推回,钢球重新回落到柱塞的凹槽内。由于柱塞向上、向下移动时所受摩擦力(主要是弹簧3的作用)的方向是不同的,分别是向下和向上,因此压力继电器的动作压力大于复位压力,也即压力降至动作压力时并不复位,而是再降一定值后才复位。动作压力与复位压力的差值称为返回区间。压力继电器要有足够的返回区间,否则,系统压力脉动时,压力继电器发出的电信号时通时断。中压系列压力继电器的返回区间调节范围一般为 $0.35 \sim 0.8\mathrm{MPa}$。

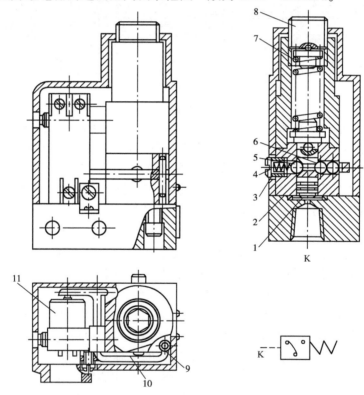

图5-25 膜片式压力继电器

1-膜片;2-柱塞;3、7-弹簧;4-调节螺钉;5、6-钢球;8-调压螺钉;9-销轴;10-杠杆;11-微动开关

调压螺钉8用来调节动作压力值,拧得越紧,则动作压力值越大。调节螺钉4的作用有两个,一是对动作压力进行微调,拧得越紧,则动作压力越大;二是调节返回区间,拧得越紧,则返回区间越大,也即复位压力越小。

膜片式压力继电器反应灵敏,重复精度高。其缺点是易受压力波动的影响,不宜用于高压系统,常用于中、低压液压系统。高压系统常使用柱塞式压力继电器。

图 5-26 所示为单柱塞式压力继电器。它由压力—位移转换装置和微动开关两部分组成。压力油从油口 K 通入,作用在柱塞 1 的底部,对顶杆 2 产生向上的油压作用力。若作用力达到调定值时,便克服弹簧阻力和柱塞表面的摩擦力,推动柱塞、顶杆上行,触动微动开关 4 的触头动作,接通或切断电路。反之,当油路压力下降到一定值时,在弹簧力的作用下,顶杆、柱塞下行,微动开关内的触头复位,切断或接通电路。打开面盖,拧动调节螺钉 3,即可调整动作压力。

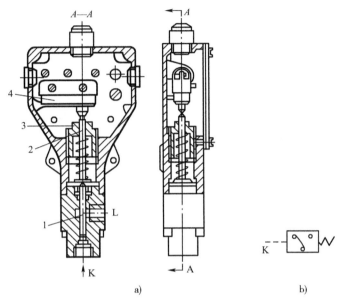

图 5-26　单柱塞式压力继电器
a)结构原理图;b)图形符号
1-柱塞;2-顶杆;3-调节螺钉;4-微动开关

此种柱塞式压力继电器宜用于高压系统。因位移较大,反应较慢,不宜用在低压系统。

五、压力控制阀的常见故障及排除方法

各种压力控制阀的结构和原理十分相似,在结构上仅有局部不同,有的是进、出油口连接差异,有的是主阀芯结构形状作局部改变。只要熟悉各类压力控制阀的结构特点,分析与排除故障就不会有太大困难。先导式溢流阀是应用最为广泛的压力控制阀,表 5-4 列出了先导式溢流阀的常见故障及排除方法,以供参考。

先导式溢流阀的常见故障及排除方法　　表 5-4

故　障	原　因	排　除　方　法
无压力	(1)主阀芯阻尼孔堵塞 (2)主阀芯在开启位置卡死 (3)主阀平衡弹簧折断(或弯曲),使主阀芯不能复位 (4)调压弹簧弯曲(或未装) (5)锥阀(或钢球)未装(或破碎)	(1)清洗阻尼孔,过滤(或换)油 (2)检修,重新装配(阀盖螺钉紧固力要均匀),过滤(或换)油 (3)换弹簧 (4)更换(或补装)弹簧 (5)更换(或补装)阀芯

续上表

故　　障	原　　因	排　除　方　法
无压力	(6)先导阀阀座破碎 (7)远程控制口通油箱	(6)更换阀座 (7)检查电磁换向阀工作状态(或远程控制口通断状态),排除故障根源
压力波动太大	(1)液压泵流量脉动太大,使溢流阀无法平衡 (2)主阀芯动作不灵活,时有卡住现象 (3)主阀芯和先导阀阀座阻尼孔时堵时通 (4)阻尼孔太大,消振效果差 (5)调压手轮未锁紧	(1)修复液压泵 (2)修换零件,重新装配(阀盖螺钉紧固力应均匀),过滤(或换)油 (3)清洗阻尼孔,过滤(或换)油 (4)更换阀芯 (5)调压后锁紧调压手轮
振动和噪声大	(1)主阀芯在工作时径向力不平衡,导致溢流阀性能不稳定 (2)锥阀和阀座接触不好(圆度误差太大),导致锥阀受力不平衡,引起锥阀振动 (3)调压弹簧弯曲(或其轴线与端面不垂直),导致锥阀受力不平衡,引起锥阀振动 (4)系统内存在空气 (5)通过流量超过公称流量,在溢流阀口处引起空穴现象 (6)通过溢流阀的溢流量太小,使溢流阀处于启闭临界状态而引起液压冲击 (7)回油管路阻力过高	(1)检查阀体孔和主阀芯的精度,修换零件,过滤(或换)油 (2)封油面圆度误差控制在0.005~0.01mm以内 (3)更换弹簧(或修磨弹簧端面) (4)排除空气 (5)限在公称流量范围内使用 (6)控制正常工作的最小溢流量(对于先导式溢流阀,应大于特性曲线拐点溢流量) (7)适当增大管径,减少弯头,回油管口离油箱底面应2倍管径以上

课题三　流量控制阀

◎知识点

(1)流量控制阀流量控制原理;

(2)节流阀、单向节流阀、调速阀的功用和符号;

(3)节流阀、单向节流阀、调速阀的动作原理;

(4)节流阀、调速阀在原理上、结构上的异同。

◎技能点

各流量控制阀的应用。

◎课题应用

在液压系统中,通常采用流量控制阀进行节流调速或容积节流调速。在港口,直接采用节流阀、调速阀进行调速并不多,采用较多的是手动换向阀调速,但实际上手动换向阀的调速原理与节流阀调速是完全一致的。

◎ 课题分析

由于执行元件的运动速度通常是由进入执行元件的流量决定的,因此流量控制阀又称速度控制阀。各类流量控制阀的流量调节方法,均是调节阀口大小,这就类似在医院打吊针时调节滴速的小开关的调节,无非是在液压里这一开关做得更精致。流量控制阀有时与压力控制阀很难区别,但在结构上有一个共同的特征,其内部一般有"手柄+阀芯+弹簧"的结构形式,即手柄与阀芯直接相连接,手柄动,阀芯就动,阀口大小就能得到调节。

◎ 相关知识

流量控制阀简称流量阀,主要用来调节阀口的流量,以满足执行元件运动速度的要求。常用的流量阀有节流阀和调速阀两种。

一、流量控制阀的特性

1. 流量特性公式

流量控制阀通过的流量,与节流阀口的形状、节流阀口前后的压差及油液的黏度等因素有关。通过节流阀口的流量可用流量特性公式来表示

$$q = kA\Delta p^m \tag{5-5}$$

式中:k——流量系数,与节流阀口形状、油液黏度等有关;

  A——节流阀口的通流面积;

  Δp——节流阀口前后的压差;

  m——压差指数,由节流阀口的形状决定,一般为 $0.5 \leq m \leq 1$。当节流阀口形状接近薄壁小孔时取 0.5;形状接近细长小孔时取 1。

由式(5-5)可以看出,节流阀口的形状、油液黏度、通流面积和压差都会影响通过节流阀口的流量大小。流量控制阀虽然有不同的结构,但其流量调节原理是一样的,都是通过一定的方式,改变阀口的通流面积,实现流量调节。流量 q 与通流面积 A 成正比。

2. 提高流量稳定性的方法

人们希望,阀口通流面积一经调定,通过的流量就不再变化,以使执行元件的速度稳定。但实际上有时并不能做到,特别是小流量时。为此,必须采取适当的措施,尽量减少其他因素对流量稳定性的影响。

1)压差 Δp

液压系统的负载通常并非定值,负载变化后,执行元件的工作压力随之变化,与执行元件相连的节流阀口前后压差 Δp 也发生变化。从式(5-5)可以看出,在 A 不变的情况下,若载荷变化,使 Δp 变化,则 q 必然变化。但若取较小的压差指数 m 值,则 Δp 变化后对流量的影响就会减小。所以,应尽量采用形状接近薄壁小孔($m=0.5$)的节流阀口。

2)油温

在液压系统中,由于受环境温度、系统发热的影响,油液的温度不可能没有变化。当油温升高而使油液黏度降低时,油液的流动性会提高,流量就会增加。为了减小油温对流量的影响,流量控制阀内部一般都采取了温度补偿措施。在图5-27所示的节流阀结构中,推杆2由温度膨胀系数较高的材料(如聚氯乙烯)制成。在温度上升使流量增加的同时,推杆受热

增长,阀芯移动,阀口开度减少,流量减少,使实际通过流量并未发生变化。

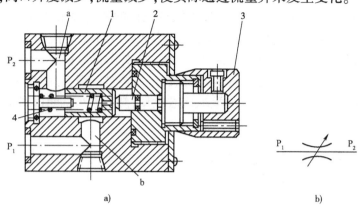

图 5-27 L 型节流阀
a)结构原理图;b)图形符号
1-阀芯;2-推杆;3-调节手柄;4-弹簧

3)节流阀口的阻塞

试验表明,在压差、油温等因素不变的情况下,当节流阀口通流面积很小时,流量会出现不稳定,甚至断流,这种现象称为阻塞。产生阻塞的原因主要是节流阀口由于油液的挤压而产生局部高温,致使油液氧化生成胶质沉淀,甚至引起油中炭的燃烧从而产生灰烬。这些生成物和油中原有杂质结合,在节流阀口表面逐步形成附着层,时而冲走,时而堆积,引起流量的脉动,造成执行元件速度不均匀,并极易堵塞细小的节流阀口形成断流。为避免阻塞,应尽量采用湿周χ(通流截面上与液体相接触的管壁周长)较小的节流阀口,并使节流通道长度尽可能地短。薄壁小孔正符合上述要求,但薄壁小孔的通流面积难以调节,故通常所使用的节流阀口大多是薄壁小孔的变异。

二、节流阀

1. 结构原理

图 5-27 所示为 L 型节流阀的结构和符号。压力油从进油口 P_1 进入节流阀,经孔 b 流至环形槽,再经过阀芯 1 左端狭小的轴向三角槽式节流阀口,通过孔 a,由出油口 P_2 流出。旋转调节手柄 3,可使推杆 2 做轴向移动。推杆左移时,阀芯也向左移动,将节流阀口关小,通过流量减小。反之,阀芯在弹簧力作用下右移,通过流量增大。

这种节流阀的节流阀口形式为轴向三角槽式,节流通道长度短,流量特性与薄壁小孔相类似,其通流面积可任意调节。

节流阀结构简单、体积小,油液可以逆向流动,但功率损失较大,负载及压差的变化对流量稳定性的影响较大,节流阀流量 q 随压差 Δp 变化的规律如图 5-32 所示。节流阀常用于负载和温度变化不大或对速度稳定性要求较低的液压系统中。

2. 单向节流阀

节流阀可与单向阀组合成单向节流阀,单向节流阀是用来单方向限制油液流动的。

图 5-28 所示为单向节流阀的结构图和图形符号。压力油由 P_1 口进入,经阀芯上的三角槽节流后从 P_2 口流出,起节流作用。旋转调节手柄 2 的轴向位置,可使通流面积产生相应

的变化。当压力油由 P_2 口进入时,作用在阀芯 5 上的油压作用力大于弹簧 7 的弹簧力,阀芯下移处于最下端位置,油液这时不再经过节流口而直接从油口 P_1 流出,这时起单向阀作用。

在图 5-29 所示的液压回路中,当换向阀处于右位时,来自液压泵的油液经并联的单向阀阀口和节流阀阀口顺利地进入液压缸,液压缸上升;而当换向阀处于左位时,液压缸下降,缸内的油液经节流阀阀口流回油箱,回油流量受到限制。这样,可防止载荷下降过程中因速度过快而发生意外事故。

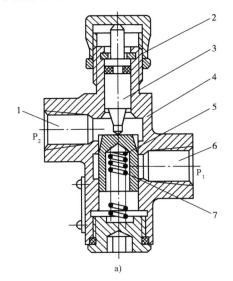
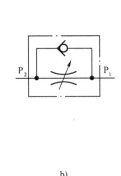
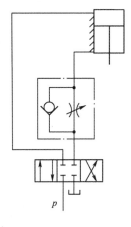

图 5-28 单向节流阀
a)结构原理图;b)图形符号
1、6-油口;2-调节手柄;3-顶杆;4-阀体;5-阀芯;7-弹簧

图 5-29 单向节流阀回路

在图 5-28 所示的结构中,若调节手柄不动,则节流口是固定不变的,如果将此阀安装在叉车升降缸的油路中,货叉的下降速度仍然受到载荷大小的影响。有些叉车采用了一种节流口的大小可随外载荷的变化而自动调节的单向节流阀,使货叉的下降速度接近恒定而与外载荷的大小无关,其结构如图 5-30 所示。阀芯 2 的中心开有节流小孔 f,侧面还开有 4 个径向孔,左侧挖去四道圆弧形凹槽,弹簧 3 安装在阀芯和接头体 5 之间。当压力油从右口进入后,经阀芯中间小孔和径向孔,从左口流出,此时不起节流作用。当油液从左口进入时,阀芯右移。此时若外载增大,则进口压力增大,阀的前后压差增大。根据流量特性公式可知,通过的流量增加;同时,进口油压增大也使阀芯向右的位移量随之增大,径向孔大部分被封闭,油液只能经节流小孔 f 和很小的径向缝隙流出,通流面积较小,流量减小,这样,压差增

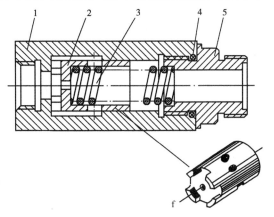

图 5-30 节流口可自动调节的单向节流阀
1-阀体;2-阀芯;3-弹簧;4-密封圈;5-接头体

大、通流面积减小这两方向对流量的影响互相抵消,使通过流量没有发生变化,实现了速度的稳定。

三、调速阀

由流量特性公式(5-3)可知,当节流阀的阀口开度一定时,由于外载的变化,引起节流阀前后的压差 Δp 发生变化,使通过的流量和执行元件的运动速度发生变化,运动无法稳定。用调速阀代替节流阀来调速,可方便地解决这个问题,使执行元件的运动速度仅受阀内节流阀口通流面积的控制,基本不受载荷变化的影响。

1. 工作原理

1)流量调节原理

如图 5-31 所示为调速阀的工作原理图、图形符号及简化图形符号。调速阀实际上是由定差式减压阀 1 与节流阀 2 串联而成的组合阀。整个阀只有一个手柄,为节流阀阀口通流面积的调节手柄,减压阀没有调节手柄。

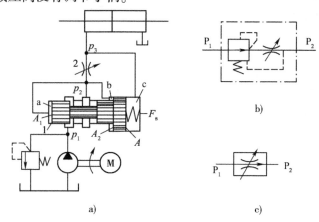

图 5-31 调速阀
a)工作原理图;b)复杂图形符号;c)简化图形符号
1-减压阀;2-节流阀

定差式减压阀阀芯的左、右分别与节流阀前、后相通,压力为 p_1 的油液经减压阀减压后压力为 p_2,流经节流阀后压力降至 p_3,油液最终进入液压缸,p_3 的大小由液压缸负载决定。由于节流阀串联在油路中,故调节节流阀阀口通流面积,则通过节流阀而流入液压缸的流量就会变化,液压缸的运动速度也就得到调节。因此,与单个节流阀一样,调节调速阀内节流阀的阀口大小也能起到流量调节作用。

2)流量稳定原理

调速阀内的定差式减压阀的作用是自动补偿负载的影响,使节流阀前后的压差为定值,消除负载变化对流量的影响。

如图 5-31a)所示,减压阀阀芯小端左腔、大端左腔均与节流阀阀前相通,压力为 p_2,对阀芯的作用力方向均朝右;阀芯大端弹簧腔与节流阀阀后相通,压力为 p_3,方向朝左。阀芯小端面积 A_1 与大端左侧台阶端面面积 A_2 之和等于大端右侧弹簧腔面积 A。设弹簧力为 F_s,当阀芯平衡时,若不计摩擦力,则有

$$p_2A_1 + p_2A_2 = p_3A + F_s \tag{5-6}$$

即

$$p_2A - p_3A = F_s \tag{5-7}$$

则节流阀前、后压差

$$\Delta p_{\text{节}} = p_2 - p_3 = \frac{F_s}{A} \tag{5-8}$$

由于弹簧刚度不大,而且工作过程中阀芯的移动量很小,弹簧作用力 F_s 近似不变,故

$$\Delta p_{\text{节}} \approx 常数$$

由于节流阀串联在阀中,故通过节流阀的流量就是通过调速阀的流量。而通过节流阀的流量符合流量特性公式 $q = kA\Delta p^m$。由此式可看出,式中 k、Δp、m 均为常数,也即通过节流阀口流入液压缸的流量 q,仅受调速阀内节流阀通流面积变化的影响,不受其他因素的影响,当然也就基本不受载荷变化的影响。

从定性分析的角度也可清楚地得出与上面一致的结论。若载荷 F 增大,则 p_3 增大,减压阀阀芯右侧的作用力也随之增大,阀芯左移,减压阀阀口开度加大,减压作用减小,p_2 增大,使 p_2 与 p_3 同步等值增加,节流阀前、后压差 $p_2 - p_3$ 保持不变,调速阀通过的流量也就因此保持恒定了。

3) 最小稳定压差

图 5-32 表示通过节流阀和调速阀的流量 q 随压差 Δp 变化的规律。从图中可以看出,节流阀的通过流量随着压差的变化而按近似抛物线的规律变化,而调速阀在压差[指图 5-31a) 中的 $p_1 - p_3$,而不是 $p_2 - p_3$]大于一定值 $\Delta p_{\min}$ 后流量基本是稳定的。但当调速阀前后压差很小时,减压阀的阀芯被弹簧压向最左端,减压阀的阀口全部打开,不起减压作用,调速阀只剩下节流阀在起作用,故此段曲线与节流阀曲线一致。所以,为使调速阀所通过的流量稳定,不受外载变化的影响,调速阀前后应至少保持 0.5MPa 左右的压差。

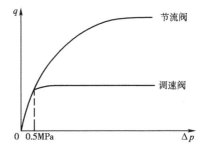

图 5-32 节流阀和调速阀的流量特性比较

2. 调速阀的结构

图 5-33 所示为 Q 型调速阀的结构图。液压油从进油口 P_1 进入减压阀阀套的环槽 a,经减压阀后流入环槽 b,再经孔 c、节流阀芯 2 的三角槽节流阀口、油腔 a、孔 e,从出油口 P_2(图中虚线所示)流出。同时减压后的压力油经四个小孔 h 进入减压阀芯 3 大台阶的右腔,另一路压力油经阀芯 3 的中心小孔 j 流入阀芯小端右腔。节流阀后的压力油经孔 e、孔 f(图中虚线所示)和孔 g 通到减压阀芯 3 大端的左腔(弹簧腔)。根据减压阀阀芯受力平衡的原理,使节流阀前后压差保持不变。转动手柄 1,使节流阀阀芯轴向移动,就可以调节所需的流量。Q 型调速阀的工作压力为 0.5~6.3MPa,阀的进、出油口不能调换。

四、流量控制阀的常见故障及排除方法

流量控制阀以调速阀较为典型,现将调速阀常见故障与排除方法列于表 5-5 以供参考。

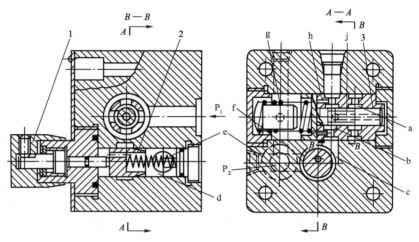

图 5-33 Q 型调速阀
1-调节手柄；2-节流阀芯；3-减压阀阀芯

调速阀的常见故障及排除方法 表 5-5

故 障	原 因	排除方法
调节失灵	(1) 定差减压阀芯与阀套孔配合间隙太小(或有毛刺)，导致阀芯移动不灵活或卡死 (2) 定差减压阀弹簧太软(或弯曲、折断) (3) 油液过脏使阀芯卡死(或节流阀孔口堵死) (4) 节流阀阀芯与阀孔配合间隙太大而造成较大泄漏 (5) 节流阀阀芯与阀孔配合间隙太小(或变形)而卡死 (6) 节流阀阀芯轴向孔堵塞 (7) 调节手轮的锁定螺钉松掉、调节轴螺纹被脏物卡死	(1) 检查，修配间隙，使阀芯移动灵活 (2) 更换弹簧 (3) 拆卸清洗，过滤(或换)油 (4) 修磨阀孔，单配阀芯 (5) 配研保证间隙 (6) 拆卸清洗、过滤(或换)油 (7) 拆卸清洗、紧固锁定螺钉
流量不稳定	(1) 定差减压阀阀芯卡死 (2) 定差减压阀阀套小孔时堵时通 (3) 定差减压阀弹簧弯曲、变形、端面与轴线不垂直或太硬 (4) 节流孔口处积有污物，造成时堵时通 (5) 温升过高 (6) 系统中有空气	(1) 拆卸清洗、修配，使阀芯移动灵活 (2) 拆卸清洗，过滤(或换)油 (3) 更换弹簧 (4) 拆卸清洗、过滤(或换)油 (5) 降低油温(或选用高黏度指数油液) (6) 将空气排净

课题四 比例阀、插装阀和数字阀

◎知识点

(1) 比例阀的结构原理；
(2) 二通插装阀的结构原理；
(3) 电液数字阀的原理。

◎技能点

比例阀、二通插装阀的应用。

◎课题应用

随着港口设备日益朝着大型化、自动化方向发展,集装箱装卸桥、各类大型堆场设备等对运动速度及控制精度的要求不断提高,其液压系统采用比例阀、二通插装阀等,使设备的性能更加优化,也更有利于标准化、通用化和模块化。

◎课题分析

比例阀是一种性能介于普通液压阀和电液伺服阀的新阀种,能根据输入电信号的大小连续成比例地控制液压系统的压力、流量等参数,实现远距离控制;插装阀是一种新型开关式液压阀,人们用各种普通阀作为先导控制阀来控制插装阀的开启和闭合,即可实现多种控制功能;而数字阀则是借助计算机进行控制的液压阀。

◎相关知识

比例阀、插装阀和数字阀是近二三十年发展起来的新型液压元件。它们的出现,扩大了阀类元件的品种和液压元件的使用范围。本课题仅对它们的工作原理和用途作简要介绍。

一、比例阀

比例阀是电液比例控制阀的简称。前面介绍的各种阀是手动调节或开关控制的,开关式控制阀的输出参数是不可调节的。比例阀则可以接受电信号的指令,连续地控制液压系统的压力、流量等参数,使之与输入电信号成比例地变化。

目前使用的比例阀,较多的是以比例电磁铁取代普通液压阀的手调装置或普通电磁铁发展起来的。比例电磁铁的外形与普通电磁铁相似,但功能却不相同。比例电磁铁的吸力与通过其线圈的直流强度成正比。输入信号在通入比例电磁铁之前,要先经电放大器处理和放大。电放大器多制成插装式装置,与比例阀配套供应。

根据被控制的参数和用途的不同,比例阀也可分为压力、流量和方向控制阀三大类。下面扼要介绍三类比例阀的工作原理。

1. 比例压力阀

用比例电磁铁取代直动式溢流阀的手调装置,便成为直动式比例溢流阀。图5-34所示

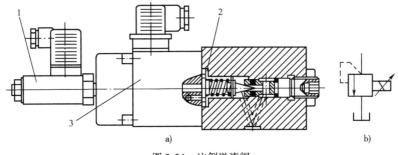

图5-34 比例溢流阀
a)结构原理图;b)图形符号
1-位移传感器;2-弹簧座;3-比例电磁铁

为直动式比例溢流阀的结构原理图和图形符号。随着输入电信号强度的变化,比例电磁铁的电磁力也随之变化,从而改变调压弹簧的压缩量,使锥阀的开启压力随输入信号的变化而变化。若输入信号连续地、按比例地或按一定程序变化,则比例溢流阀所调节的系统压力也连续地、按比例地或按一定程序变化。

把直动式比例溢流阀作先导阀与普通压力阀的主阀相配,便可组成先导式比例溢流阀、比例减压阀和比例顺序阀。

2. 比例流量阀

用比例电磁铁取代节流阀或调速阀的手调装置,以输入电信号控制节流阀口开度,便可连续地或按比例地远程控制其输出流量。图 5-35 所示便是比例调速阀的工作原理图。图中的节流阀芯 1 由比例电磁铁操纵,故节流阀口的开度便由输入电信号的强度决定。由于定差减压阀 2 已保证了节流阀口前后压差为定值,所以一定的输入电流就对应一定的输出流量。

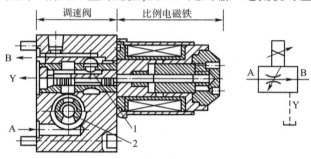

图 5-35 比例调速阀
1-节流阀芯;2-减压阀

3. 比例换向阀

用比例电磁铁取代电磁换向阀中的普通电磁铁,便可构成直动式比例换向阀,如图 5-36 所示。由于使用了比例电磁铁,阀芯不仅可以换位,而且换位的行程可以连续地或按比例地变化,因而阀口的通流面积也能得以方便地调整,所以比例换向阀不仅能控制执行元件的运动方向,而且能控制其速度。此外,多个比例换向阀也可组成比例多路阀。

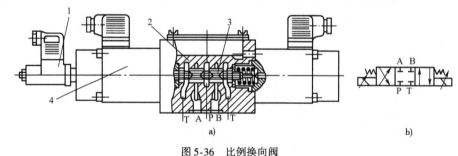

图 5-36 比例换向阀
a)结构原理图;b)图形符号
1-位移传感器;2-阀体;3-阀芯;4-比例电磁铁

二、插装阀

插装阀又称插装式锥阀或逻辑阀。它是一种不包括阀体的,适用于直接装入一个共同阀体内的特殊的二位二通阀。这种阀一阀多机能,而且标准化、通用化程度高,通油能力大,密封性能和动态性能好。在高压大流量的液压系统,采用这种插装阀具有良好的经济性。目前,插装阀在压力机械、塑料成型机械及其他重型机械的液压系统中得到广泛的应用。

1. 基本结构和工作原理

插装阀的结构原理和图形符号,如图5-37所示。它由插装块体5、插装主阀、控制盖板1和先导元件(置于控制盖板上,图中未画)组成。插装主阀包括阀套2、锥形阀芯4和弹簧3等,采用插装式连接。盖板将插装主阀封装在插装块体内,并通过油道沟通先导元件和主阀。

就工作原理而言,插装阀相当于一个液控单向阀,A和B为主油路的两个仅有的工作油口(所以称二通阀),K为控制油口。

在图5-37b)中,设备油路油压分别为p_A、p_B和p_K,阀芯上的受压面积分别为A_A、A_B和A_K,$A_K = A_A + A_B$,弹簧的作用力为F_S。

当$p_K + F_S > p_A A_A + p_B A_B$时,锥阀闭合,A、B油路被切断;反之,锥阀被打开,A、B油路导通。

若p_A、p_B一定时,调节p_K,便可控制A、B的通断;当p_K等于零时,p_A、p_B均可使锥阀打开,油液可以从A流向B,也可从B流向A。

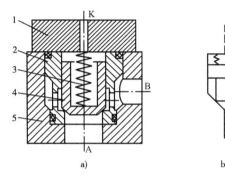

图5-37 插装阀
a)结构原理图;b)图形符号
1-控制盖板;2-阀套;3-弹簧;4-阀芯;5-插装块体

因此,插装阀通过控制油口的启闭和对压力大小的控制,即可控制主阀阀芯的启闭和油口A、B间油液的流向、流量和压力,用作方向控制阀、压力控制阀和流量控制阀。若干个不同控制功能的插装阀组装在一个或多个插装块体内,便组成所需要的液压回路,并使元件集成化。

2. 插装式方向控制阀

图5-38所示为几个插装式方向控制阀的实例。

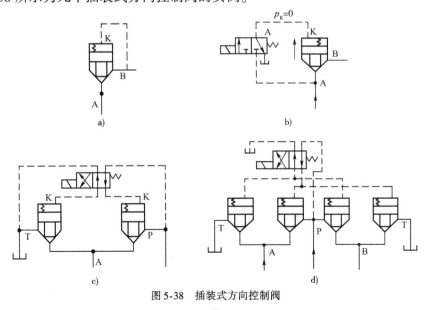

图5-38 插装式方向控制阀

图 5-38a)所示用作单向阀。控制油口 K 与油路 B 相连,当 $p_B > p_A$ 时,锥阀关闭,A 和 B 不通;当 $p_A > p_B$,且 p_A 达到一定数值(开启压力)时,锥阀打开,油液便从 A 流向 B。

图 5-38b)所示用作二位二通换向阀。在图示状态下,锥阀开启,A 和 B 连通;当二位二通电磁阀通电且 $p_A > p_B$ 时,A 和 B 切断。

图 5-38c)所示用作二位三通换向阀。在图示状态,A 和 T 连通,A 和 P 断开;当二位四通电磁阀通电时,A 和 P 连通,A 和 T 断开。

图 5-38d)所示用作二位四通阀。在图示状态下,A 和 T、P 和 B 连通;当二位四通电磁阀通电时,A 和 P、B 和 T 连通。

用多个先导阀(如上述各普通电磁阀)和多个主阀相配,便可构成复杂位通组合的插装式换向阀,这是普通换向阀难以做到的。

3. 插装式压力控制阀

对插装阀的控制油口 K 的油液进行压力控制,即可构成压力控制阀,以控制高压大流量液压系统的工作压力。

图 5-39 所示是用直动式溢流阀作为先导阀来控制插装式主阀,可分别构成先导式溢流阀和卸荷阀。在图示状态下,插装阀 B 油口接油箱,控制油口 K 与先导阀相连,先导阀的出口接油箱,构成了插装式溢流阀。即当 A 油口油压力 p_A 升高到先导阀的调定压力时,先导阀打开,A 油口油液流经主阀芯阻尼孔时产生压差,使主阀芯克服弹簧阻力开启,A 油口压力油便通过打开的主阀口经 B 溢回油箱,实现溢流稳压;当二位二通电磁阀通电时,控制油口 K 接通油箱,主阀芯抬起,A 油口油液便在很低油压下流回油箱,构成了卸荷阀。

4. 插装式流量控制阀

如图 5-40 所示,在插装式方向控制阀的盖板上增加阀芯行程调节器,以调节阀芯的开度,从而起到流量调节的功能,即构成了插装节流阀。若在插装节流阀前串联一个定差减压阀,就可组成插装调速阀。

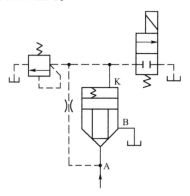
图 5-39 插装式压力控制阀

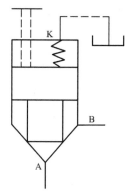
图 5-40 插装节流阀

三、数字阀

电液数字阀简称为数字阀,它是利用数字信息直接控制的阀。用计算机对电液系统进行控制是今后技术发展的必然趋势,但比例阀能接受的信号是连续变化的电压或电流,而数字阀则可直接与计算机接口,不需要数/模转换器,可用于用微机实现实时监控的电液系统中。

数字阀目前主要有由步进电动机驱动的增量式数字阀和用脉宽调制原理控制的高速开关型数字阀,前者已形成数字流量、压力、方向阀系列产品,而后者则处于研究完善阶段。

图 5-41 所示为增量式数字流量阀。计算机发出经驱动电源放大的脉冲信号,步进电动机 1 每接受一个脉冲便转动一定的角度。滚珠丝杆 2 再将步进电动机的转动转化成轴向位移,带动节流阀阀芯 3 移动。当油液由 P_1 输入时,该阀经两个截流阀口从 P_2 输出。阀芯右移时首先打开右边的节流阀口,它是非全周开口,流量较小;继续移动则打开左边的全周节流阀口,流量较大。这种结构的数字阀可控制相当大的流量,最大可达 3600L/min。

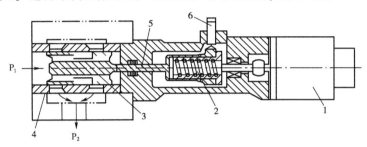

图 5-41 数字流量阀
1-步进电动机;2-滚珠丝杆;3-阀芯;4-阀套;5-连杆;6-传感器

课题五 液压控制阀的选型

◎知识点

选择液压控制阀需考虑的因素。

◎技能点

熟悉小型港口设备常用液压控制阀的种类、型号和功用。

◎课题应用

任何一台液压设备均有少则几个,多则几十、上百的液压控制阀。每种液压阀都有一个或几个功用。在满足使用要求的前提下,应使所用的液压阀数量最少,成本最低。

◎课题分析

液压阀的额定压力应稍大于系统正常工作时的工作压力,液压阀流量参数的选择应考虑到阀可能通过的最大流量,液压阀的安装方式要根据液压阀的规格、系统的简繁及布置特点而定,操纵方式可根据系统的操纵需要和电气系统的配置能力进行选择,在满足工作要求的前提下还应尽可能考虑经济性。

◎相关知识

任何一个液压传动系统,选择合适的液压控制阀,是保证系统设计合理、性能优良、安装简便、维修容易,并保证该系统正常工作的重要条件。选择液压阀,除按功能需要进行选择外,还需考虑额定压力、通过流量、安装形式、操作方法、性能特点以及价格因素等。

液压控制阀的选择,首先应尽可能地选择标准系列的通用产品,在不得已的情况下,再自行设计专用的控制元件。专用元件的设计也必须遵守有关标准,如安装连接尺寸、基本参数等,以利于组织生产和品种的发展。

一、额定压力的选择

液压控制阀额定压力的选择,可根据系统设计的工作压力选择相应压力等级的液压控制阀,并应使所选阀的额定压力稍大于系统的工作压力。高压系列的液压阀,一般都能适用于该额定压力以下的所有工作压力范围。当然,高压液压阀在额定压力下制订的某些技术指标,在不同的工作压力下会有些不同,而有些指标会变得更好。在各压力等级的液压阀逐步向高压发展,并统一为一套通用高压系列的趋势下,对液压阀额定压力的选择也将会更加方便。

一般来说,液压阀实际工作压力如果稍大于所标明的额定压力,在短时期内也是允许的。但如果长期处在这样的工作状态下,将会影响产品的正常寿命,也将影响某些性能指标。

二、通过流量的选择

对液压阀流量参数的选择,可以以产品标明的公称流量为依据。如果产品能提供通过不同流量时的有关性能曲线,则元件的选择使用就更为合理了。

一个液压系统各部分回路通过的流量不可能都是相同的。因此,不能单纯依据液压泵的额定流量来选择阀的流量参数,而应该考虑到液压系统在所有设计工作状态下各部分阀可能通过的最大流量。如换向阀的选择则要考虑到系统中采用差动液压缸,在换向阀换向时液压缸无杆腔通过的流量要比有杆腔排出的流量大得多,甚至可能比液压泵输出的最大流量还大;再如选择节流阀、调速阀时,不仅要考虑可能通过该阀的最大流量,还要考虑到该阀的最小稳定流量;又如某些回路通过的流量比较大,如果选择与该流量相当的换向阀,在换向时可能会产生较大的压力冲击。为了改善系统的工作性能,可选择大一档规格的换向阀;某些系统,大部分工作状态通过的流量不大,偶尔会有大流量通过,考虑到系统布置的紧凑以及阀本身工作性能的允许,或者压力损失的瞬时增加,在许可的情况下,可不按偶然的大流量工况选取,允许阀在短时超流量状态下使用。

三、安装方式的选择

液压控制阀的安装方式,是指与系统管路或其他阀的进出油口的连接方式。

设计液压系统安装方式时,要根据所选择液压阀的规格大小,以及系统的简繁、布置特点而定。如果系统较简单、流量小、元件较少、安装位置又较宽畅,可采用螺纹连接。如果系统较为复杂,元件较多,而且安装位置较为紧凑,可采用板式连接。如果系统很复杂,元件又多,宜采用叠加式连接。

四、操作方式的选择

液压控制阀有多种操作方式,可根据系统的操作需要和电气系统的配置能力进行选择。如小型的和不常用的系统,工作压力的调整,可直接靠人工调节溢流阀来进行;如果溢流阀的安装位置离操作位置较远,直接调节不方便,则可加装远程调压阀,以进行远距离控制;如果液压泵启闭频繁,则可选择电磁溢流阀,以便采用电气控制,还可选择初始或中间位置能使液压泵卸荷的换向阀,以获得同样的要求。

在许多场合,采用电磁换向阀,容易与电气系统组合,以获得系统的自动化控制。而某些场合,为简化电气控制系统,并使操作简单,宜选用手动换向阀。

五、性能特点的选择

液压系统性能要求的不同,对所选择的液压阀的性能要求也不同,而许多性能又受到结构特点的影响。如用保护系统的安全阀,要求反应灵敏,调压偏差小,以避免大的冲击压力,且能吸收换向阀换向时产生的冲击。

对换向速度要求快的系统,一般选择交流电磁换向阀;反之,对换向速度要求慢的系统,则可选择直流电磁换向阀。

如果一般的调速阀由于温度或压力的变化,不能满足执行元件运动的精度要求,则要选择带压力补偿装置或温度补偿装置的调速阀。

如果使用液控单向阀,且背压较高,但在控制压力又不可能提高很高的场合,则应选择外泄式结构。

六、经济性方面的选择

在满足工作要求的前提下,应尽可能地简化系统,降低投入,以提高主机的经济指标。如对某些调速要求不高的回路,可采用行程调节型节流阀,省略调速阀,以获得相似的效果。

对电液换向阀使用较少的系统,控制方式可设计成内部压力油控制,以省略控制液压泵和控制管路。反之,对电液换向阀使用较多的高压系统,为节省总功率,反而希望采用外部压力油控制。

除以上几点以外,对一个液压系统设计者来说,还应对国内外液压阀的生产情况有较全面的了解。尤其是要了解国内液压阀的生产品种、各类阀的性能,新老产品的交替、同类产品的代用或改用。只有这样,才能在选择使用时更正确合理。

思考题与习题

1. 正确画出各种液压阀的符号。
2. 正确写出各种液压阀的功用。
3. 何为换向阀的"位"和"通"?
4. 什么是泵的卸荷?正确画出三位四通阀 O、H、Y、P、K、J、M 型中位符号,并分别指出能否实现泵的卸荷以及所控制的液压缸所处的状态。
5. 换向阀常用的操纵方式有哪几种?其复位形式分别是什么?
6. 手动换向阀有哪两种?有何特点?什么是分配阀?
7. 电液换向阀适用于什么场合?它的先导阀能否采用 O 型中位?为什么?
8. 先导式溢流阀主阀打开原理、远程调压原理和卸荷原理分别是什么?
9. 先导式溢流阀主阀阀芯阻尼小孔是否可以加大或者堵塞?为什么?如果将先导阀口堵塞,则又会怎样?
10. 直动式溢流阀、先导式溢流阀,在结构、性能、功用上有哪些相同?哪些区别?
11. 减压阀的减压原理是什么?减压阀的手柄处于全紧状态时,主阀口处于什么状态?

12. 为什么减压阀通过先导阀的油液要接油箱？如果将外泄漏口堵死,将会怎样？
13. 若减压阀进、出油口装反,会出现什么现象？
14. 减压阀与溢流阀有哪些区别？
15. 三种顺序阀的区别是什么？
16. 先导式的溢流阀、减压阀及三种顺序阀,它们的外形一样,在不拆解阀体的情况下,如何将它们区分开来？
17. 平衡阀安装在油路中什么位置？有哪两个作用？其原理分别是什么？
18. 提高流量控制阀流量稳定性的办法有哪些？
19. 节流阀和调速阀在结构、性能上有哪些异同点？
20. 哪些阀可作背压阀使用？
21. 正确分析图 5-38 插装式方向控制阀的工作原理。

模块六　辅助装置

液压系统中的辅助装置是指除液压泵、液压马达、液压缸及各类控制阀之外的其他组成元件,它包括管件、过滤器、油箱、蓄能器、密封件、压力表、压力表开关、热交换器等。除油箱通常需要自行设计制造外,其余都为标准件。辅助装置是液压传动系统必不可少的一部分,对系统的性能、效率、温升、噪声、安全和寿命都有极大的影响。

课题一　管　件

◎知识点

油管、管接头的种类和特性。

◎技能点

正确选用并安装油管、管接头。

◎课题应用

油管、管接头看似简单,但选择不好,或安装不好,都会影响正常工作。港口设备中,小型装卸搬运设备所使用的油管绝大多数采用的是高压橡胶管,而大、中型电动装卸设备所使用的油管多采用钢管。

◎课题分析

油管、管接头是连接各液压元件的通道。在选择油管和管接头时,应尽可能减少液流的能量损失,并考虑工作可靠性、安装合理性和维修方便性。

◎相关知识

管件包括油管和管接头。液压系统用油管来传输工作液体,用管接头把油管与油管、油管与液压元件连接起来。

一、油管

液压传动中常用的油管有钢管、紫铜管、橡胶管、尼龙管、塑料管等。

钢管、紫铜管属于硬管,用于连接相对位置不变的固定元件。钢管能承受高压,耐油,抗腐蚀,刚性好,且价格便宜。但装配中弯曲困难,不易拆装,常用于装配方便的压力管路处。中压以上用冷拔无缝钢管,低压用焊接钢管。紫铜管易于弯曲,便于装配,且管壁光滑,流动阻力小；但承压能力较低（一般不超过6.5~10MPa），价格较贵，抗振能力弱。紫铜管广泛应用于压力不高、装配不便处及与仪表的连接。

橡胶管、尼龙管、塑料管属软管，用于有相对运动的元件之间的连接。橡胶管装配方便，有可挠性、吸振性和消声性。高压橡胶管由耐油橡胶夹以1~3层钢丝网（层数越多耐压越高）制成，用于压力油路；低压橡胶管由耐油橡胶夹帆布制成，一般用于回油管路；尼龙管为半透明，可观察油液流动情况，加热后可任意弯曲成形和扩口，承压能力为2.5~8MPa；塑料管耐油，价低，装配方便，长期使用会老化，只用作压力低于0.5MPa的回油管和泄油管。

各种油管的规格与工作压力等参数可查阅有关液压手册。

油管内径影响流动阻力，可根据通过的流量q和允许的流速v按下式计算

$$d = \sqrt{\frac{4q}{\pi v}} \tag{6-1}$$

计算出管径d后，查阅有关油管的手册，按d值选用标准规格。油管外径和壁厚由强度要求决定。

安装油管时，通常应注意以下几个方面：

（1）管道应尽量短、横平竖直、转弯少。为避免管道皱折，以减少压力损失，硬管装配时的弯曲半径要足够大，见表6-1。管道悬伸较长时要适当设置管夹（标准件）。

硬管装配时允许的弯曲半径（单位：mm） 表6-1

管子外径D	10	14	18	22	28	34	42	50	63
弯曲半径R	50	70	75	80	90	100	130	150	190

（2）管道应尽量避免交叉。交叉的油管间应有适当的间隔，以防干扰、振动，应便于安装管接头。

（3）软管直线安装时要有3%~4%的余量，以适应油温变化、受拉和振动的需要。弯曲处到管接头的距离至少是外径的6倍，软管不能靠近热源。

二、管接头

管接头是油管与油管、油管与液压元件间的可拆连接件，它应满足连接牢固、密封可靠、外形尺寸小、通油能力大、装拆方便、工艺性好等要求。

管接头种类很多，按管道的类型分，有硬管接头和软管接头；按通路分，有为直通、直角、三通、四通等形式；按油管和管接头的连接方式分，有扩口式、卡套式、焊接式等；按管接头与连接体的连接形式分，有螺纹连接、法兰连接等。管接头与液压元件的连接常用圆锥和螺纹加密封涂料，或采用普通细牙螺纹加密封垫圈的形式。

1. 硬管接头

图6-1所示为扩口式管接头。装配前先将油管1套装上导套2和螺母3，然后将油管端部在扩口用模具6上扩成喇叭口，角度为74°~90°，即可装在接头体4上。靠旋紧螺母时产生的轴向力把油管扩口部分夹在导套2和接头体4相应的锥面之间，从而实现连接和密封。这种接头结构简单，连接强度可靠，装配维护方便，适用于铜管、薄钢管、尼龙管和塑料管等低压薄壁管道的连接。

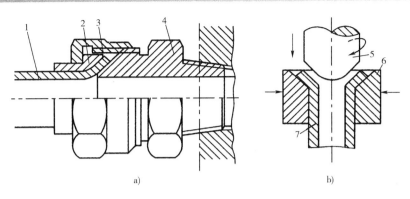

图 6-1 扩口式管接头与扩口用工具
a)扩口式管接头；b)扩口用工具
1-油管；2-导套；3-螺母；4-接头体；5-扩口用工具；6-扩口用模具；7-被扩管子

图 6-2 所示为卡套式管接头。卡套 2 是一个在内圆端部带有锋利刃口的金属环。先将油管端面与接头体 4 止推面 a 相接触。拧紧螺母 3 时，刃口嵌入油管 1 而形成卡套与油管之间的密封带 b，卡套刃口端的外表面与接头体 4 的内锥面所形成的球面接触密封带 c。这种接头结构性能良好，装拆方便，广泛应用于高压系统，但油管需采用冷拔无缝钢管。

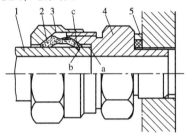

图 6-2 卡套式管接头
1-油管；2-卡套；3-螺母；4-接头体；5-密封圈

图 6-3 所示为焊接式管接头。管接头的接管 1 与油管焊接在一起，用螺母 2 将接管与接头体 3 连接在一起。按接管与接头体之间的密封方式分有三种：图 6-3a)采用球面密封，简单可靠，但加工成本高，应用较少；图 6-3b)采用密封圈 4 和 5 密封，密封可靠，制造方便，应用较广；图 6-3c)采用金属垫圈 6 密封，每次拆下后要更新，否则影响密封效果。

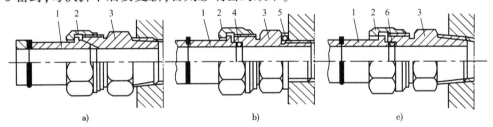

图 6-3 焊接式管接头
a)球面密封；b)密封圈密封；c)金属垫圈密封
1-接管；2-螺母；3-接头体；4、5-密封圈；6-垫圈

当被连接的两根油管有相对转动时，还需采用回转式管接头。

2. 软管接头

软管接头除了要求工作可靠外，还应耐振动、耐冲击、耐反复屈伸。软管接头有可拆式、扣压式和三瓣式等。

图 6-4 所示为扣压式软管接头，装配时需剥离胶管 4 的外胶层，然后在专门设备上扣压而成。图 6-4a)为 A 型扣压式软管接头，它可与焊接式管接头相连接；图 6-4b)为 B 型扣压

式软管接头,它可与卡套式管接头相连接;图6-4c)为C型扣压式软管接头,它可与扩口式管接头相连接。扣压式软管接头的工作压力在10MPa以下。

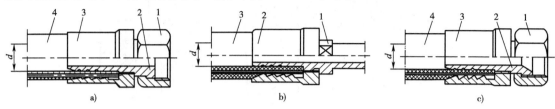

图6-4 扣压式软管接头
a)A型;b)B型;c)C型
1-接头螺母;2-接头体;3-外套;4-胶管

课题二 过滤器

◎知识点
(1)过滤器的结构形式和特点;
(2)过滤器的安装位置对工作性能的影响。
◎技能点
合理选用过滤器。
◎课题应用
液压系统中的绝大多数故障和液压油的污染有关。港口设备所处环境污染常常非常严重,因而正确选用过滤器就显得尤其重要。
◎课题分析
液压系统所选用的过滤器,在尽可能使进入液压系统中的液压油污染程度降低的同时,也要确保不产生堵塞,减少能量损失。
◎相关知识

一、过滤器的功用

液压系统的油液中常存在各种污染物。系统装配时,残留在元件和管道中的切屑、锈垢、橡胶颗粒、漆片、棉丝等物属于外部污染物;而系统运动过程中零件磨损的脱落物以及油液因理化作用的生成物则属于内部污染物。混杂在油液中的各种污染物会加速液压元件的磨损,堵塞节流小孔,甚至使液压滑阀卡死。有统计资料表明,液压系统的故障有75%以上是因油液污染造成的。为保证液压系统正常工作,必须对系统中污染物的颗粒大小及数量予以控制。系统中过滤器的作用就是滤去油液中的杂质颗粒,使其污染程度控制在允许范围内。

二、过滤精度

不论何种过滤器,都是依靠带有一定尺寸滤孔的滤芯过滤污染物的。过滤就是从油液中分离非溶性固体微粒的过程。过滤器的过滤精度,通常用能被过滤掉的杂质颗粒的公称尺寸(μm)大小来表示。一般要求过滤精度小于运动副间隙的一半。此外,压力越高,对过滤精度的要求也越高,其推荐值见表6-2。

过滤精度推荐值表　　　　　　　　　　　　　　表6-2

系统类别	一般传动			伺服系统
压力(MPa)	≤7	7~35	>35	≤21
过滤精度(μm)	25~50	≤25	≤10	≤5

三、过滤器的结构

常用的过滤器按其滤芯材料和结构形式可分为网式、线隙式、纸芯式、烧结式和磁性式等多种。

1. 网式过滤器

如图6-5所示,网式过滤器是用铜丝网3蒙在筒形骨架2上制成的。过滤精度由网孔大小和层数决定,一般过滤精度为80~180μm。这种过滤器压力损失小(一般为0.025MPa)、结构简单、通油能力大、清洗方便,但过滤精度不高,一般装在液压泵吸油路上,以保护液压泵。

2. 线隙式过滤器

如图6-6所示为线隙式过滤器,滤芯2是用铜线或铝线密绕在筒形芯架1的外部而组成的,并装在壳体3上(用于吸油管路上的过滤器则无壳体)。它依靠铜(铝)丝间的微小间隙来滤除固体微粒,油液经线间缝隙和芯架槽孔流入过滤器内,再从上部孔道流出。常用的线隙式过滤器的过滤精度为100~200μm,精密的可达20μm,一般用于低压回路或辅助回路。

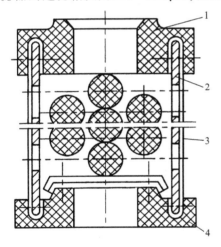

图6-5　网式过滤器
1-上盖;2-筒形骨架;3-铜丝网;4-下盖

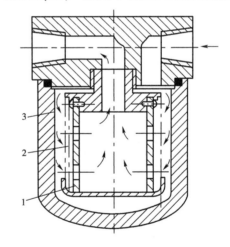

图6-6　线隙式过滤器
1-芯架;2-滤芯;3-壳体

3. 纸芯式过滤器

如图6-7所示,纸芯式过滤器滤芯为滤纸,油液通过滤芯时,通过滤纸的微孔滤去固体颗粒。为了增大滤芯的强度,一般滤芯由3层组成:外层2为粗眼钢板网,中间层3为折叠成W形的滤纸,里层4由金属丝网与滤纸一并折叠而成。纸芯式过滤器的过滤精度高(5~30μm),可在高压(38MPa)下工作,质量轻;但易堵塞,强度低,滤芯需经常更换,一般用于要求过滤质量高的液压系统。

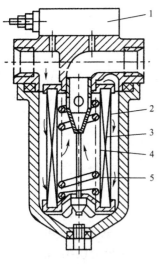

图6-7 纸芯式过滤器
1-污染指示器；2-滤芯外层；3-滤芯中层；4-滤芯里层；5-支承弹簧

为了保证过滤器能正常工作,不致因污染物逐渐聚积在滤芯上引起压差增大而压破纸芯,纸芯式过滤器顶部通常装有污染指示器1。当滤芯堵塞到限定值时,污染指示器发出堵塞信号（发亮或发声）,提醒操作人员更换滤芯。

4. 烧结式过滤器

图6-8所示为烧结式过滤器,其滤芯是由青铜粉压制后烧结而成的,有杯状、管状、碟状和板状等形状,利用粉末颗粒间的间隙微孔滤去油中杂质。选择不同粒度的粉末,能获得不同的过滤精度。烧结式过滤器的过滤精度高,滤芯的强度高,抗冲击性能好,能在较高温度下工作,有良好的抗腐蚀性,且制造简单。缺点是易堵塞,难清洗,使用中烧结颗粒可能会脱落。它一般用于过滤精度要求较高的液压系统中,但近年来逐渐被纸芯式过滤器代替。

5. 磁性过滤器

磁性过滤器依靠永磁性材料吸附混在油液中的铁屑、铸铁粉末之类金属杂质。但一般结构的磁性过滤器对其他污染物不起作用,它常与其他形式的滤芯一起制成复合过滤器,特别适用于加工钢铁件的液压系统。

四、过滤器的安装

过滤器在液压系统中的安装位置有几种,如图6-9所示。

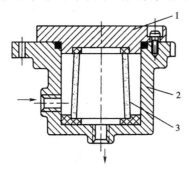

图6-8 烧结式过滤器
1-端盖；2-壳体；3-滤芯

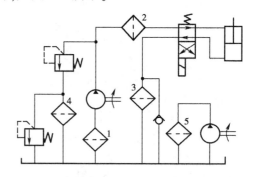

图6-9 过滤器的安装位置
1~5-过滤器

1. 安装在泵的吸油口

安装在液压泵吸油口的过滤器1用以避免较大颗粒的杂质进入液压泵,从而起到保护泵的作用。但要求过滤器有很大的通油能力(大于液压泵流量的两倍)和较小的压力损失(不超过0.02MPa),否则将使液压泵吸油不畅,产生空穴现象和强烈噪声,故一般在吸油口处安装过滤精度较低的网式过滤器。

2. 安装在泵的压油口

安装在液压泵压油口的过滤器2用以保护除液压泵以外的其他液压元件,一般采用10~15μm过滤精度的精密过滤器。由于过滤器在高压下工作,故要求过滤器有足够的耐压强度,其过滤阻力应小于 0.35MPa。为了避免因滤芯堵塞而使液压泵过载或造成滤芯击穿,应在过滤器旁并联一安全阀。

3. 安装在系统的回油路上

安装在系统回油路上的过滤器 3,使油液在流回油箱前经过过滤,为泵提供清洁的油液,但不能直接防止杂质进入系统中去。因回油路压力较低,可采用滤芯强度不高的精过滤器。为防止因滤芯堵塞而影响系统正常工作,常并联一单向阀作安全阀。

4. 安装在系统的分支油路上

当泵流量较大时,若采用以上各种安装方法,过滤器可能过大。为此,可在液压泵出口的溢流阀分支油路上安装一小规格过滤器 4,使油液的污染程度得到控制。但由于过滤器只通过泵的部分流量,因而不能完全保证液压系统的安全。

5. 安装在独立的过滤油路上

大型液压系统可设一液压泵和过滤器 5 组成一个独立于主系统以外的过滤回路,以保护主系统。由于通过过滤器的流量是稳定不变的,这更有利于控制油液的污染程度。

课题三 油 箱

◎知识点

(1)油箱容积的确定;
(2)油箱的结构。

◎技能点

正确分析油箱的内部结构。

◎课题应用

油箱是储存液压系统工作介质的容器,同时也应能散发系统工作中所产生的部分或全部热量,分离混入工作介质的气体,沉淀其中的污物,安放系统中的一些必备附件等。

◎课题分析

油箱内部结构可能被认为仅是一个六面体的空箱子,但实际上箱底常做成斜面,油箱上还要安装隔板、液位计、放油塞、吊耳等,容积也要合适,通常油箱油面要保持与大气相通,有时箱盖上还要安装泵、电机及阀件。

◎相关知识

油箱是液压系统中用来储存油液、散热、沉淀油中固体杂质、逸出油中气泡的容器。

油箱按液面是否与大气相通,分为开式油箱和闭式油箱。开式油箱广泛应用于一般的液压系统中,而闭式油箱则用于水下和高空无稳定气压或工作稳定性以及噪声有严格要求处。本课题仅介绍开式油箱。

为了保证能向系统提供足够的油液并使热油得到充分的冷却,油箱应有足够的容积。油箱的有效容积 V(液面高度占油箱高度 80% 时的油箱容积)可按下述经验公式确定

$$V = mq_p \tag{6-2}$$

式中:q_p——液压泵的流量;

m——系数,低压系统为 2~4,中压系统为 5~7,中高压或高压大功率系统为 6~12;

对于流动性机械和有冷却装置的系统 m 取小值。

下面结合图 6-10 所示,分述油箱结构如下:

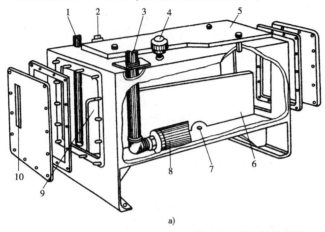

图 6-10 油箱结构示意
a)结构示意图;b)隔板布置图

1-回油管;2-泄油管;3-吸油管;4-空气过滤器;5-安装板;6-隔板;7-放油口;8-过滤器;9-清洗窗;10-液位计;11-回油管;12-吸油管

(1)油箱外形以正立方体或长方体为宜,箱盖的尺寸要考虑能安放泵和电动机(也有的置于箱旁或箱下)以及阀的集成装置等。最高油面只允许达到箱高的 80%。当容量较小时,油箱可采用厚 2.5~4mm 的钢板直接焊接而成;当容量较大或较高时,一般采用角钢焊成骨架后再焊上钢板。顶盖要适当加厚并用螺钉通过焊在箱体上的角钢加以固定,以承受安装在其上的物体重量、机器运转时的转矩及冲击等。泵、电机等可直接固定在顶盖上,也可安装在图示安装板 5 上。安装板与顶盖之间应垫上橡胶板等减振装置以缓和振动。顶盖上的加油口具有加油和通气双重作用,并带有滤网。箱底制成单斜面或双斜面以便放油。油箱侧面安装监测油面高度的液位计,必要时布置温度计和热交换器。油箱底脚高度应在 150mm 以上,以便散热、搬移和放油。为便于吊装,油箱四周要有吊耳。

(2)内部设置。为了防止吸油时吸入空气,回油时把空气喷射到油液中,泵的吸油管 3、系统回油管 1 均应插入油箱最低油面以下,但离箱底的距离应大于管径的 2~3 倍。泄油管 2 不宜插入油中,以免增加执行元件的背压。为防止箱底的沉淀物吸入液压泵,吸油管管端的过滤器离箱壁至少要有 3 倍管径的距离,距箱底不应小于 20mm。回油管口应截成 45°斜角,以增大通流面积,并面向与回油管相距最近的箱壁,以利于散热和沉淀杂质。吸油管与回油管应尽量远离,并用隔板分开,以增大油液循环路程,便于分离回油带来的空气和污物,提高散热效果。隔板如按图 6-10b)所示布置可使油液获得最长的流程。油箱内壁应涂优质耐油防锈涂料。

课题四 蓄能器

◎知识点

(1)蓄能器的结构形式和特点;
(2)蓄能器的功用。

◎技能点

正确选用合适的蓄能器。

◎课题应用

蓄能器类似车辆中的蓄电池,在大多数情况下储存具有一定压力的油液,在系统短时需要压力油补充时能够释放油液。

◎课题分析

为了使蓄能器达到储存和释放油液的效果,结构上可采用能运动的活塞、可收放的气囊或弹簧、重力等形式。

◎相关知识

一、蓄能器的结构与性能

蓄能器是液压系统的能量存储元件,它能把系统的压力储存起来,又能在系统需要时释放出去。

按储存能量的方式分,蓄能器有重力式、弹簧式和充气式三种。充气式是利用气体膨胀和压缩进行工作的,根据结构它又可分为活塞式、气囊式和气瓶式三种。下面主要介绍常用的活塞式和气囊式蓄能器。

1. 活塞式蓄能器

活塞式蓄能器的结构如图6-11所示。活塞2的上部为压缩气体1(一般为氮气),由顶部气门充入,下部为压力油3,经油孔与液压系统相通。活塞随下部压力油的储存和释放而在缸体内滑动;当系统中的油液压力高于活塞上部的气体压力时,活塞向上移动,气体被压缩,压力油进入蓄能器内被储存;反之,活塞下移,将蓄能器内储存的压力油排回系统,释放压力能。这种蓄能器结构简单,寿命长,但因活塞运动时有一定的惯性和摩擦力,反应不够灵敏,不宜用于吸收脉动和冲击,也不适用于低压系统。此外,活塞上的密封圈磨损后,会使气液混合,影响系统的工作稳定性。

2. 气囊式蓄能器

气囊式蓄能器的结构如图6-12所示。其工作原理与活塞式相同,不同的是采用了特殊耐油橡胶制成的气囊3。气囊固定在壳体2的上端,气体通过气门阀1充入气囊。壳体下端

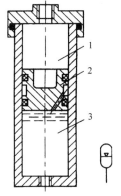

图6-11 活塞式蓄能器
1-压缩气体;2-活塞;3-压力油

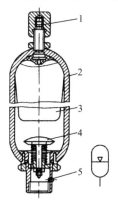

图6-12 气囊式蓄能器
1-充气阀;2-壳体;3-气囊;4-提升阀;5-螺塞

的提升阀4是一个受弹簧作用的菌形阀,压力油由此通入。菌形阀用以防止油液全部排出时气囊膨胀出壳体之外。该结构能使油气完全隔开,气囊惯性小,反应灵敏。其缺点是气囊和壳体制造困难,容量较小。这种蓄能器应用范围广,特别适用于吸收急速的液压冲击和脉动的场合。

二、蓄能器的功用

1. 短时供油

当执行元件做间隙运动或做短暂时间的高速运动时,可采用蓄能器作辅助动力源与泵联合使用。在执行元件不运动时,蓄能器储存泵输出的压力油,满后泵停转;在执行元件工作时,蓄能器则与液压泵同时向系统短时供给压力油。这样就可以用较小流量的泵使执行元件获得较快的起动速度,不但节省功率,还可以减小油液的温升。

2. 作应急油源

当液压泵发生故障或电源突然中断时,可用蓄能器作应急压力油源放出压力油,使执行元件继续完成必要的动作,避免可能引起的事故。

3. 保压补漏

当执行元件停止运动的时间较长,并且需要保压时,可用蓄能器储存的油补偿油路上的泄漏损失而起保压作用。这时液压泵可卸荷,以降低功率消耗。

4. 缓和冲击

在控制阀或液压缸等冲击源之前设置蓄能器,可缓和由于阀的突然换向或关闭、执行元件运动的突然停止等原因造成的液压冲击。

5. 吸收脉动压力

在液压系统中设置蓄能器可使液压油脉动降低到最小限度,从而使对振动敏感的仪表及管接头、阀的损坏事故大为减少,噪声也显著降低。

课题五　密封装置

◎知识点

(1) 对密封装置的基本要求;

(2) 间隙密封的特点及压力平衡槽的作用原理;

(3) 密封圈密封的结构形式、作用原理以及适用场合。

◎技能点

(1) 正确选用密封形式;

(2) 正确安装密封圈。

◎课题应用

液压系统中的各元件均涉及密封问题,有元件内与外之间的密封,有元件内高压区与低压区之间的密封等。绝大多数元件采用的是密封圈密封,有些元件我们似乎感觉未进行密封,但实际上它采用的是间隙密封。

◎课题分析

液压的密封看似简单,但实际上是一个长期困挠液压行业的一个大难题。为达到良好的密封效果,必须解决间隙、摩擦、材料、结构尺寸、布置形式、加工工艺等一系列相互关联的问题。

◎相关知识

密封装置主要用来防止液压油的内外泄漏。良好的密封是液压系统传递动力、正常动作的保证。根据两个需要密封的零件配合面间有无相对运动,可将密封分为动密封和静密封两大类。

设计或选用密封装置的基本要求是:密封装置具有良好的密封性能,随着压力的增加能自动提高密封效果,同时摩擦阻力小。另外还要求密封件耐油性、抗腐蚀性、耐磨性好,使用寿命长,使用的温度范围广,简单,装拆方便。

下面介绍几种常用的密封方法。

一、间隙密封

如图 6-13 所示间隙密封是一种简单的密封方法,它依靠零件配合面间的微小间隙来控制泄漏。由环状缝隙流量计算公式可知,泄漏量与间隙的三次方成正比,因此可用减小间隙的方法来减少泄漏。

间隙密封形式简单,摩擦阻力小,但其密封效果较差,密封性能不能随压力的增加而提高,配合面磨损后无法补偿。另外,密封性能还与密封区间的前后压力差、配合表面的长度、直径、零件的相对运动速度等有关。间隙密封一般将间隙控制为 0.02~0.05mm,这就要求配合面加工的精度很高。

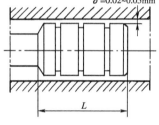

图 6-13 间隙密封

为了减少间隙密封的泄漏量,一般在零件表面加工数道压力平衡槽,如图 6-13 所示。压力平衡槽宽 0.3~0.5mm,深 0.5~1mm,间距为 2~5mm。压力平衡槽的作用原理是:当泄漏油液经过压力平衡槽时在槽中形成涡流,涡流对泄漏形成阻力,阻滞后续泄漏油液的泄漏速度,使泄漏量得到一定程度的控制。压力平衡槽同时还能起到保证两配合件同轴,降低运动时的摩擦力和避免因偏心而增加泄漏等作用。

间隙密封的密封质量不高,一般用于低压、小直径等场合。

二、活塞环密封

活塞环密封依靠在环形槽内的弹性金属环紧贴缸体内壁实现密封,它与发动机内的活塞环密封原理完全相同。这种密封环密封效果好,适应的压力和温度范围很宽,能自动补偿磨损,工作可靠,寿命长,但摩擦阻力较大,一般仅用于高温、高压和高速的场合。

三、密封圈密封

密封圈密封是液压系统中应用最广泛的密封。它是将密封圈套装或嵌入在密封槽内,依靠其弹性变形实现密封。这种密封方法结构简单、制造方便,磨损后能自动补偿,并且密封性能还能随压力的增大而提高。

密封圈有 O 型、Y 型、V 型及组合式等数种,其材料为耐油橡胶、尼龙等。

1. O 型密封圈密封

O 型密封圈其截面为圆形,如图 6-14a)所示。这种密封结构简单,占用空间小,装拆方便,密封性能好,动摩擦阻力小,对油液、温度和压力的适应性好,用量少,单圈即可对两个方向起密封作用。它应用比较广泛,既用于静密封,也用于滑动密封(转动密封用得较少)。

O 型密封圈安装时要有合理的预压缩量,如图 6-14b)所示中的 δ_1 和 δ_2。过小,密封性能不好;过大,摩擦阻力大,易于损坏。在无液压力时,靠密封圈的弹性对接触面产生预接触应力,实现初始密封。当油腔充入压力油后,在液压力的作用下,O 型圈进一步变形而紧贴槽底和孔的内壁,密封面上的接触应力上升,提高了密封效果。

这种密封的缺点是,当压力较高或沟槽尺寸选择不当时,密封圈容易被挤出而造成严重磨损,如图 6-14c)所示。在工作压力大于 32MPa 的静密封中,或工作压力大于 10MPa 的动密封中,应在 O 型圈侧面放置 1.2 ~ 1.5mm 厚的聚四氟乙烯制成的挡圈。当密封圈单向承压时,应在密封圈低压一侧安放一个挡圈,如图 6-14d)所示;往复运动双向受压时,两侧都要安放,如图 6-14e)所示。

2. Y 型密封圈密封

Y 型密封圈的截面呈 Y 型,属唇型密封圈,如图 6-15a)所示。它是一种密封性、稳定性和耐压性都较好,摩擦阻力小、寿命较长的密封圈,它主要用于往复运动的密封。

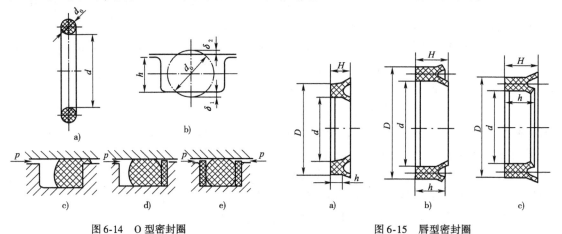

图 6-14 O 型密封圈   图 6-15 唇型密封圈

a) Y 型密封圈;b) Yx 型密封圈轴用型;c) Yx 型密封圈孔用型

Y 型密封圈的密封作用是依赖于它的唇边对配合面的紧密接触及在液压力的作用下产生的较大接触应力达到密封目的的。液压力越高,则贴得越紧,接触应力越大。

Y 型密封圈安装时,唇口端应对着液压力高的一侧。当运动件往复运动双向受压时,密封圈应使用两套。如压力变化较大,滑动速度较高,则应使用支承环来固定密封圈,以避免其翻转。

Y 型密封圈一般适用于工作压力小于 20MPa,工作温度为 -30 ~ +100℃,使用速度小于 0.5m/s 的场合。

Yx 型密封圈是 Y 型密封圈的改型产品,其截面的长宽比大于等于 2,因而不易翻转,无需支承环固定。低唇应与密封面接触,以减少摩擦;高唇与槽底接触,以防止密封圈窜动。Y 型圈分为轴用[图 6-15b),装在孔上]和孔用[图 6-15c),装在轴上]两种。

Yx 型密封圈一般适用于工作压力小于 32MPa，使用温度为 -30 ~ +100℃ 的场合。

3. V 型密封圈密封

V 型密封圈由形状不同的支承环、密封环和压环叠加组合而成，如图 6-16 所示。当压环压紧密封圈时，支承环使密封圈产生变形而起密封作用。当密封压力高于 10MPa 时，可增加密封环的数量，以提高密封效果。安装时，密封圈的开口应朝向压力高的一侧。

V 型密封圈密封性能良好，耐压高，寿命长，通过选择适当的密封环个数和调节压紧力，可获得最佳的密封效果，但摩擦阻力和轴向尺寸较大。它适宜在工作压力小于 50MPa，对密封性能要求高，温度在 -40 ~ +80℃ 条件下工作。

4. 组合密封圈密封

随着液压技术的日益广泛应用，系统对密封的要求也越来越高，普通的密封圈单独使用已不能很好地满足密封性能要求，特别是使用寿命和可靠性方面的要求。因此，由两个以上元件组成的组合式密封装置便应运而生。

如图 6-17 所示的滑环式组合密封圈是一种由聚四氟乙烯滑环和 O 型密封圈组成的新型密封装置。O 型密封圈 1 在滑环 2 的内表面施加一定的弹性预紧力，使滑环产生微小的变形而与金属面贴合。因滑环与金属之间无黏着性，所以摩擦系数小，而且耐磨。由于聚四氟乙烯的弹性较小，不能将滑动表面完全贴紧，所以当压力较高时其泄漏量较大，但其使用寿命比单独用 O 型圈时高很多倍。滑环式组合密封圈适用于要求起动阻力、滑动阻力很小且动作循环频率很高的场合，如伺服液压缸等。

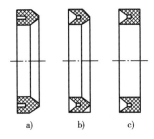

图 6-16 V 型密封圈
a) 支承环；b) 密封环；c) 压环

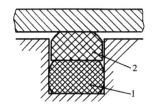

图 6-17 滑环式组合密封圈
1—O 型密封圈；2—滑环

课题六 压力表及压力表开关

◎知识点

压力表及压力表开关的工作原理。

◎技能点

正确安装压力表及压力表开关。

◎课题应用

压力表是液压系统最重要的测量仪表，在泵的出口通常都要安装压力表。如果要测量多个点的压力且要合用一个压力表时，或需要切断压力表时，则要使用压力表开关来切换。

◎课题分析

常用的弹簧弯管式压力表实质上是一个受力变形装置，压力表开关实质上是一个截止阀。

◎相关知识

一、压力表

压力是液压系统重要的参数之一。压力表用以观察液压系统中的工作压力,以便控制和调整系统压力。

压力表的种类较多,最常用的是弹簧弯管式压力表,其结构原理如图 6-18 所示。弹簧弯管 1 是一根弯成 C 字形、其横截面呈扁圆形的空心金属管,它的封闭端通过传动机构与指针 2 相连,另一端与进油管接头相连。测量压力时,压力油进入金属弯管,弯管变形,曲率半径加大,其端部位移通过杠杆 4 使扇形齿轮 5 摆动。扇形齿轮和小齿轮 6 啮合,于是小齿轮带动指针转动,从刻度盘 3 上即可读出压力值。

压力表有多种精度等级,精度等级的数值是压力表最大误差占量程(表的测量范围)的百分数。如一只 2.5 级精度、量程为 6MPa 的压力表,其最大误差为 $6 \times 2.5\% = 0.15$MPa。

选用压力表时,被测压力不应超过压力表量程的 3/4。压力表必须直立安装。压力表接入压力管道时,应通过阻尼小孔,以防止压力突变而引起压力表冲坏。

二、压力表开关

压力表开关用于接通或断开压力表与测量点的通路。压力表开关的通道很小,有阻尼作用。压力表开关按其所能测量的测量点数目不同可分为一点、三点及六点几种。多点压力表开关,可使一个压力表分别与几个被测油路相接通,以测量几部分油路的压力。按连接方式不同,压力表开关又可分为管式和板式两种。

图 6-19 所示为板式连接的 K-6B 型压力表开关结构图。图示位置为非测量位置,此时压力表经沟槽 a、小孔 b 与油箱相通。测压时,将手柄向右推进去并转到测量点位置,使沟槽将压力表油路与测量点油路连通。与此同时,压力表油路与通往油箱的油路被断开,这时便能测出该测量点的压力。如将手柄转到另一测量点,便可测出另一个点的压力。压力表的过油通道很小,可防止指针的剧烈摆动。不需测压时,应将手柄拉出,使压力表油路与系统油路断开,以保护压力表并延长压力表的使用寿命。

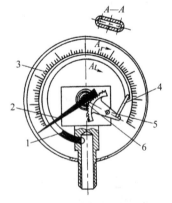

图 6-18 弹簧弯管式压力表
1-弹簧弯管;2-指针;3-刻度盘;
4-杠杆;5-扇形齿轮;6-小齿轮

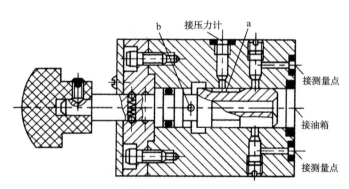

图 6-19 压力表开关

思考题与习题

1. 常用油管有哪几种？它们分别适用于什么范围？
2. 常用的过滤器有哪几种类型？各有什么特点？一般安装在什么位置？
3. 油箱的功用是什么？油箱的结构布置要考虑哪些方面？
4. 蓄能器有哪些种类和功用？
5. 间隙密封的特点是什么？压力平衡槽有何作用？
6. 密封圈密封有哪几种形式？其密封原理分别是什么？
7. 如何选用压力表？

模块七　液压基本回路

液压系统不论如何复杂,总不外乎是由一些基本回路所组成的。所谓基本回路,就是指由若干个液压元件所组成且能完成系统某一特定功能的典型油路。掌握液压基本回路的组成、工作原理和性能,是分析和设计液压传动系统的重要基础。

液压基本回路按其不同的功能,可分为压力控制回路、速度控制回路、方向控制回路等。

课题一　压力控制回路

◎知识点
(1)调压回路的种类和组成;
(2)减压回路的组成;
(3)泵的卸荷方法;
(4)保压和增压方法。

◎技能点
正确分析典型调压回路和卸荷回路的工作过程。

◎课题应用
港口设备液压系统的压力控制是必不可少的,普遍采用的压力控制回路是调压回路和卸荷回路,保压回路也有所应用,而减压回路、增压回路则较难见到。

◎课题分析
调压回路所控制的压力主要是泵的出口压力;减压回路所控制的压力是系统某一分支油路的压力;卸荷回路实现的是泵的输出功率为零;由于通常采用的是压力卸荷,故实际上是使泵的出口压力为零;保压回路是保证某一分支油路在一定的时间内保持稳定的压力;而增压回路则是使某些特定区域获得比泵的出口还要高的压力。

◎相关知识

压力控制回路是利用压力控制阀对系统或系统某一部分的压力进行控制,以满足执行元件克服载荷要求的油路。

一、调压回路

为使液压系统的工作压力与负载相适应并保持稳定,或为了安全而限定系统的最高压力,都要用到调压回路。液压系统的工作压力一般采用溢流阀来控制。

1. **按功用分**

1)溢流、稳压和调压回路

在如图7-1所示的定量泵液压回路中,液压缸有速度调节要求,所需流量是变化的,有时可能仅需很少的流量。但液压泵为定量泵,在转速一定的前提下,其输出流量是一定的,且输出流量是按系统所要求的最大流量而设计,也即液压泵存在多余流量。为此,应将溢流阀调压手柄调至松紧适中状态,当执行元件正常运动时,使溢流阀有油通过。这样,液压泵在向液压缸供油的同时,多余油液通过被推开的溢流阀溢回油箱,溢流阀起溢流作用。同时,根据溢流阀的特性可知,溢流阀稳定了泵的出口工作压力,起到稳压作用。另外,通过调节溢流阀的调压手柄,还可对泵的工作压力起到调节作用。

2)限压、安全回路

在图7-2所示的变量泵限压回路中,液压缸需要多大的速度,通过调节变量泵的排量,液压泵就可提供多大的输出流量。在图7-3所示的定量泵限压回路中,没有安装流量控制阀,表明液压缸没有调速要求,液压缸所需要的流量也正是定量泵所提供的流量。因此,在上述两个回路中,液压泵在液压缸正常运动时均不存在多余的流量,为了减少能量损失,溢流阀无需溢流,故应将溢流阀调压手柄调至较紧状态。但当系统发生超载、制动或行程结束时,系统工作压力会迅速上升,如不采取措施,压力会超过元件的额定压力及最大压力,出现事故。此时,溢流阀起到安全作用。当压力上升到溢流阀的开启压力时,溢流阀打开通油。这样,液压泵输出的压力油有了一条出路,从而保障了系统的安全,也限制了压力的继续上升,故在这些回路中溢流阀又称安全阀。

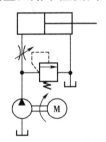
图7-1 溢流阀用于溢流、稳压和调压回路

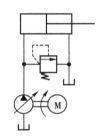
图7-2 变量泵限压回路

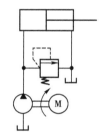
图7-3 定量泵限压回路

2. **按调定压力数分**

1)单级调压回路

采用一个溢流阀对压力进行控制的回路为单级调压回路。在上述三个回路中,液压缸往复运动都依靠同一个溢流阀进行压力控制,因此都为单级调压回路。

2)双级和多级调压回路

在某些液压系统中,由于执行元件往复运动时产生的工作压力有一定的悬殊或工况要求有区别,这就需要采用两个溢流阀对两个方向的工作压力分别加以控制,称为双级调压回路。

如图7-4所示回路是采用两个溢流阀分别控制液压缸往复运动工作压力的双级调压回

路。溢流阀1开启压力较高,溢流阀2开启压力较低。当手动换向阀处于左位时,液压缸向右运动,要克服较大的载荷作用,相应的工作压力较大;此时由于阀2位于液压缸的回油旁路上,故系统的工作压力就由溢流阀1予以限定。而当换向阀处于右位时,由于液压缸克服的载荷较小,相应的工作压力就小;此时溢流阀1和2均处于液压缸的进油旁路上,由于阀2开启压力低,故由溢流阀2来限定液压缸后退时的工作压力。

在少数液压系统中,由于某些特殊需要,采用三个及三个以上溢流阀进行压力控制,称为多级调压回路。

3. 按调压方式分

1)直接调压回路

直接调压回路是指利用溢流阀来实现压力控制的回路。上述介绍的所有回路均属直接调压回路。

2)远程调压回路

远程调压回路是指利用先导式溢流阀的控制油路来实现压力控制的回路,其基本原理在模块五溢流阀中已作介绍。

图7-5a)所示为双级远程调压回路。阀1为先导式溢流阀,手柄较紧,调定压力较高,阀2通常为直动式溢流阀,手柄相对较松,调定压力较低。在图示状态,液压泵出口压力由溢流阀1控制。电磁阀通电后,则由溢流阀2控制。由于阀2可以安装在与泵距离较远、操作人员易于控制的位置,故称远程调压。图7-5b)为三级远程调压回路。在3个溢流阀中,阀1为先导式,且手柄最紧,调定压力最大。图示状态时,液压泵出口压力由阀1来控制;当换向阀4的左、右电磁铁分别通电时,泵的出口压力由远程调压阀2或3分别控制。

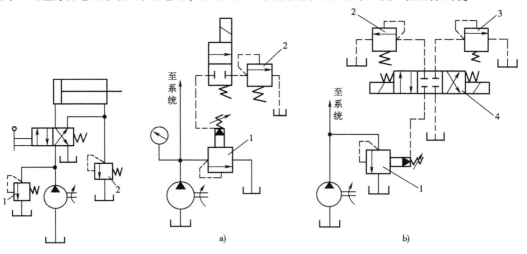

图7-4 双级调压回路
1、2-溢流阀

图7-5 远程调压回路
a)双级远程调压回路;b)三级远程调压回路
1、2、3-溢流阀;4-换向阀

二、减压回路

在单泵供油的多缸液压系统中,当某个液压缸或某一分支油路需要有较低的稳定工作压力时,可采用减压回路,如机床中的工件卡紧、导轨润滑等。

图 7-6 所示为某机床驱动夹紧机构的减压回路。液压泵输出的油液分成两条油路,其中一条油路经减压阀 3、单向阀 4、换向阀 5 的左位向夹紧缸供油。当夹紧缸处于夹紧状态时,由于有减压阀的存在,B 点获得了比 A 点压力要低的稳定压力,使夹紧缸始终产生较低的、稳定的夹紧力。B 点压力由减压阀手柄来调节,若将手柄稍加旋紧,则 B 点压力就会增加,夹紧缸的夹紧力也就同步增大。另外,B 点压力不受 A 点压力变化的影响,能够实现稳压,但稳压是有前提的。设减压阀手柄不动,B 点的压力为 5MPa,只要 A 点的压力 $\geqslant$ 5MPa,B 点的压力均保持为 5MPa;但若 A 点的压力降为 2MPa(小于 5MPa),则 B 点压力不再稳定,而是同步降为 2MPa。为了确保 C 点压力不会跟随着 B 点压力下降,一般在减压阀后均应串接单向阀 4。由于单向阀具有短时保压的作用,因而在一定的时间内,C 点压力仍为 5MPa,使夹紧缸仍保持原有的夹紧力。

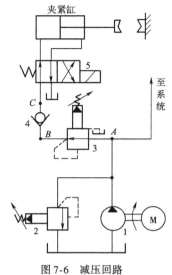

图 7-6 减压回路

1-液压泵;2-溢流阀;3-减压阀;
4-单向阀;5-换向阀

三、卸荷回路

当液压系统中的执行元件短时间停止工作(如装卸载荷或测量工件)时,为避免因频繁启闭而对原动机和液压泵的寿命产生影响,一般不宜关闭原动机。而某些流动机械在道路上行驶时,执行元件虽然长时间停止工作,但由于原动机是内燃机,液压泵也无法停止运转。但若让这些不适宜或无法关闭的液压泵在溢流阀调定压力下回油,又会造成很大的能量浪费,使油温升高,系统性能下降,为此应设置卸荷回路解决上述矛盾。

所谓泵的卸荷,是指泵处于运转状态,但输出功率近似为零,基本不消耗能量。液压泵的输出功率为压力和流量之积,压力、流量两者之一近似为零,输出功率即近似为零,故泵的卸荷有压力卸荷和流量卸荷两种方法。压力卸荷是使液压泵在近似零压下工作,是常用的卸荷方法;而流量卸荷适用于变量泵,是使变量泵的排量和流量近似为零。

常见的卸荷回路有以下几种:

1. 主换向阀卸荷回路

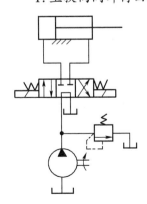

图 7-7 主换向阀卸荷回路

主换向阀卸荷是利用与执行元件相连的主换向阀中位机能使泵和油箱连通进行卸荷。常用的三位四通换向阀 M、H、K 型中位机能都能实现泵的卸荷。图 7-7 是采用 M 型三位四通电磁换向阀的卸荷回路。在图示状态,液压泵的载荷只有很小的管道阻力和流经阀口的局部阻力,液压泵在近似零压下工作,实现了压力卸荷。这种卸荷回路结构简单,但当工作压力较高、流量较大时,换向容易产生冲击,故一般适用于压力较低、流量小于 40L/min 的场合;且配置管路应尽量短,接头尽可能少。若将电磁换向阀改成电液换向阀,并在系统回油路中安装背压阀,则可用于流量较大的场合。

2. 二位二通阀卸荷回路

图 7-8 是采用二位二通电磁阀的卸荷回路。当二位二通阀未通电时,泵输出的压力油进入系统,执行元件正常运动。当二位二通阀通电时,液压泵输出的油液直接流回油箱,液压泵压力卸荷。在这种回路中,二位二通阀通过泵的全部流量,选用的规格应与泵的最大流量相适应。

3. 先导式溢流阀和换向阀组成的卸荷回路

在图 7-9 中,当电磁换向阀断电时,先导式溢流阀的控制油口直通油箱,主阀口的开度处于最大状态,溢流阀的阀前压力近似为零,泵实现压力卸荷。采用先导式溢流阀和换向阀实现卸荷是一种性能较好的卸荷方法。此类回路中的换向阀通常采用的是二位二通电磁阀,可以是二通或四通,常态时泵可以是卸荷或不卸荷。先导式溢流阀与二位电磁阀可组合成电磁溢流阀,并用点画线框表示。这种卸荷回路便于远距离控制,同时二位阀的规格较小,且比直接用二位二通阀的卸荷方式平稳。

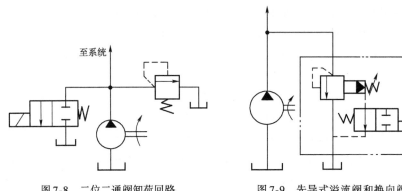

图 7-8 二位二通阀卸荷回路　　　　图 7-9 先导式溢流阀和换向阀组成的卸荷回路

4. 插装阀卸荷回路

插装阀通流能力大,由它组成的卸荷回路适用于大流量系统。在如图 5-39 所示的回路中,若二位二通电磁阀通电,则插装阀控制油口 K 接通油箱,阀芯抬起,A 油口油液便在很低油压下流回油箱,实现泵的卸荷。

5. 卸荷阀卸荷回路

如图 7-10 所示,泵 1 为大流量泵,泵 2 为小流量泵,两泵并联,可组成双联泵。溢流阀 5 一般作安全阀使用,卸荷阀 3(外控内泄式顺序阀)的开启压力比溢流阀低。当载荷较小时,卸荷阀控制油路压力低于卸荷阀的开启压力,卸荷阀阀口关闭,泵 2 输出的油液经单向阀后与泵 1 输出的油液合在一起流向系统,使执行元件获得快速运动;当载荷较大时,卸荷阀控制油路压力高于卸荷阀的开启压力,卸荷阀自动打开,泵 2 输出的油液经卸荷阀流回油箱卸荷。泵 1 单独向系统供油,执行元件实现低速运动。这种卸荷回路能随外载的变化自动实现液压缸轻载高速、重载低速的切换,以充分发挥原动机的功率。

6. 变量泵卸荷回路

将变量泵的排量调为零而进行的卸荷,称为流量卸荷。图 7-11 所示回路采用的是限压式变量泵的卸荷。当液压缸 3 活塞运动到行程终点或换向阀 2 处于中位时,泵 1 的出口压力迅速升高,输出流量迅速下降。当压力升高至接近调压螺钉调定的压力极限值时,泵的流量也减少到只补充液压缸或换向阀的泄漏,从而使回路实现保压卸荷。图中的溢流阀4作安全阀用。

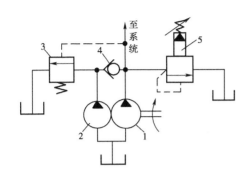
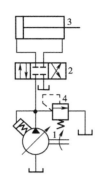

图7-10 卸荷阀卸荷回路
1、2-双联泵;3-卸荷阀;4-单向阀;5-溢流阀

图7-11 限压式变量泵的卸荷回路
1-限压式变量泵;2-换向阀;3-液压缸;4-溢流阀

四、保压回路

有些液压缸(如液压离合器缸),要求在一定时间内保持一定压力,但并不需要进油或只需进油甚微,就应采用保压回路。最简单的保压方法是采用密封性能好的单向阀,但这种方法对液压缸自身的泄漏及单向阀后面油路的泄漏无能为力,保压时间短,压力稳定性不高,只能短时保压。为了使液压缸获得有效的保压,通常将蓄能器、压力继电器与单向阀联合使用,即可实现长时间保压。

如图7-12所示,当主换向阀在左位工作时,液压泵向蓄能器和液压缸供油,液压缸前进。压紧工件时,进油路压力升高,压力继电器发出电信号,使二位二通阀通电,泵即卸荷。此时单向阀自动关闭,液压缸进油路泄漏出的油液则由蓄能器补充,使液压缸得到保压。保压时间决定于泄漏程度、蓄能器的容量等。当压力降低到一定程度时,压力继电器复位,二位二通阀断电,重新关闭溢流阀,液压泵瞬间再次向液压缸和蓄能器供油增压。调节压力继电器的通断返回区间,即可调节液压缸压力的最大值和最小值。

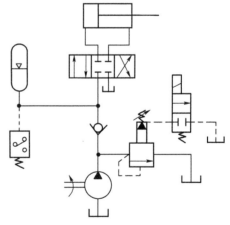

图7-12 泵卸荷的保压回路

五、增压回路

采用增压回路可以用较低额定压力的液压泵来驱动较大的工作载荷,降低系统的工作压力,改善液压元件的工作条件。在某些油路中,甚至可以用压缩空气作为动力源来取代液压泵,实现气—液传动。

增压缸又称增压器,其基本原理已在增压缸部分作了介绍。按照增压方式分,有单作用和双作用两种。

1. 单作用增压回路

在图7-13所示的回路中,当阀1在左位工作时,压力油经阀6进入工作缸7的上腔,下腔经顺序阀8回油,活塞下行。当工作缸所受的负载升高到顺序阀2的调定值时,阀2的阀口打开,压力油经阀2、3,进入增压缸4的左腔,推动增压活塞右行,增压缸右腔输出的高压油进入工作缸7。调节顺序阀2,可以调节工作缸上腔在非增压状态下的最大工作压力;调节减压阀3,可以调节增压器的最大输出压力。在此回路中,只有当阀1处于左位时才会出现增压,故为单作用增压回路。

2. 双作用增压回路

单作用增压缸只能断续供油,若需获得连续输出的压力油,可采用图7-14所示的双作用增压回路。在图示状态,液压泵输出的油液进入增压缸左端大、小油腔,右端大油腔的回油通油箱,右端小油腔的高压油经单向阀4输出,此时单向阀1、3被封闭。设增压缸输入、输出油压分别为p_1、p_2,小腔、大腔的有效面积分别为A_1、A_2,则

$$p_1 A_1 + p_1 A_2 = p_2 A_1 \tag{7-1}$$

则

$$p_2 = \left(1 + \frac{A_2}{A_1}\right) p_1 \tag{7-2}$$

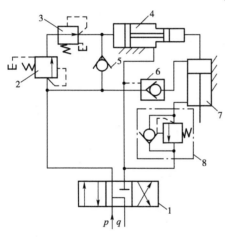

图7-13 单作用增压回路
1-换向阀;2-顺序阀;3-减压阀;4-增压缸;5-单向阀;6-液控单向阀;7-工作缸;8-单向顺序阀

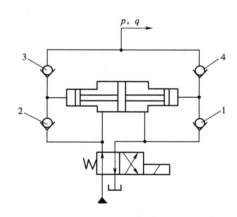

图7-14 双作用增压回路
1~4-单向阀

由此可以看出,双作用增压缸的输出油压比输入油压高得多。

当活塞移动到最右端位置时,行程开关(图中未画出)使换向阀电磁铁通电,油路换向,活塞自动反向左移。同理,左端输出的高压油通过单向阀3输出。这样,增压缸活塞不断往复运动,使系统交替输出高压油。

课题二 速度控制回路

◎知识点

(1)调速回路的分类;

(2)各种调速回路的特点;
(3)液压系统的限速方法。

◎技能点

(1)正确分析不同调速方法的区别;
(2)正确分析典型增速回路、速度换接回路的工作过程。

◎课题应用

港口设备液压系统的调速方法普遍采用的是节流调速及调节原动机转速的方法;增速回路、速度换接回路主要应用在大型港口设备,在小型流动性装卸搬运设备中较难见到;限速回路对港口设备特别重要,采用平衡阀限速效果最好,但在某些场合的使用受到限制。

◎课题分析

调速回路所调节的速度是指执行元件的运动速度。仅调节阀的调速为节流调速,仅调节泵或执行元件的调速为容积调速,名义上调节阀实际上调节泵的调速为容积节流调速。增速回路、速度换接回路都是通过改变油路连接方式实现速度的有级调节;限速回路是利用安装在载荷下降时的回油路上的液压阀,对载荷下降速度形成阻力,使下降速度稳定。

◎相关知识

采用液压传动的设备,液压系统除了必须满足设备对力和转矩的要求外,还必须满足其对运动速度的各项要求,如调速、增速、速度换接及限速等要求。

一、调速回路

在液压传动系统中,调速回路占有重要的地位,并且它对其他液压回路的选择起着决定性的作用。

对调速回路的基本要求是:

(1)能满足工作机构的最大和最小速度要求。
(2)速度调定后,速度的稳定性要好。所谓稳定性是指执行机构的负载发生变化时,其速度保持稳定不变的程度。
(3)在工作机构调速过程中,功率损失和发热都较小,具有较高的效率。

在不考虑泄漏的情况下,液压缸的运动速度 v 由输入(或输出)液压缸的流量 q 及油液的有效作用面积 A 决定,即

$$v = \frac{q}{A} \tag{7-3}$$

同样,在不考虑泄漏的情况下,液压马达的转速 n 由输入(或输出)马达的流量 q 和马达的排量 V 决定,即

$$n = \frac{q}{V} \tag{7-4}$$

由上述两式可知,改变输入(或输出)执行元件的流量 q、液压缸的有效作用面积 A 或液压马达的排量 V,均可调节执行元件的运动速度。但改变液压缸的有效作用面积是困难的,所以液压系统常常通过改变流量 q 或调节变量马达排量 V 来达到调速的目的。而流量又可以通过采用变量泵(或在多泵供油的定量泵组中改变供油泵的数目)、流量控制阀得到调节。

因此,液压传动就形成了三种不同的调速回路:节流调速回路、容积调速回路和容积节流调速回路。

1. 节流调速回路

节流调速回路是采用定量泵供油,由阀改变输入(或输出)执行元件的流量来达到速度调节的调速回路。

节流调速的方法是:定量泵同时向两条油路供油,调节其中一条油路中的节流阀口通流面积,改变两条油路的流量分配,实现速度调节。

节流调速回路结构简单,工作可靠,成本低,操作简便,维护方便。但存在较大的节流、溢流能量损失,效率低,发热大。根据阀的种类不同,节流调速分为节流阀调速、调速阀调速和手动换向阀调速三种;根据阀在回路中的安装位置不同,又分为进油节流调速、回油节流调速和旁路节流调速三种。

1)节流阀调速

(1)节流阀进油节流调速回路。将节流阀串接在执行元件的进油路上就构成了节流阀进油节流调速回路。

在图7-15a)中,定量泵的输出流量为q_p,其中一部分流量q_1经过节流阀输入液压缸,另外一部分流量Δq_y经过溢流阀溢回油箱。若将节流阀的通流面积调小,则会增加液体流经节流阀的难度,通过的流量自然会减少,液压缸的运动速度下降。相反,从溢流阀溢回油箱的流量增加。在此回路中,溢流阀常开有溢流,泵的工作压力由溢流阀调定,溢流阀起溢流、稳压和调压作用。

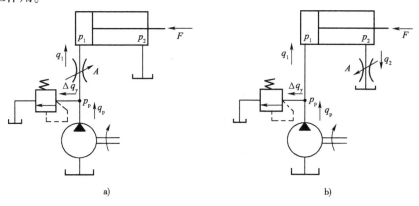

图7-15 节流阀进、回油节流调速回路
a)进油节流调速;b)回油节流调速

在进油节流调速回路中,液压缸的运动速度v与节流阀通流面积A成正比,调节A可实现无级调速,故这种回路的调速范围较广。液压缸速度还与负载F有关。若F增加,则液压缸的进油腔压力p_1增加,使节流阀的阀后压力增加。由于溢流阀常开溢流,节流阀的阀前压力近似等于常数,因而节流阀的前后压差会因负载F的增加而减少。根据流量特性公式可知,通过节流阀进入液压缸的流量自然会减少,故液压缸的运动速度与负载F成反比。

进油节流调速回路存在两部分功率损失,即油液通过节流阀时的节流功率损失和通过溢流阀时的溢流功率损失,故效率较低。有资料表明,当负载恒定或变化很小时,回路的效率$\eta = 0.2 \sim 0.6$;当负载变化较大时,回路的最高效率$\eta_{max} = 0.385$。低效率导致温升和泄漏增加,进一步影响了速度稳定性和效率。回路功率越大,问题越严重。

(2)节流阀回油节流调速回路。将节流阀串接在执行元件的回油路上就构成了节流阀回油节流调速回路。

如图7-15b)所示,调节节流阀的通流面积,就可改变回油流量,也就控制了输入液压缸的流量,从而同样实现了调速的目的。

在此回路中,若将节流阀通流面积调小,同样会增加液体流经节流阀的难度,液压缸的回油流量下降,使液压缸的运动速度下降。相反,由于液压缸的进油流量同步下降,从溢流阀溢回油箱的流量自然会增加。因此,与进油节流调速回路一样,液压缸的运动速度与节流阀通流面积成正比;溢流阀也常开有溢流,泵的供油压力也由溢流阀调定,溢流阀起溢流、稳压和调压作用;液压缸的运动速度也与负载 F 成反比。但这两种调速回路仍有一些不同之处:

①回油节流调速回路中的节流阀使液压缸回油腔产生一定的背压,因而速度稳定性较好,且具有承受负值负载(与活塞运动方向相同的负载)的能力;而在进油节流调速回路中,工作机构在负值负载作用下会失控而前冲,故有时在回油路中安装背压阀,以克服此缺点,但这样会增加一些能量损耗。

②进油节流调速回路液压缸的进油腔压力随负载而变化,因此可利用这个压力变化让压力继电器发出电信号,实现动作的程序控制和安全保护;而在回油节流调速回路中,液压缸进油腔压力近似恒定,则给压力的自动控制造成一定的难度。

③若回路使用单杆液压缸,且无杆腔进油、有杆腔回油,则进油流量大于回油流量,故在缸径、缸速相同的情况下,进油节流调速回路的节流阀开口较大,低速时不易阻塞,能获得更低的稳定速度。反之,若液压缸有杆腔进油、无杆腔回油,则回油节流调速回路能获得更低的稳定速度。

(3)节流阀旁路节流调速回路。将节流阀安装在与执行元件并联的旁路上,就构成了节流阀旁路节流调速回路。

如图7-16所示,调节旁路上的节流阀的通流面积,同样可以调节液压缸的运动速度。若将节流阀通流面积 A 调小,则增加液体流经节流阀的难度,通过节流阀的流量减少。相反进入液压缸的流量会增加,使液压缸的运动速度上升。故液压缸的运动速度与节流阀通流面积成反比,这与进油、回油节流调速回路相反。

在此回路中,由于溢流任务已由节流阀承担,故溢流阀作安全阀用,常态时关闭,过载时才打开,因而液压缸正常运动时泵的出口压力不再恒定,与缸的进油压力相等(忽略管路泄漏和压力损失),直接随负载而变。液压缸的运动速度也与负载 F 成反比。

旁路节流调速回路在液压缸正常运动时,只有节流功率损失,而无溢流功率损失,因此效率较高,发热减少。

上述分析的回路是采用节流阀调速的进油、回油、旁路三种节流调速回路。它们有一个共同的缺点,就是执行元件的速度都随负载的增加而减小,这主要是因为负

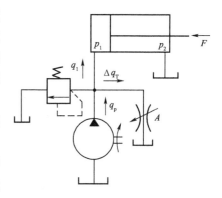

图7-16 节流阀旁路节流调速回路

载变化引起了节流阀前后压差的变化,从而改变了通过节流阀流量的缘故。

2)调速阀调速

用调速阀代替节流阀,同样可通过调节调速阀内的节流阀口大小来实现节流调速,其调速原理与节流阀调速完全相同,但通过的流量基本不受负载变化的影响,使速度稳定性大为改善。有资料表明,如果调速阀两端的压差不低于它的最小稳定压差 Δp_{min} 值,调速阀进油、回油节流调速回路速度波动量不会超过 ±4%。

采用调速阀的节流调速回路,根据调速阀的安装位置不同,同样有进油、回油和旁路节流调速三种形式,如图 7-17 所示。

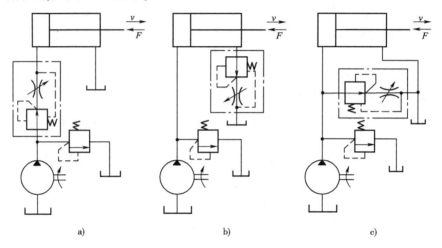

图 7-17 调速阀节流调速回路
a)进油;b)回油;c)旁路

在采用调速阀的调速回路中,虽然解决了速度稳定性问题,但由于调速阀中包含了减压阀和节流阀的损失,并且同样存在着溢流损失,故功率损失比节流阀调速回路还要大一些,此种回路可应用于对速度稳定性要求较高的液压系统中。

3)手动换向阀调速

手动换向阀调速是港口流动性设备中应用最广的调速方法,这是因为手动换向阀在换向的同时,还可通过移动阀芯,改变阀口的通流面积,控制流入(或流出)执行元件的流量,从而实现节流调速。根据换向阀阀芯轴向结构尺寸的不同及在油路中的连接方式的不同,作为节流元件的换向阀可以兼作进油和回油节流调速,也可以兼作旁路、进油和回油节流调速。采用手动换向阀调速的性能类似于节流阀调速。

图 7-18a)所示为采用 M 型换向阀兼作进油和回油节流调速的回路。当阀芯由中位向右移动到图示位置时,阀口 f_1 和 f_2 从全闭过渡到全开状态。压力油经阀口 f_1 流入液压缸左腔,液压缸右腔的油液则经阀口 f_2 流回油箱。移动阀芯,改变两阀口的通流面积,就可同时控制流入、流出液压缸的流量,从而实现节流调速,故这种回路兼有进油节流和回油节流的综合调速特性。

图 7-18b)所示则为采用 M 型换向阀兼作旁路、进油和回油节流调速的回路。与图 7-18a)相比,虽然两者同属一种滑阀机能,但由于阀芯的轴向结构尺寸不同,油路的连接也有所区别。当阀芯由中位左移到图示位置时,液压泵输出的压力油分成两路,一路压力油经阀口 f_0

从旁路流回油箱,另一路经阀口 f_1 流入缸的左腔,推动液压缸右移,液压缸右腔的回油则经阀口 f_2 流回油箱。随着阀芯的左移,阀口 f_0 通流面积逐渐变小,而 f_1 和 f_2 逐渐增大。这样,旁路的液阻增大,流量减小,而进油路、回油路液阻减小,流量增大。当阀口 f_0 全部关闭时,旁路流量为零,进入液压缸的流量即为泵输出的全部流量,活塞的运动速度最大,从而实现进油路、回油路和旁路相互协调节流调速。

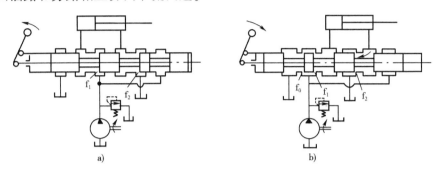

图 7-18　手动换向阀调速
a) 兼作进油、回油节流调速回路; b) 兼作旁路、进油和回油节流调速回路

采用手动换向阀的节流调速回路,结构简单、成本低、维护和使用都比较方便。但由于是人力操作,难以精确地长时间控制速度。这种节流调速回路广泛应用于对速度稳定性要求较低、调速时需要根据现场情况随时作出调整处理的各类港口机械液压系统中。

2. 容积调速回路

容积调速回路是通过调节变量泵或变量马达的排量来进行调速的回路。容积调速能使泵的输出流量全部进入执行元件,没有节流损失和溢流损失,因此效率高、发热少,适用于工程机械、矿山机械、农业机械和大型机床等大功率液压系统。

根据油路的循环方式的不同,容积调速除有一般的开式回路以外,还可设计成闭式回路。

前述的所有回路均属开式回路。在开式回路中,液压泵从油箱中吸油,执行元件的回油仍排至油箱。油液在油箱中能够得到良好冷却,使油温降低,同时便于沉淀杂质和析出气体。但开式回路油箱体积大,占用了一定空间,空气和其他污染物侵入油液机会多,易导致运动不平稳,并产生噪声。

在闭式回路中,从执行元件排出的油液,直接流入泵的吸油口,油液在系统内封闭循环,减少了空气侵入的可能性,形式简单,而且对液压泵自吸能力要求低。但为了换油冷却、补充泄漏及补充执行元件进油腔和回油腔因面积不等所引起的流量差,需设置补油装置(如补油泵等),使成本提高。

容积调速回路按所用执行元件的不同,分为泵—缸式和泵—马达式两类。在泵—缸式容积调速回路中,液压泵采用的是变量泵,通过调节泵的排量来实现调速;在泵—马达式容积调速回路中,液压泵采用的是变量泵,或液压马达采用的是变量马达,或同时为变量泵和变量马达,通过调节泵或马达的排量来实现调速。

1) 泵—缸式容积调速回路

泵—缸式容积调速回路基本上为开式回路,液压泵为变量泵,其基本结构如图 7-19 所示。图中溢流阀 3 为安全阀,回路最大压力由它限定。液压泵的输出流量全部流入液压缸,调节液压泵的排量,也即改变进入液压缸的流量,实现运动速度的调节。溢流阀 6 装在系统回油路上,作背压阀使用。单向阀 2 用来防止系统停机时油液经泵倒流入油箱。此回路在推土机、升降机、机床等大功率的系统中得到应用。

2) 泵—马达式容积调速回路

泵—马达式容积调速回路有变量泵—定量马达、定量泵—变量马达和变量泵—变量马达三种组合形式。它们普遍应用于工程机械、矿山机械以及静压无级调速装置中,但在机床等设备上应用较少。

下面着重介绍采用闭式循环的泵—马达式容积调速回路。

(1) 变量泵—定量马达容积调速回路。图 7-20 为闭式循环的变量泵—定量马达容积调速回路。变量泵 1 为主泵,输出的油液直接进入液压马达 2(定量马达),液压马达的回油又重新流入液压泵,回路自成循环。改变变量泵的排量,就可改变循环流量,实现液压马达和负载转速的调节。泵 4 称为辅助泵,或补油泵,其额定流量仅为主泵的三分之一左右。辅助泵用以补充泄漏等因素造成的变量泵吸油流量的不足,同时把冷油输入系统,实现补充泄漏、换油冷却的目的。安全阀 3 用来限定回路的最高压力,起限压和安全作用。溢流阀 5 调定辅助泵 4 的输出压力,并将多余的流量溢回油箱,对低压油路起溢流、稳压和调压作用。

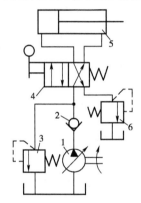

图 7-19 泵—缸式容积调速回路

1-变量泵;2-单向阀;3-安全阀;4-换向阀;5-液压缸;6-背压阀

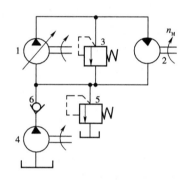

图 7-20 变量泵—定量马达容积调速回路

1-变量泵;2-液压马达;3-安全阀;4-辅助泵;5-溢流阀;6-单向阀

若不考虑系统损失的影响,$\eta = 1$,则液压马达的转速 n_M、输出功率 P_M 和输出转矩 T_M 为

$$n_M = \frac{q_P}{V_M} = \frac{V_P n_P}{V_M} \tag{7-5}$$

$$P_M = P_P = p_P V_P n_P = p_P V_M n_M \tag{7-6}$$

$$T_M = 0.159 p_P V_M \tag{7-7}$$

式中:q_P——变量泵的流量;

V_P、V_M——变量泵和液压马达的排量;

n_P、n_M——变量泵、变量马达的转速;

p_P——变量泵的出口压力。

这种回路有以下特性:

①液压马达的转速与泵的排量成正比。由于变量泵能将排量调至很小,故液压马达可以获得较低的工作速度,调速范围较宽。

②从液压马达的转矩 T_M 公式来看,由于液压马达的排量 V_M 固定不变,若载荷不变,则在变量泵的调速过程中,液压马达的输出转矩不变,故这种调速为恒转矩调速。

③液压马达的输出功率 P_M 等于液压泵的输出功率 P_P,即 $P_M = P_P = p_P V_P n_P = p_P V_M n_M$。因此,回路的输出功率是随液压泵的排量 V_P 的改变呈线性变化。

(2)定量泵—变量马达容积调速回路。图 7-21 所示为闭式循环的定量泵—变量马达容积调速回路。定量泵的排量固定不变,调节变量马达的排量 V_M,便可改变马达的输出转速。

这种回路有以下特性:

①根据 $n_M = q_P / V_M$ 可知,液压马达输出转速 n_M 与排量 V_M 成反比,调节 V_M 即可改变液压马达的转速 n_M。

②由液压马达的转矩公式可知,当液压马达的排量 V_M 变化时,输出转矩 T_M 与其呈线性变化。

③由液压马达的功率公式 $P_M = p_P V_M n_M$ 可知,当液压马达的排量 V_M 增加时,转速 n_M 同步反比例减小,功率并不变化,故这种调速为恒功率调速。

(3)变量泵—变量马达容积调速回路。图 7-22 所示为采用双向变量泵和双向变量马达的容积调速回路。在此回路中,调节变量泵 1 或变量马达 2 的排量,均可调节马达的转速,故该回路调速范围很宽。但马达的转速与泵的排量成正比,而与马达自身的排量成反比。当泵处于最小排量、马达处于最大排量时,马达处于微速状态;当泵处于最大排量,马达处于最小排量时,马达则处于高速状态。改变泵 1 的供油方向,可使马达 2 改变旋转方向。单向阀 6 和 7 用于使辅助泵 4 能双向地向泵 1 的低压油路补油,补油压力由溢流阀 5 调定。单向阀 8 和 9 使安全阀 3 在马达 2 的正、反向都能起到过载保护作用。

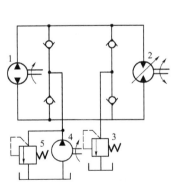

图 7-21 定量泵—变量马达容积调速回路
1-定量泵;2-变量马达;3-安全阀;4-辅助泵;
5-溢流阀

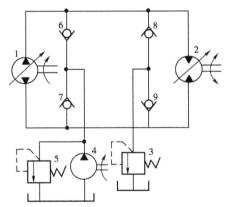

图 7-22 变量泵—变量马达容积调速回路
1-变量泵;2-变量马达;3-安全阀;4-辅助泵;
5-溢流阀;6、7、8、9-单向阀

3. 容积节流调速回路

容积节流调速回路又称联合调速回路,它由变量泵供油,通过调节调速阀或节流阀的阀口大小,从而自动地改变变量泵的排量,以实现执行元件工作速度的调节。这种回路调节方便,泵的输出流量无溢流损失,效率较高,发热较少,但回路有节流损失,故效率较容积调速回路低一些。由于进入执行元件的流量与负载变化无关,且能自动补偿泵的泄漏,故速度稳定性高。

容积节流调速有定压式和变压式两种,下面仅介绍应用广泛的定压式容积节流调速回路。

在图7-23中,1为限压式变量叶片泵,6为背压阀,调速阀2串接在进油路上(也可以串接在回油路上)。液压缸为活塞杆固定的单杆缸,缸体与外载相连。当二位二通电磁换向阀3通电时,液压缸的运动速度由调速阀中节流阀的通流面积来控制。若将调速阀内的节流阀口调小,液体流动阻力增大,泵的出口压力p_P增加。由限压式变量叶片泵的工作原理可知,泵内定子偏移,定子与转子间的偏心距减小,排量、流量也相应减小,执行元件的运动速度随之下降;反之,若将调速阀内的节流阀口调大,执行元件的运动速度上升。在此图中,二位二通电磁阀3用于快、慢速运动的切换。当电磁铁断电(即图示状态)时,泵的出口压力较小,因而泵的输出流量较大,液压缸便处于快速运动状态。压力继电器5用于液压缸进、退运动的自动切换。当液压缸缸体左移结束时,压力继电器发出电信号,使换向阀4换向,缸体自动右移。

二、增速回路

增速回路又称快速运动回路,其功用在于使执行元件获得必要的高速,以提高系统的工作效率或充分利用功率。

如图7-24所示,阀1左侧电磁铁通电时,单杆液压缸差动连接,作快进运动。当阀3通电时,差动连接即被拆除,液压缸回油经过调速阀,实现慢进。继而当阀1切换至右侧电磁铁通电时,压力油经单向阀进入液压缸,实现快退。

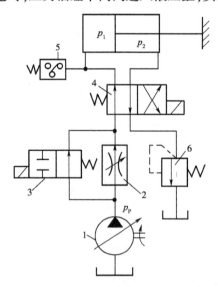

图7-23 定压式容积节流调速回路
1-限压式变量叶片泵;2-调速阀;3、4-电磁换向阀;5-压力继电器;6-背压阀

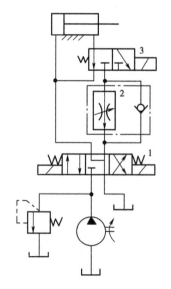

图7-24 液压缸差动连接增速回路
1、3-换向阀;2-单向调速阀

差动快进简单易行,得到普遍应用。但要注意此时阀和管道应按差动时的较大流量选

用,否则压力损失过大,使溢流阀在快进时也开启,无法实现差动。

前面介绍的图 7-10 卸荷阀卸荷回路,也可称为增速回路。当载荷较小时,卸荷阀 3 关闭,两泵同时向系统供油,液压缸实现快速运动。

三、速度换接回路

由于设备动作和性能的要求,在液压回路中,都存在速度换接问题,尤其是某些要求实现自动工作循环的设备更是如此。

1. 快速与慢速的换接回路

能够实现快速与慢速换接的方法有很多,前面提到的各种增速回路都可以使执行元件的运动由快速换接为慢速。在自动化程度要求高的设备中,一般采用电磁阀、行程阀来实现不同速度的自动换接。

图 7-25 是采用行程阀的快慢速换接回路。在图示状态下,液压缸回油经行程阀 4 流回油箱,液压缸快进;当活塞杆所连接的工作部件上的挡块(又称挡铁)压下行程阀时,液压缸只好通过节流阀 6 回油,液压泵工作压力增大,溢流阀溢流,液压缸因获得了泵的部分流量而慢进(又称工进)。此时通过调节节流阀的阀口大小,还可实现回油节流调速;当换向阀 2 的左位接入回路时,压力油经单向阀 5(也有部分油液流经节流阀,起初还有油液流经行程阀)进入液压缸右腔。此时,液压泵工作压力较小,溢流阀未能打开,液压缸获得了泵的全部流量,加之此时液压缸有杆腔进油,进油面积较小,使液压缸快退。采用行程阀的速度换接回路,由于换接时阀的开口是逐渐关闭的,换接比较平稳,但行程阀必须安装在工作部件的某一行程位置处,管路有时较长,压力损失较大。

2. 两种慢速的换接回路

1) 串联调速阀

图 7-26 所示为串联调速阀的两种慢速换接回路。当换向阀 1 电磁铁左端通电的状况下,若阀 2 断电、阀 3 通电,液压缸进油路串接一个调速阀;若阀 2、阀 3 均通电,液压缸进油

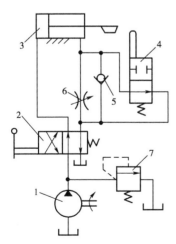

图 7-25 采用行程阀的快慢速换接回路
1-液压泵;2-换向阀;3-液压缸;4-行程阀;5-单向阀;6-节流阀;7-溢流阀

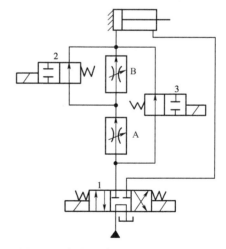

图 7-26 串联调速阀的两种慢速换接回路
1-换向阀;2、3-阀

路串接两个调速阀。在这两种情况下,液压泵工作压力均较大,液压泵出口分支油路上的溢流阀(图中未画出)均有溢流,液压缸进油流量较少,液压缸慢速右移。但区别是,串接两个调速阀时的进油阻力更大,使溢流阀的溢流量增大,进入液压缸的流量进一步减少,缸速更小。通常,人们将这两种慢进分别用一工进和二工进来表示。与前述一样,在一工进时调节阀 A,二工进时调节阀 A 和阀 B,则可分别实现调速阀进油节流调速,但在二工进时阀 B 的阀口开度需较阀 A 更小些。

2)并联调速阀

图 7-27 所示为并联调速阀的两种慢速换接回路。图 7-27a)中在主换向阀右端电磁铁及阀 2 电磁铁均通电的状况下,若阀 3 断电,液压缸进油路串接调速阀 A;若阀 3 通电,进油路串接调速阀 B。由于阀 A、阀 B 的阀口开度不同,因而液压缸便可获得两种不同的慢进速度,且还可实现进油节流调速。但在一工进时,阀 B 油路油液无流动,使阀 B 的阀后压力处于较大状态(等于阀前压力),而且阀 B 内的减压阀阀口在弹簧力作用下完全打开。一旦油路由一工进切换为二工进,由于缸前压力较大,缸便会出现前冲现象。若将调速阀按图 7-27b)所示方式并联,则不会发生液压缸的前冲现象。但要求阀 A 的阀口通流面积要比阀 B 大,否则看不到二工进工况。

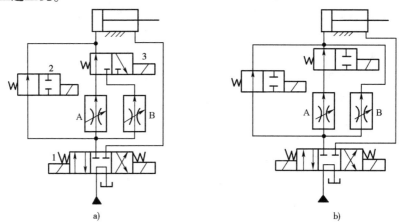

图 7-27 并联调速阀的两种慢速换接回路

四、限速回路

在某些设备中,有些工作部件下降时由于载荷及自重的作用而造成超速下降现象。如果在回路中不考虑限速措施,就有可能发生事故。所以,在由液压缸驱动的叉车升降油路、装载机的动臂油路、汽车起重机的变幅及臂架伸缩油路,或由液压马达驱动的起重机升降油路、履带式推土机的行走机构油路中,一般都要考虑限速。

1. 采用手动换向阀的限速回路

对于行程较短、超速问题不严重的运动(如某些叉车的门架前后倾)可不设置专门的限速回路,而是通过控制手动换向阀阀口开度的方法进行限速。但此种限速方法仅局限于手动换向阀,且人很难精确地把握。

2. 采用单向节流阀的限速回路

图 5-29 所示的回路即为限速回路。当载荷下降时,液压缸通过节流阀回油,较小的节

流阀口限制了回油流量,使载荷下降速度得到一定控制。这种限速方法简单,但若安装一般的单向节流阀,仍不会使下降速度彻底稳定。有些叉车采用了节流阀口能随载荷大小而自动调节的单向节流阀,限速效果有了一定的改善。

3. 采用平衡阀的限速回路

采用平衡阀的限速回路如图5-24所示,其限速原理已在前面叙述。此种回路限速效果理想,能使执行元件下降速度保持稳定。当工作部件在两个方向上要求限速时(如履带式起重机行走机构),可在执行元件的进、回油路上各装一个平衡阀,实现双向限速。

课题三 方向控制回路

◎知识点

(1)执行元件的换向方法;

(2)执行元件的制动和锁紧方法。

◎技能点

正确分析起重机起升机构采用的制动锁紧回路的工作过程。

◎课题应用

港口设备液压系统的换向、制动,普遍采用的是换向阀,锁紧较多采用的是换向阀中位、液控单向阀或平衡阀。双向泵—双向马达换向仅用于极少数全液压叉车的行走机构,采用液压制动器制动和锁紧也仅是辅助手段。

◎课题分析

换向回路是最易理解的回路,仅是将执行元件的进、出油路相调换就可实现。但制动与锁紧的概念却是很多人容易混淆的。制动是指执行元件由运动变为停止,而锁紧是指执行元件停止后不再运动,这两者尤如汽车上的脚刹与手刹。

◎相关知识

方向控制回路用于接通、切断或改变油液的流动方向,从而使执行元件相应作出起动、停止或换向等符合工作情况的运动。这类回路有换向回路、锁紧回路等。

一、换向回路

在开式系统中,执行元件的换向是依靠换向阀来完成的,其应用遍及本书有关回路及系统图中,此处不再列举图例。手动换向阀换向精度和平稳性不高,常用于无需自动化及要求手动兼作节流调速的场合,如港口机械、一般机床夹具等;电磁换向阀使用方便,易于实现自动化,但换向冲击大,只适用于小流量、平稳性要求不高的场合。对换向精度要求高的液压系统,采用机动换向阀较为合理,只需使工作部件上的挡块有合适的迎角或轮廓曲线,即可减小液压冲击;对平稳性有一定要求,压力和流量较大的液压系统,常采用电液换向阀。

在闭式系统中,常用变换双向变量泵的旋转方向来实现执行元件的换向,其应用见前面介绍的图7-22回路。泵的旋转方向的变换方法有两种。若原动机为电动机,则通过电气控制系统,改变电动机旋转方向;若原动机为发动机,则通过机械传动装置来换向。这种回路换向平稳,能量损失小,但换向精度差,且双向变量泵价格较高,仅用于少数惯性大而换向精度要求不高的液压系统中。

二、制动和锁紧回路

制动和锁紧,是两个不同的概念。制动是使运动着的工作部件在任意需要的位置停止运动;而锁紧则是让已经制动的工作部件不因重力或其他外力的作用而自行发生漂移或窜动,如起重机起吊的重物悬在一定高度时不下溜,工程机械支腿伸出后在工作时不"软腿",液压操纵离合器结合后不松脱等。

1. 采用换向阀的制动和锁紧回路

采用换向阀的 O 型和 M 型机能能使执行元件进出油路密封,能方便地实现制动和锁紧。这种回路形式简单,无需附加其他元件。不过,由于换向阀阀芯与阀体之间采用的是间隙密封,各油口之间仍会有一定的泄漏,所以这种锁紧方法只能用于停留时间比较短暂,锁紧要求不太高的场合,长时间可靠的锁紧很难实现。

2. 采用液控单向阀、平衡阀的锁紧回路

液控单向阀又称液压锁,若安装在工作部件下降时的回油路上,就能使执行元件在制动状况下,回油通道被严格封闭,对执行元件可靠地锁紧。图 5-24 所示的平衡阀回路实质上也是锁紧回路,其锁紧原理已在前面作了介绍。由于平衡阀还兼有限速作用,所以广泛应用于同时有锁紧和限速要求的起重机变幅、起升、伸缩回路中。

3. 采用制动器的制动和锁紧回路

由于液压马达不可避免地存在着内部泄漏,所以在用液压马达作为执行元件的回路中,采用上述锁紧方法尚不能防止液压马达在重物重力作用下缓慢转动。所以,在这样的结构中,还需安装制动器,以确保液压马达和重物可靠地锁紧。

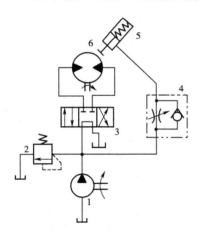

图 7-28 采用制动器的制动和锁紧回路
1-液压泵;2-溢流阀;3-换向阀;4-单向节流阀;5-制动器;6-液压马达

图 7-28 为起重机起升机构采用的制动器制动锁紧回路。制动器实际上是一个单作用活塞式液压缸,它依靠弹簧力上闸,油压作用力松闸。当换向阀处于中位时,液压马达制动,液压泵卸荷,制动器失压,此时液压马达依靠换向阀 M 型中位及制动器弹簧的双重锁紧作用,可实现长时间可靠地锁紧,液压马达即使有内泄漏也不会松闸转动。反之,当换向阀处于左位或右位时,液压泵输出的压力油驱动液压马达旋转,同时制动器在油压力作用下松闸。图中换向阀 M 型中位可换成 H 型或 K 型,但 M 型最为理想。图中单向节流阀能使制动器快速上闸,缓慢松闸。

课题四　多执行元件控制回路

◎知识点

(1) 多执行元件自动顺序动作方法;
(2) 多执行元件同步动作、互不干扰方法。

◎技能点

正确分析采用压力控制进行多执行元件顺序动作的典型回路的工作过程。

◎课题应用

港口液压设备一般均有多个执行元件,而液压泵可能只有一个,这样就存在多个执行元件(一般为多液压缸)如何实现自动顺序动作的问题,在某些大型、特大型港口设备中有这样的需求。

◎课题分析

多液压缸要想自动实现顺序动作有两种思路,一是当第一缸运动到终点时,压力升高,通过顺序阀或压力继电器,自动使第二缸油路接通,称为压力控制;二是第一缸运动到某一行程时,通过行程阀或行程开关,自动使第二缸油路接通,称为行程控制。

◎相关知识

具有多个执行元件的液压设备,各执行元件可能单独动作,也可同时动作,或按一定顺序动作;可能有的执行元件快速动作,有的慢速动作。为了能够合理地正常运行,必须采用多执行元件控制回路进行控制。

一、顺序动作回路

在液压系统中,一个液压泵往往要驱动多个执行元件。如果要求各液压缸根据工作需要按照一定的顺序依次动作,可采用顺序动作回路。按照控制方式的不同,顺序动作有压力控制和行程控制两大类。

1. 压力控制的顺序动作回路

压力控制的顺序动作回路是利用系统工作过程中压力的变化来控制各执行元件顺序动作,它常用顺序阀、压力继电器这两个压力控制阀来实现。

1)采用顺序阀控制的顺序动作回路

如图 7-29 所示,液压油经减压阀、单向阀和二位四通换向阀右位后,油路分成两条。由于将顺序阀开启压力调到比定位缸 A 定位所产生的压力高(至少高 0.5MPa),所以液压缸首先进入定位缸的上腔,向下推动活塞完成定位动作。定位动作完成后,油液的压力迅速升高,顺序阀打开,压力油进入夹紧缸 B 的上腔,推动其活塞下行,完成夹紧动作。加工完成后,电磁换向阀换向,两个液压缸同时返回。在该回路中,由于装有顺序阀,实现了定位缸、夹紧缸依顺序先后下降的目的。采用顺序阀进行顺序动作的基本方法是:将内控外泄式顺序阀安装在后动作缸的进油路上,使其开启压力比先动作缸正常运动时在顺序阀前产生的最大压力至少高 0.5MPa。

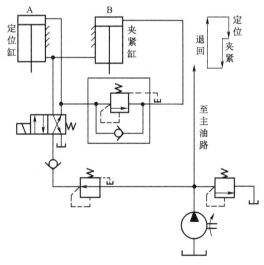

图 7-29 采用顺序阀控制的顺序动作回路

2)采用压力继电器控制的顺序动作回路

如图7-30所示,当电磁铁1YA通电后,压力油进入A缸的左腔,推动活塞右移。当活塞运动到终点后,系统压力升高,安装在A缸进油路附近的压力继电器发出电信号,使电磁铁2YA通电,于是压力油又进入B缸的左腔,推动B缸活塞右移,实现自动顺序动作。为了防止乱发信号,压力继电器的压力调定值一方面应比A缸正常运动时的最大压力至少高0.5MPa,另一方面又要比溢流阀的调定压力至少低0.5MPa。B缸油路中的节流阀以及与它并联的二通电磁阀3YA用来换接B缸运动速度,使缸实现快、慢速的换接,并实现节流调速。

2. 行程控制的顺序动作回路

行程控制的顺序动作回路是利用执行元件运动到一定位置(或行程)时,发出控制信号,使下一执行元件自动实现顺序动作。

1)采用行程阀控制的顺序动作回路

在图7-31所示的状态时,左、右液压缸的活塞都处于左端位置。当手动阀C处于右位后,缸A的活塞按箭头①的方向右行。当缸A运动到预定位置时,工作部件上的挡块压下行程阀(又称机动阀)D,使其上位接入系统,缸B的活塞按箭头②的方向右行。手动换向阀复位后,缸A先退回,实现动作③。随着挡块后移,行程阀复位,缸B退回,实现动作④。

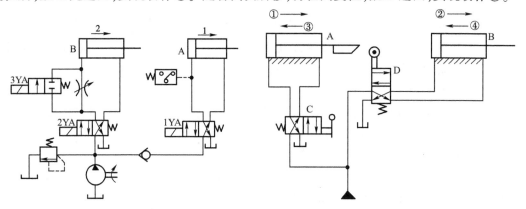

图7-30 采用压力继电器控制的顺序动作回路　　图7-31 采用行程阀控制的顺序动作回路

该回路中的运动顺序①与②、③与④之间的转换,是依靠挡块推、压行程阀的阀芯使其位置变换实现的,动作可靠。但是,行程阀必须安装在液压缸某一行程位置处,而且改变运动顺序较困难。

2)采用行程开关控制的顺序动作回路

在图7-32所示的回路中,在电磁换向阀电磁铁1YA通电后,缸A按箭头①的方向右行。当它右行到预定位置时,工作部件上的挡块压下行程开关1ST。1ST发出电信号,使右电磁阀电磁铁2YA通电,缸B按箭头②的方向右行。当缸B运行到预定位置时,挡块压下行程开关2ST,发出电信号使1YA断电,则缸A按箭头③的方向左行。当缸A左行到原位时,挡块压下行程开关3ST,使2YA断电,则缸B按箭头④的方向左行。当缸B左行到原位时,挡块压下行程开关4ST,发出电信号使泵卸荷,整个工作循环结束。

这种用电信号控制的顺序动作回路,使用调整方便,便于更改动作顺序,应用较广泛。

但这种回路工作的可靠性取决于电器元件的质量。

二、同步动作回路

在液压系统中使两个或两个以上的液压缸,在运动中保持相同位移或相同速度的回路称为同步回路。

1. 并联调速阀的同步回路

如图 7-33 所示,用两个单向调速阀分别串接在两个液压缸的进油路或回油路中,用以调节两缸运动速度,即可实现同步。换向阀左位

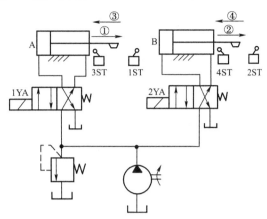

图 7-32 采用行程开关控制的顺序动作回路

工作时,液压缸输出的油液经调速阀排回油液。由于某种原因导致两缸速度不同步时,可通过调节两个调速阀的阀口大小,使两缸同步。这种回路简单,但因为两个调速阀的性能不可能完全一致,同时还受到载荷变化和泄漏的影响,同步精度受到限制。另外,该回路只能实现单向同步。

2. 桥式同步回路

如果要求液压缸往复运动双向同步时,可采用图 7-34 所示的桥式同步回路。该回路的同步精度较高,绝对精度达 0.5mm,已满足一般设备的要求。回路使用一个普通调速阀 C 和一个比例调速阀 D,各装在一个由单向阀组成的桥式整流回路中,分别控制缸 A、缸 B 的正反向运动。当两缸出现位置误差时,检测装置发出信号,调整比例调速阀的开口,修正误差,即可保证同步。

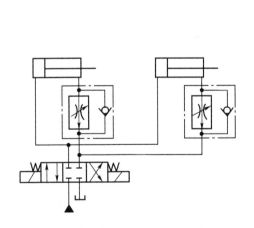

图 7-33 并联调速阀的同步回路

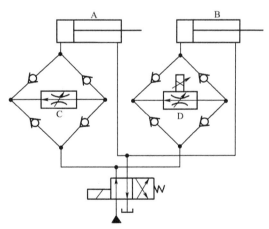

图 7-34 桥式同步回路

3. 带补偿措施的串联液压缸同步回路

在图 7-35 所示的回路中,两缸串联,A 和 B 腔面积相等,使进、出流量相等,两缸的升降便得到同步。但由于泄漏或摩擦力等原因,运行数次后可能出现累积误差,采用补偿措施可使同步误差在每一次下行运动中被消除。例如,阀 5 在右位工作时,液压缸下降,若缸 1 的活塞先运动到底,它就触动电气行程开关 1ST,使阀 4 通电,压力油便通过该阀和单向阀向缸

2 的 B 腔补油，推动活塞继续运动到底，误差即消除。若缸 2 先到底，触动行程开关 2ST，阀 3 通电，控制压力油使液控单向阀反向通道打开，缸 1 的 A 腔通过液控单向阀回油，其活塞即可继续运动到底。这种串联液压缸同步回路只适用于负载较小的液压系统。

三、互不干扰回路

系统中多个执行元件由一台泵供油时，某个空载液压缸因为快速进退给而大量吸收油液，致使执行工进的液压缸无法运动，这种现象就是干扰。消除干扰的措施很多，通常采用双泵或多泵快慢速分别供油回路。

图 7-36 所示为双泵供油多缸互不干扰回路，各缸快速进退皆由大泵 2 供油，任一缸进入工进，则改由小泵 1 供油，彼此无牵连，也就无干扰。图示状态各缸原位停止。当电磁铁 3YA、4YA 通电时，阀 7、阀 8 的左位工作，两缸都由大泵 2 供油作差动快进，小泵 1 供油在阀 5、阀 6 处被堵截。设缸 A 先完成快进，行程开关使电磁铁 1YA 通电，3YA 断电，此时大泵 2 对缸 A 的进油路被切断，而小泵 1 的进油路打开，缸 A 由调速阀 3 调速作工进，缸 B 仍作快进，互不影响。当各缸都转为工进后，它们全由小泵供油。此后，若缸 A 又率先完成工进，行程开关应使阀 5 和阀 7 的电磁铁都通电，缸 A 即由大泵 2 供油快退。当各电磁铁皆断电时，各缸皆停止运动，并被锁于所在位置。

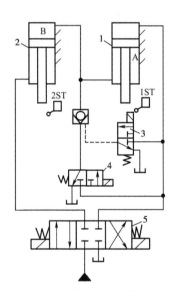

图 7-35 带补偿措施的串联液压缸同步回路
1、2-缸；3、4、5-阀；ST-行程开关

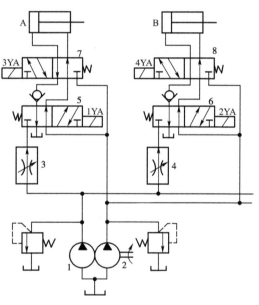

图 7-36 双泵供油多缸互不干扰回路
1-小泵；2-大泵；3、4、5、6、7、8-阀；YA-电磁铁

思考题与习题

1. 调压回路是如何分类的？
2. 液压系统实现泵的卸荷有哪些方法？
3. 用二位二通电磁阀使泵直接卸荷与用先导式溢流阀使泵卸荷的两种回路有什么不同？
4. 液压系统的调速方法有哪些？

5. 节流调速有何特点？进油节流调速与旁路节流调速有何区别？节流阀调速、调速阀调速在调速性能上有何区别？

6. 比较容积调速三种闭式调速回路的区别。

7. 液压系统中，在什么情况下要进行限速？不同的限速方法各有什么特点？

8. 在液压系统中，执行元件的制动和锁紧有哪些方法？

9. 采用顺序阀、压力继电器实现顺序动作的方法是什么？

10. 在图 7-6 所示的减压回路中，设减压阀的手柄不动，夹紧缸处于夹紧状态，A、B、C 三点的压力分别为 p_A、p_B 和 p_C。当 $p_A = 15MPa$ 时，$p_B = 10MPa$ 时，p_C 值为多少？当 $p_A = 20MPa$、$12MPa$、$10MPa$、$5MPa$、$0MPa$ 时，p_B 和 p_C 值为多少？请将结果填入表 7-1 的空格中。

计 算 结 果　　　　　　　　　　　　　　　　　　　表 7-1

p_A(MPa)	20	15	12	10	5	0
p_B(MPa)		10				
p_C(MPa)						

11. 三个溢流阀的调定压力如图 7-37 所示，则泵的工作压力有几级？分别是多少？

12. 在图 7-38 所示的两个回路中，负载 $F_A > F_B$，忽略管路压力损失，试分析哪个缸先动？哪个缸速度快？

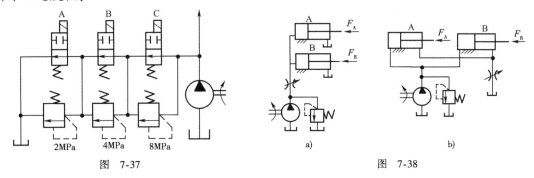

图 7-37　　　　　　　　　　　图 7-38

13. 图 7-39 所示为一快慢速换接回路。按设计要求，液压缸能实现快进、工进及快退动作，压力继电器用来控制活塞的换向，但在实际试车时，发现其动作失调。试分析图中出现的错误，并画出改正后的回路图。

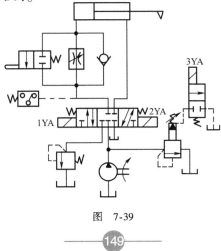

图 7-39

14. 图7-40所示的液压回路能完成"快进、一工进、二工进、快退"的动作循环,读回路图,编写电磁铁动作顺序表(表7-2),并说明液控单向阀1、2在回路中所起的作用。(注:调速阀3的阀口大于调速阀4的阀口。)

动作顺序　　　　　　　　　　　　　　　　　　　　　　　　　　表7-2

动 作	1YA	2YA	3YA	4YA
快进				
一工进				
二工进				
快退				

注:用"+"表示电磁铁通电,"-"表示电磁铁断电。

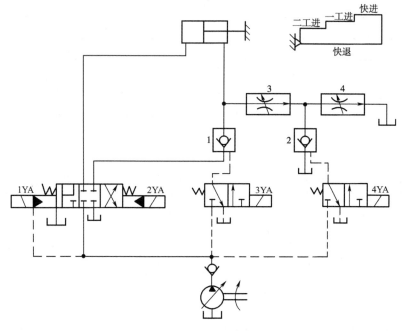

图 7-40

15. 图7-41所示是一个多缸动作顺序回路。该系统中具有进给和夹紧两个液压缸,要求完成的动作顺序如图7-41左上角所示,试分析该系统并完成以下问题:

(1)写出序号1~21的液压元件名称。

(2)根据动作循环画出电磁通断表。

(3)指出序号为7、10、14等元件在系统中所起的作用。

(4)分析该系统中包含有哪几种液压基本回路。

16. 在图7-42所示的回路中,溢流阀手柄拧得较紧,作安全阀使用,液压缸进、回油管路均存在一定的压力损失。在实验中,若在泵的出口安装压力表,测出的压力值是活塞向右运动时大还是向左运动时大?为什么?

17. 在图7-24所示的液压缸差动连接增速回路中,液压缸活塞直径为40mm,活塞杆直径为20mm,液压缸未受外载作用。在实验中,当油路连接成差动连接时,液压缸并没有向右运动,而是反向向左运动,试分析运动错乱的原因,并提出解决措施。(提示:与图7-42相同,液压缸进、回油管路均存在一定的压力损失。)

18. 正确分析本模块各液压基本回路的组成和工作原理。

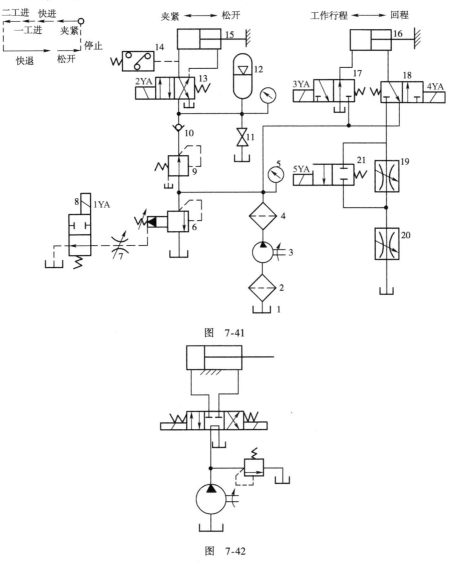

图 7-41

图 7-42

模块八　液压传动系统

机器或机械设备中的液压传动部分被称为液压传动系统。当机器或设备的工作主体采用液压传动时,则称之为液压设备。本模块介绍的液压传动系统,是在现有的港口设备中选出的几个有代表性的液压传动系统。

液压传动系统图,反映了系统内所有元件的连接、控制情况,表达了执行元件实现动作的工作原理。在使用、调整、检修设备时,正确而迅速地读懂液压传动系统图是十分重要的,通常可按以下步骤进行:

(1)了解系统的任务、工作循环、应具备的性能和需要满足的要求。
(2)分析系统图中所有液压元件的作用及所组成的回路功能。
(3)分析油路,了解系统的工作原理及特点。

课题一　叉车液压传动系统

◎知识点
(1)叉车工作装置液压传动系统的组成及换向、制动、锁紧、卸荷、顺序动作、调速、限速方法;
(2)叉车行走机构液压传动系统的组成和工作原理。

◎技能点
正确分析典型叉车工作装置液压传动系统的工作过程。

◎课题应用
叉车是港口简单的装卸搬运设备,其倾斜机构、升降机构、转向机构都采用液压驱动,某些叉车的货叉间距的调整采用液压驱动。在某些品牌的叉车上,其行走机构也采用了全液压驱动。

◎课题分析
对于叉车工作装置而言,通常只有一个单联齿轮泵,有的则采用双联齿轮泵使其中一小泵单独向转向机构供油。执行元件均为液压缸,其中升降缸垂直布置,行程较长,通常为柱塞式液压缸,有布置1个的(布置在中间),也有布置两个的;倾斜缸为两个小活塞式液压缸;属具缸为1个小活塞式液压缸,水平布置。这些液压缸可采用多种不同的连接方式,但通常为并联。液压缸的运动全由一个多路换向阀来控制,这个多路换向阀能起到换向、制动、锁紧、卸荷、顺序动作、调速、限速等共7个作用。

◎相关知识

叉车又称叉式装卸车，是一种应用十分广泛的装卸搬运机械，它可在港口、仓库、货场、车间、车厢、船舱以及集装箱内进行堆垛、装卸或搬运作业。

一、叉车工作装置液压传动系统

叉车一般以发动机为动力，以货叉作为取物装置，依靠液压传动实现货物的托取、升降和装卸。

叉车的种类有很多，下面介绍的是应用最为广泛的平衡重式叉车工作装置液压传动系统。

图 8-1 所示为叉车工作装置液压传动系统图。叉车工作装置主要由升降缸 7、倾斜缸 10 和属具缸 6 等组成，各缸油路相互并联，既可单独运动，也可同时运动。手动换向阀 3、4、5 及溢流阀 2 组合成多路换向阀，使结构紧凑，便于集中操纵。多路换向阀一般置于司机的右侧。两个倾斜缸相互并联，通过机械刚性连接实现同步动作。

当手动换向阀 3 的左位接入系统时，两个倾斜缸 10 的有杆腔进油，两活塞杆缩回，从而带动门架、货物后倾，两缸无杆腔的回油经换向阀返回油箱；反之，当阀 3 的右位接入系统时，倾斜缸无杆腔进油，有杆腔回油，门架、货物前倾。

当手动换向阀 4 的左位接入系统时，液压泵输出的压力油进入升降缸 7 的底腔，顶起柱塞完成货物的提升；当阀 4 的右位接入系统时，液压泵卸荷，升降缸的底腔与油箱相通，柱塞和货物在其自重作用下自行下降。

属具缸 6 由手动换向阀 5 来控制。该缸用于货叉的横向运动，以便装卸。

当各换向阀处于中位时，液压泵输出的油液通过换向阀中位流入油箱，实现压力卸荷。同时，液压缸被锁紧。但因换向阀存在间隙泄漏，这种锁紧只能是短时锁紧，故操作规范中有明确规定叉车不工作时，升降缸应降至最低位置。

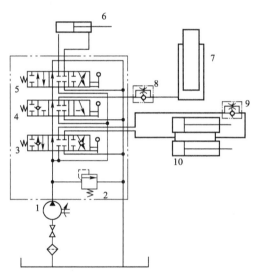

图 8-1　叉车工作装置液压传动系统
1-液压泵；2-溢流阀；3、4、5-手动换向阀；6-属具缸；7-升降缸；8、9-单向节流阀；10-倾斜缸

液压缸的调速方法有两种，一是调节发动机的转速（即调节节气门开度大小），通过改变液压泵的输出流量而调速。这种调速方法操作方便灵敏，能量损失小，但应使叉车处于停车状态。二是调节手动换向阀操纵手柄的拉动程度，控制阀口开度，进行手动换向阀节流调速。但这种调速方法存在一定的节流损失和溢流损失，对系统效率有一定的影响。

升降缸的下降运动、倾斜缸的前倾运动均存在加速的可能，因此应考虑限速。单向节流阀 8 和 9 分别用以升降缸的下降限速和倾斜缸的前倾限速。另外，它们的限速也可通过控制手动换向阀的阀口开度来进行。由于倾斜缸的倾斜角度和行程均很小，限速问题并不突出，因而在某些叉车的倾斜油路中并不安装单向节流阀。应该说明的是，平衡阀的限速效果较好，但由于升降缸是只接一根主油管的柱塞式液压缸，平衡阀无法安装，因此叉车升降缸的限速效果并不十分理想，需要通过司机过硬的操作技术水平来实现。由于属具缸水平布置，运动方向与重力方向垂直，因此无需限速。

溢流阀 2 安装在多路换向阀内，无调节手柄，其调定压力在叉车出厂前调定。溢流阀在不同情况下起着不同的作用。当工作载荷超过叉车的额定载荷时，溢流阀打开溢流，起限压、安全作用；当采用手动换向阀进行节流调速时，节流阻力使压力升高，强行把溢流阀打开，液压泵的部分油液经溢流阀溢回油箱，此时溢流阀起溢流、稳压作用。

在阀 4 的进油路中串接一单向阀，其作用是当升降缸保持在某一高度后要再次提升，阀芯由中位向左位过渡时，防止由于泵的压力尚未建立，升降缸中的压力油倒流而使货物产生瞬间下跌的现象。当货物在提升过程中发动机突然熄火或液压泵发生故障时，该单向阀也可避免这一情况的发生。另外，当升降缸的提升运动与倾斜缸或属具缸的运动同时进行时，由于相互并联，升降缸垂直布置，且升降缸的载荷远大于其他缸，此单向阀也可避免升降缸不升反降、其他缸超速运动现象的发生。在阀 3 的进油路中也串接一单向阀，其作用与上相似，但由于倾斜缸倾斜角度很小，故很少发挥作用。属具缸由于水平布置，故油路中无单向阀。

叉车工作装置液压系统元件少，成本低，操作方便简单。

二、叉车行走机构液压传动系统

叉车的行走机构一般采用的是液力机械式传动，但国外制造的某些叉车和国内制造的极少数叉车也采用全液压传动。叉车行走机构液压传动系统的主要优点是，低速时能充分利用发动机功率，输出转矩大，工况范围宽，变速平滑，操作容易，便于行走速度微调。

图 8-2 所示为叉车行走机构液压传动系统图。双向变量泵 1 作为系统的主泵向两只低速大转矩液压马达 3 供油，液压马达直接（或通过轮边减速器）驱动车轮旋转。由图可见，系统中液压马达的出口连通液压泵的吸油口，大部分油液在主泵与液压马达之间循环使用，所以这是一种变量泵—定量马达闭式系统。为了补偿系统的泄漏和进行油液的冷却，由补油泵 2 经单向阀 5 或 6 向系统的低压油路补油，补油泵的排量约为主泵的 1/3。调节双向变量泵 1 的排量或转速，即可调节泵的输出流量，从而改变液压马达的转速。如果改变泵 1 的旋转方向，则液压马达的转向也随之改变，叉车即可倒退行驶。泵 1 常采用斜盘式轴向柱塞泵，手动伺服变量，调节比较轻便。由于补油泵 2 的供油量大于系统的泄漏量，其多余的油液在主油路中进行热交换后，经液动换向阀 8 和溢流阀 7 排回油箱冷却，以防止系统中油温过分升高。溢流阀 7 调定压力很小，对系统的低压油路能起到稳压和调压作用。另外，系统中还采用了一对安全阀 4 组成的双向限压回路，用来限制主泵 1 在两个供油方向上的最大压力。

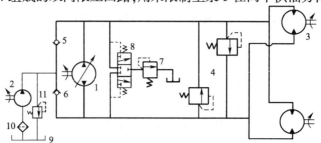

图 8-2 叉车行走机构液压传动系统
1-主泵；2-补油泵；3-液压马达；4-安全阀；5、6-单向阀；7-补油溢流阀；8-液动换向阀；9-油箱；10-过滤器；11-溢流阀

课题二 装载机液压传动系统

◎知识点

(1)装载机工作装置液压传动系统的组成及换向、制动、锁紧、卸荷、顺序动作、调速、限速方法；

(2)装载机转向机构液压传动系统的组成和工作原理。

◎技能点

正确分析装载机工作装置和转向机构典型液压传动系统的工作过程。

◎课题应用

装载机是港口又一常用的装卸搬运设备,其动臂机构、转斗机构、转向机构都采用液压驱动。

◎课题分析

装载机液压传动系统与叉车液压传动系统十分相似,但由于作业过程的复杂性,使得对多路阀有更多、更高的要求。

◎相关知识

装载机主要用来装卸成堆的散状物料,也能进行适度的铲掘作业,是使用十分广泛的一种工程机械。

装载机的液压系统包括三个部分,即工作装置液压系统、液压转向系统和行走机构液压系统。这里仅介绍前两个系统,图8-3所示为ZL-15轮式装载机工作装置及转向系统油路图。

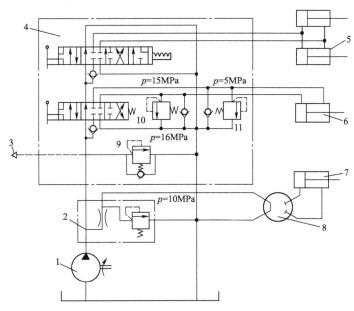

图8-3 ZL-15装载机液压系统

1-齿轮泵；2-单路稳流阀；3-压力表接口；4-多路换向阀；5-动臂缸；6-转斗缸；7-转向缸；8-全液压转向器；9、10、11-溢流阀

一、工作装置液压系统

装载机工作装置作业过程大致为:首先将铲斗插入物料,而后翻转铲斗、提升物料到一

定的高度、将物料运送到卸料地点、倾斜、最后回到装物料处,如此循环作业。

工作装置液压系统主要由多路换向阀4、动臂缸5、转斗缸6等组成。其中,一个四位六通动臂换向阀、一个三位六通转斗换向阀、两个过载补油阀和一个溢流阀组合成多路换向阀,一般置于司机的右侧。

在图示状态,转斗缸和动臂缸均处于制动和锁紧状态,液压泵输出的油液经换向阀直接流回油箱,实现压力卸荷。

工作装置液压系统为独联连接。分别操纵换向阀手柄,可使泵向各自液压缸供油,操作一个阀时就切断了另一阀的油路,因此铲斗和动臂无法实现复合动作。这样,转斗缸和动臂缸在各自工作时都会产生较大的推力,以利进行铲掘作业。

转斗换向阀用于操纵转斗缸6的动作,使铲斗完成后倾、保持和前倾三个动作。动臂换向阀用于操纵动臂缸5的动作,使动臂完成提升、保持、下降和浮动四个动作。动臂具有浮动功能,可使装载机作业时,工作装置可以随地面的高低而自由浮动,以改善装载机的作业特性。

与叉车液压系统相同,液压缸的调速方法也有两种,一是调节发动机的转速,二是调节手动换向阀的阀口开度。溢流阀9的功用也有两种,一般情况下,起限压、安全作用;当采用手动换向阀进行节流调速时,起溢流、稳压作用。

并联在转斗缸油路上的两个过载补油阀,是由溢流阀10、11和单向阀组成的。其作用是在动臂提升和下降过程中,使转斗缸自动进行少量的泄油和补油。由于工作装置的连杆机构不是平行四边形结构,致使杆件运动不协调。例如,在动臂提升过程中,使转斗缸活塞杆向外拉出,引起该缸的前腔压力升高。当超过溢流阀的开启压力时,该阀打开,使前腔的压力油泄出一些回油箱,活塞杆可略伸出一些。在活塞杆伸出的同时,后腔容积增大产生局部真空,溢流阀泄出的油液经单向阀向后腔补油,如果补油不足也可依靠压力差从油箱中补油。同样,当动臂下降时,通过另一个过载补油阀也能使转斗缸泄油和补油。

二、转向系统

液压泵输出的油液除向工作装置供油外,还向液压转向系统供油。单稳分流阀2的作用是:一方面保证在发动机低速和工作装置换向阀均处于保持位时,使液压泵优先向转向系统供油,以完成转向;另一方面,在工作装置动作时,也能向转向系统提供一个稳定流量。

全液压转向器8置于方向盘转向轴的下端,它与四根油管相连接,一根与液压泵相连,两根与转向缸相连,还有一根与油箱相连。当司机转动方向盘时,全液压转向器内的阀芯转动,向转向缸7输送与方向盘转动角度呈线性比例关系的油液,从而推动转向缸产生一定的位移,使车轮偏转一定的角度,实现转向。本系统依据液压伺服原理工作,具体工作原理在模块九中介绍。

课题三 汽车起重机液压传动系统

◎知识点

(1)汽车起重机液压传动系统的组成限速和锁紧方法;

(2)汽车起重机液压传动系统的换向、制动、卸荷、顺序动作方法;

(3)汽车起重机液压传动系统的限速和锁紧方法。

◎技能点

(1)正确分析汽车起重机液压传动系统的工作过程;

(2)正确比较汽车起重机与叉车在液压传动系统的限速和锁紧方法上的区别。

◎课题应用

汽车起重机在港口的应用并不多,但其液压系统与港口使用的许多起重机十分相似。由于汽车起重机本身是一个小型起重机,因而必须有升降、变幅、伸缩和回转四大机构。为保证能在复杂工作条件下作业,还必须有支腿机构。这五大机构均采用了液压驱动。

◎课题分析

对于中小型汽车起重机,一般由一个柱塞泵来提供压力油。由于支腿机构处于下方位置,故汽车起重机液压系统一般由两个多路阀来操纵。一个多路阀操纵升降、变幅、伸缩和回转四大机构,另一个多路阀操纵支腿机构。在升降、变幅、伸缩机构有限速和单向锁紧要求,在支腿机构有双向锁紧要求。

◎相关知识

一、概述

汽车起重机简称汽车吊,是一种应用广泛的流动性起重设备。液压起重机安装在标准的或专用的汽车底盘上,结构紧凑,使用灵活机动,并可在有冲击、有振动、温差变化较大的不利环境下作业,适用于大型设备安装和货物装卸等作业。作为起重用的汽车起重机,无论是机械方面还是液压方面,对工作系统的安全性和可靠性要求都特别高。

图8-4为某型汽车起重机的外形图。它由汽车1、转台2、支腿3、吊臂变幅液压缸4、基本臂5、吊臂伸缩液压缸6和载重升降机构7等组成,其最大起重量为8t,最大起升高度为11.5m。

汽车起重机起重作业的所有机构均采用液压传动操纵,具有使载荷作垂直升降作业的起升机构,改变吊臂作业半径的变幅机构,改变吊臂工作方位的回转机构,增加作业高度、扩大作业空间的吊臂伸缩机构,提高支承能力、增加稳定性的支腿收放机构等。该机的起重作业与汽车运行驾驶室是分开的,动力则由汽车发动机提供。

二、液压系统的工作原理

汽车起重机的液压系统如图8-5所示。该系统属中高压系统,由轴向柱塞泵供油。整个系统由支腿收放、转台回转、吊臂伸缩、吊臂变幅、吊重升降五个工作油路所组成。其中,前、后支腿收放支路的换向阀A、B组成多路换向阀1,其余四支路的换向阀C、D、E、F组成另一多路换向阀2。各换向

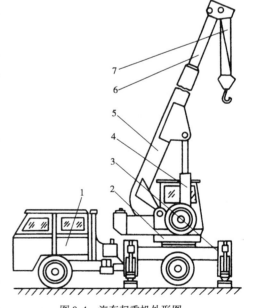

图8-4 汽车起重机外形图
1-汽车;2-转台;3-支腿;4-吊臂变幅液压缸;5-基本臂;6-吊臂伸缩液压缸;7-载重升降机构

阀均为 M 型中位机能的三位四通手动阀,相互串联组合。根据起重作业的具体要求,操纵各阀不仅可以分别控制各执行元件的运动方向,还可以通过控制阀芯的位移量来实现节流调速。

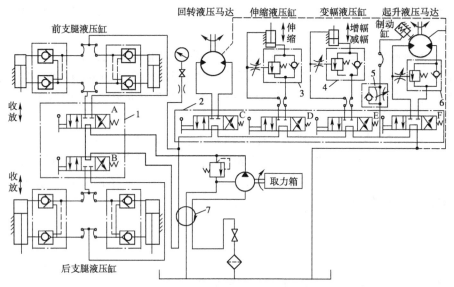

图 8-5　汽车起重机液压系统
1、2-多路换向阀;3、4、6-平衡阀;5-单向节流阀;7-中心回转接头

系统中除液压泵、安全阀、多路换向阀 1 及支腿液压缸外,其余元件都安装在可回转的转台上方,油箱也装在转台上方,兼作配重。转台上方与下方的油路通过中心回转接头 7 连通。

1. 支腿收放油路

由于汽车轮胎支承能力有限,且为弹性变形体,作业时很不安全,故在起重机作业前必须放下前、后支腿,使汽车轮胎架空,用支腿支承载荷。而在汽车行驶时,又必须将支腿收起,轮胎着地。为此,在汽车的前、后端各设置两个支腿。支腿实际上是单杆双作用活塞式液压缸,活塞杆用来支承地面。前支腿两个液压缸同时用一个手动换向阀 A 控制其收、放动作,后支腿两个液压缸用阀 B 来控制其收、放动作。为确保支腿在支承、提起后能可靠地锁紧,在每一个支腿液压缸的油路中均设置了一个双向液压锁。

若阀 A 在左位工作,则前支腿放下,其油路为:

(1)进油路:液压泵→阀 A→液控单向阀→前支腿液压缸无杆腔。

(2)回油路:前支腿液压缸有杆腔→液控单向阀→阀 A→阀 B→阀 C→阀 D→阀 E→阀 F→油箱。

后支腿液压缸油液流动路线与前支腿油路相同。

2. 转台回转油路

转台回转油路的执行元件是一个大转矩液压马达,它能双向驱动转台回转。通过齿轮、蜗轮蜗杆机构减速,转台可以获得 1~3r/min 的低速。液压马达由手动换向阀 C 控制正、反转,依靠 M 型中位实现制动和锁紧。转台回转油路为:

(1)进油路:液压泵→阀 A→阀 B→阀 C→回转液压马达。

(2)回油路:回转液压马达→阀 C→阀 D→阀 E→阀 F→油箱。

3. 吊臂伸缩油路

吊臂由基本臂和伸缩臂组成,伸缩臂套装在基本臂内。吊臂伸缩液压缸驱动吊臂作伸缩运动,伸缩和制动由换向阀 D 控制。油路中设置了平衡阀 3(外控内泄式单向顺序阀),既可防止吊臂在制动状态时因自重作用而向下滑行,也可防止伸缩臂在缩回时因自重作用而产生加速,实现锁紧和限速双重作用。设阀 D 在左位工作,则吊臂缩回,其油路为:

(1)进油路:液压泵→阀 A→阀 B→阀 C→阀 D→伸缩液压缸有杆腔。

(2)回油路:伸缩液压缸无杆腔→阀 3→阀 D→阀 E→阀 F→油箱。

4. 吊臂变幅油路

吊臂变幅是用变幅液压缸来改变吊臂的倾斜角度,从而改变起重机的幅度大小。与吊臂伸缩一样,吊臂变幅也同样有锁紧和限速要求,故油路中也设置了平衡阀 4。增幅或减幅运动由换向阀 E 控制,其油液流动路线类同于吊臂伸缩油路。

5. 吊重升降油路

吊重的起升和下降作业由一个大转矩液压马达驱动卷筒来完成。液压马达的正、反转由换向阀 F 控制。油路与前面油路相同,也设置了平衡阀 6,以实现锁紧和限速。由于液压马达的内泄漏比较大,当重物制动在空中时,尽管油路中设有平衡阀,重物仍会缓慢下行,为此在液压马达的输出轴上还装有制动器。当起升机构工作时,在系统油压作用下,制动器液压缸使闸块松开,当液压马达停止转动时,在制动器弹簧作用下,闸块将轴抱紧制动。若重物悬空制动后再次起升,如果制动器立即松闸,由于马达的进油路可能未来得及建立足够的油压,就会造成重物短时失控下滑。为避免这种现象发生,在制动器油路中串接一个单向节流阀 5,使松闸能缓慢进行,松闸时间也可用节流阀来调节。

汽车起重机液压系统动作原理,见表 8-1。

汽车起重机液压系统动作原理　　表 8-1

手动阀位置						系统工作情况						
A	B	C	D	E	F	前支腿液压缸	后支腿液压缸	回转液压马达	伸缩液压缸	变幅液压缸	起升液压马达	制动器液压缸
左	中	中	中	中	中	放下	不动	不动	不动	不动	不动	制动
右	中	中	中	中	中	收起	不动	不动	不动	不动	不动	制动
中	左	中	中	中	中	不动	放下	不动	不动	不动	不动	制动
中	右	中	中	中	中	不动	收起	不动	不动	不动	不动	制动
中	中	左	中	中	中	不动	不动	正转	不动	不动	不动	制动
中	中	右	中	中	中	不动	不动	反转	不动	不动	不动	制动
中	中	中	左	中	中	不动	不动	不动	缩回	不动	不动	制动
中	中	中	右	中	中	不动	不动	不动	伸出	不动	不动	制动
中	中	中	中	左	中	不动	不动	不动	不动	减幅	不动	制动
中	中	中	中	右	中	不动	不动	不动	不动	增幅	不动	制动
中	中	中	中	中	左	不动	不动	不动	不动	不动	正转	松开
中	中	中	中	中	右	不动	不动	不动	不动	不动	反转	松开

三、汽车起重机液压系统的特点

(1)各执行元件的调速方法均有两种,一是调节手动换向阀的阀口大小,二是调节发动机的转速。

(2)伸缩机构臂架下降、变幅机构臂架减小倾角、升降机构载荷下降时均会因自重和载荷的作用而产生加速运动,均要限速。限速方法也有两种,一是调节手动换向阀的阀口大小,二是采用平衡阀来限速。

(3)针对各机构的作业情况,其制动后的锁紧方法各有不同。转台回转机构在制动后依靠换向阀 M 型中位锁紧,吊臂伸缩和变幅机构在制动后依靠换向阀 M 型中位和平衡阀锁紧,载重升降机构在制动后依靠换向阀 M 型中位、平衡阀及外抱制动器锁紧,而支腿收放机构在制动后依靠换向阀 M 型中位和双向液压锁锁紧。

(4)各换向阀串联组合,不仅各机构可以独立动作,而且在轻载作业时,可实现复合动作,以提高工作效率。所有换向阀均采用手动换向阀,不仅可以灵活方便地对执行元件进行换向动作,还可以实现制动、锁紧、使泵卸荷、顺序动作、调速、限速等作用。

(5)溢流阀在不同情况下起着不同的作用。在一般情况下,起安全、限压作用。当采用手动换向阀进行节流调速时,节流阻力使压力升高,强行把溢流阀打开,液压泵的部分油液经溢流阀溢回油箱,此时溢流阀起溢流、稳压作用。

课题四　斗轮堆取料机液压传动系统

◎知识点

斗轮堆取料机液压传动系统的组成及各液压阀的功用。

◎技能点

正确分析斗轮堆取料机液压传动系统的工作过程。

◎课题应用

斗轮堆取料机是港口散货专用码头重要的堆、取料设备,结构复杂,功率大,对液压系统的要求较高,一般在变幅机构、回转机构、张紧装置中采用液压驱动。

◎课题分析

斗轮堆取料机的变幅机构对液压传动系统的要求较高,要求采用恒功率液压泵、双级调压、双向锁紧、容积节流调速、流量卸荷等。回转机构、张紧装置对液压系统的要求相对较低。

◎相关知识

斗轮堆取料机是露天大型堆场的一种大型高效堆、取料连续装卸设备,它具有堆、取料能力大,操作方便,能实现自动控制等优点,被港口、电厂、煤场等广泛使用。悬臂式斗轮堆取料机主要由斗轮驱动机构、变幅机构、回转机构、行走机构、悬臂带式输送机、尾部带式输送机(主带式输送机)等部分所组成。

悬臂式斗轮堆取料机一般在变幅机构、回转机构、皮带张紧装置等机构采用液压驱动,其液压传动系统如图 8-6 所示。

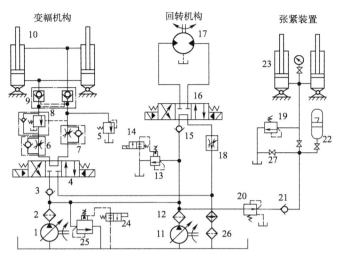

图 8-6 斗轮堆取料机液压系统

1、11-液压泵;2、12、26-过滤器;3、15、21-单向阀;4、16-换向阀;5、13、19、25-溢流阀;6、7-单向节流阀;8-平衡阀;9-双向液压锁;10-变幅液压缸;14、24-二位二通阀;17-回转马达;18-调速阀;20-减压阀;22-蓄能器;23-张紧缸;27-开关

一、变幅机构

变幅机构又称俯仰机构,作用是支承斗轮和臂架的重量,改变斗轮的高度,使斗轮可以在不同高度上堆料和取料。它的工作安全可靠性非常重要,一旦发生臂架坠落事故,会造成斗轮堆取料机严重破坏。斗轮堆取料机的变幅机构有机械和液压两种驱动形式。采用液压驱动的变幅机构具有体积小,结构简单,维修量小,工作可靠等优点,被广泛采用。

变幅机构液压油路由变量液压泵1、三位四通电液动换向阀4、单向节流阀6和7、平衡阀8、双向液压锁9、溢流阀5和25及变幅液压缸10等所组成。

变幅液压泵1采用恒功率变量轴向柱塞泵作为液压动力元件,能使输出流量自动随工作压力的变化呈恒功率变化。由于悬臂提升、下降时的工作压力有很大的悬殊,因此采用两个溢流阀分别控制悬臂上升、降落的压力。安装在泵出口处的溢流阀25调定压力较大,用以限定悬臂提升时的压力。安装在液压缸附近的溢流阀5调定压力较小,用以限定悬臂下降时的压力。采用电液换向阀4进行换向,提高了换向平稳性。因为元件的微量泄漏会引起悬臂的下沉,因而采用平衡阀8、双向液压锁9共同保证制动后的锁紧功能,同时可以达到在管路爆裂时锁紧悬臂的目的。使用两个节流阀6、7和变量泵1组成的回油容积节流调速回路,分别控制悬臂提升、下降的速度。当换向阀4处于中位时,悬臂处于保持状态,变量泵因出口压力较高而使输出流量近似为零,使泵实现流量卸荷。同时,二位二通电磁换向阀24通电,使泵还辅助以压力卸荷;在泵的出口串接有一单向阀3,以防非常情况下由于负载压力变化而使系统油液向液压泵倒流;在泵的出口及回油路上都接有过滤器2和26,以防系统混入杂质。

当换向阀4右侧电磁铁通电时,变幅缸活塞杆外伸,悬臂提升,其液压油路为:

(1)进油路:液压泵1→过滤器2→单向阀3→换向阀4右位→单向节流阀6中的单向阀→平衡阀8中的单向阀→双向液压锁9→变幅缸10的无杆腔。

(2)回油路:变幅缸10的有杆腔→双向液压锁9→单向节流阀7中的节流阀→换向阀4

右位→冷却器→过滤器26→油箱。

当换向阀4左侧电磁铁通电时,变幅缸内缩,悬臂下降,其液压油路与上相反。

二、回转机构

斗轮堆取料机的回转机构用以保证斗轮回转到所需的工作位置。

回转机构液压油路由变量柱塞泵11提供压力油,同时该柱塞泵也与张紧装置液压油路相连接;双向定量马达17采用大排量的柱塞马达,驱动堆取料机上旋转部分旋转,能获得较低的稳定转速;回转速度由装在回油路上的调速阀18和变量泵11组成的容积节流调速回路来实现。由于回转速度很低,且不会因重力的作用而发生加速现象,因此液压马达的换向、制动和锁紧完全由电液换向阀16来完成;悬臂若在回转过程中遇到障碍物时,溢流阀13起到安全保护作用;泵的卸荷方法与变幅机构相同,以变量泵11的流量卸荷为主,辅助以压力卸荷。

三、张紧装置

斗轮堆取料机上的输送机胶带在使用过程中如果处于较松状态,则无法实现正常的运行。为了使胶带获得一定的张紧力,需要设置胶带的张紧装置。

在张紧装置液压油路中,减压阀20使张紧缸获得稳定的压力,使胶带的张紧力保持恒定;单向阀21、蓄能器22能使泵在处于较低压力状态时保压较多的时间,以使胶带长期处于张紧状态。若张紧力过紧,溢流阀19会自动打开,待张紧力降至适当的程度时溢流阀又会重新关闭;如若松开张紧装置,可通过旋松溢流阀或打开开关27排油的方式来进行。

课题五 岸边集装箱起重机吊具液压传动系统

◎知识点

岸边集装箱起重机吊具液压传动系统的组成,单向节流阀、溢流阀等液压元件的功用。

◎技能点

正确分析岸边集装箱起重机吊具液压传动系统的工作过程。

◎课题应用

集装箱吊具广泛应用于装卸、搬运集装箱的各类港口设备中。为了提高装卸效率,岸边集装箱起重机吊具内的各机构通常都采用了液压驱动。

◎课题分析

岸边集装箱起重机吊具液压传动系统并不复杂,吊具的伸缩动作由1台液压马达来实现,导板的翻转动作由4个单杆液压缸来实现,旋锁的旋转动作由2个单杆液压缸来实现。各机构由于动作时间和行程较短,因而对液压系统并无特殊要求。

◎相关知识

岸边集装箱起重机简称岸桥,是码头前沿进行集装箱装卸的专用机械。岸桥上采用的液压传动系统包括:吊具液压系统、吊具倾转液压系统、挂舱保护液压系统、小车及托架液压系统、顶轨器(夹轨器)液压系统、仰俯及起升低速轴紧接制动液压系统。

集装箱起重机的吊具形式有很多,常用的有标准型吊具、双箱吊具、旋转吊具等。标准型吊具的外形如图8-7所示,下面着重介绍岸桥标准型吊具液压传动系统,如图8-8所示。

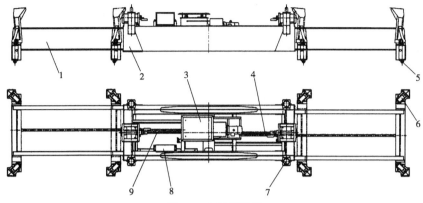

图8-7 集装箱吊具

1-伸缩梁;2-底梁;3-液压系统;4-输缆装置;5-旋锁机构;6-导板机构;7-前后倾装置;8-电气系统;9-伸缩机构

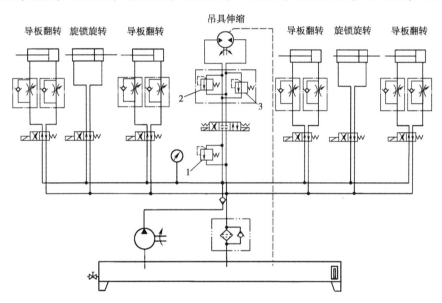

图8-8 岸桥标准型吊具液压传动系统

1、2、3-溢流阀

标准型吊具由液压动力站、伸缩机构、导板机构和旋锁机构组成。

1. 液压动力站

岸桥的液压动力站为整个系统提供液压动力,满足液压系统对压力、流量的要求。液压动力站所使用的泵为恒压变量轴向柱塞泵,该泵性能好,效率高,噪声低。该泵压力补偿器的调定值为10MPa,溢流阀1的压力调定值为11MPa。当吊具不动作时,系统压力达到泵的调定压力,泵的输出流量变得很小,大约只有2L/min的内泄漏量,泵实现流量卸荷,使电动机处于近似空载状态。

2. 伸缩机构

吊具的伸缩动作是由一台齿轮液压马达通过减速器驱动链轮链条来实现的。20ft、40ft、

45ft 三种规格的定位由限位开关或编码器控制。

吊具的伸或缩由一个三位四通电磁换向阀来控制。当吊具需从 20ft 伸到 40ft 时,左电磁铁通电,吊具就开始伸出。到达 40ft 时,限位开关或编码器发出信号,左电磁铁断电,电磁阀回到中位。由于中位机能为 O 型,所以液压马达进出油口的液压油被完全封闭,吊具被固定在 40ft 的工位上。此时,操纵台将亮起 40ft 指示灯,司机可以开始作业。若右电磁铁通电,则吊具从 40ft 缩回到 20ft,原理同上。

吊具在作业时可能会受到纵向力的碰撞,当碰撞使油路压力超过安全阀 2 和 3 的设定值 14MPa 时,安全阀溢流,吊具外伸梁将向内或向外产生一定的位移,吊具旋锁的纵向间距可能大于或小于原设定的标准尺寸,使吊具无法作业,此时司机应重新操作复位。如果是用编码器控制,电脑系统将自动复位。

3. 导板机构

岸桥吊具上有 4 个导板,当吊具靠上集装箱时,司机可以利用它们来协助对准集装箱,以提高生产效率。导板的上下翻动是用 4 个单杆活塞式液压缸通过扇形齿轮转化为圆周运动(或由摆动液压缸直接驱动)来实现的。液压缸分别由 4 个二位四通电磁换向阀控制。电磁阀通电时,导板向下协助对准;反之,电磁铁断电弹簧复位,导板向上抬起。同机可以根据箱子堆放情况使 4 个导板同时工作,也可以海侧两个或陆侧两个分别工作。4 个导板的上下速度必须一致,速度的快慢分别由单向节流阀调节。

4. 旋锁机构

在吊具的四角装有可转动的旋锁。当吊具通过导向装置降落到箱体上方时,吊具旋锁即准确地插入集装箱角配件的椭圆形孔内,将旋锁旋转 90°,就可锁住集装箱而吊运。

标准型吊具的四个旋锁,由两个双活塞杆式液压缸驱动,两个二位四通电磁阀控制。为了保证吊箱的安全,闭锁工况时,电磁阀选用弹簧作用位来工作,也即让电磁铁断电,电磁阀在弹簧力的作用下处于图示状态,旋锁旋转 90°,锁住集装箱,作闭锁动作。这样,既不会产生误动作,也可保证旋锁完全转到 90°;电磁铁通电时,旋锁转回到 0°位置,岸桥回到空吊具工况。

课题六 装卸堆码机液压传动系统

◎知识点

装卸堆码机液压传动系统的组成及各液压阀的功用。

◎技能点

正确分析装卸堆码机液压传动系统的工作过程。

◎课题应用

装卸堆码机采用液压驱动的机构较多,有底盘行走机构及机械手的升降、俯仰、臂伸缩、回转、手腕翻转、手指夹紧等动作。

◎课题分析

装卸堆码机的底盘行走由液压马达来实现,臂回转、手腕回转由摆动缸来实现,其余机构由活塞式液压缸来实现。由于机构较多,且全部采用手动换向阀,故系统采用一个多路换向阀来操纵。

◎相关知识

一、概述

在现代化仓库里,采用装卸堆码机进行纺织品包、木箱、油桶等货物的装卸、堆码,可使装卸工人从传统的人背肩扛的繁重劳动中解放出来。堆码机主要由液压马达驱动的行走底盘和一个六自由度的圆柱坐标式机械手两部分组成。机械手可以完成升降、俯仰、臂伸缩、回转、手腕翻转和手指夹紧等动作。图8-9为装卸堆码机液压系统图。该系统由一台定量泵供油,构成了一个单泵供油的开式系统。此外,该系统采用蓄电池供电、直流电动机驱动的工作方式,在仓库中工作时没有污染。由于该机采用了液压驱动的机械手,所以比常用的叉车更为方便、灵活,堆码的高度和深度都大大高于叉车。

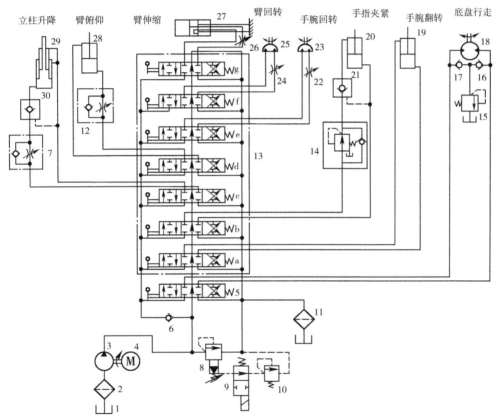

图8-9 装卸堆码机液压系统

1-油箱;2、11-过滤器;3-液压泵;4-电动机;5-换向阀;6、16、17-单向阀;7、12-单向节流阀;8、15-溢流阀;9-二位二通阀;10-调压阀;13-多路换向阀;14-单向减压阀;18-液压马达;19-手腕翻转缸;20-手指夹紧缸;21、30-液控单向阀;22、24、26-节流阀;23-手腕回转摆动缸;25-臂回转摆动缸;27-臂伸缩缸;28-臂俯仰缸;29-伸缩式液压缸

二、装卸堆码机液压系统的工作原理

1. 底盘行走机构

液压系统所使用的液压泵由直流电动机驱动。当脚踏换向阀5左位接入系统时,底盘行走液压马达开始工作,驱动底盘行走,其油液流动路线为:

(1)进油路:泵3→阀6→换向阀5左位→液压马达18左腔。
(2)回油路:液压马达18右腔→换向阀5左位→过滤器11→油箱1。
脚踏换向阀5右位接入系统,底盘后退。
系统压力由阀10调节。在底盘行走困难时,可按增力按钮,使二位二通阀9通电,溢流阀的控制油口堵死,由阀8调压,使系统压力升高,行走机构行走顺利;单向阀16、17和溢流阀15可使底盘行走机构实现缓冲和补油。

2. 立柱升降

立柱升降采用伸缩式液压缸29,主要是为了降低该机非工作状态的高度,使之伸出时有较大的高度,而缩回时的体积又比较紧凑。

(1)当液压马达驱动行走机构运行到预定位置后,阀5复位,此时操纵阀c的手动操纵杆,使阀c的右位接入系统,立柱上升,此时的油液路线为:

进油路:泵3→阀6→阀c右位→阀7→阀30→伸缩缸29下腔。
回油路:伸缩缸上腔→阀c右位→过滤器11→油箱1。

(2)当立柱上升到所需要的高度时,阀c复位,此时由液控单向阀30和阀c锁紧。

(3)当操纵阀c手动操纵杆至左位时,立柱下降,其油液流动路线为:

进油路:泵3→阀6→阀c左位→伸缩缸上腔。
回油路:伸缩缸下腔→阀30→阀7→阀c左位→过滤器11→油箱1。

回路中单向节流阀用以限制立柱下降速度,提高稳定性。

3. 臂回转

臂回转动作由臂回转摆动缸25来实现。当操纵阀f分别至左位、右位时,摆动缸带动机械手手臂往、复转动,转动速度可由节流阀24调节。

4. 手指夹紧

手指夹紧缸20负责夹紧货物的工作,手指的夹紧、松开由阀b控制。不同的货物要求有不同的夹紧力,夹紧力的大小可由单向减压阀14来调节。为使货物被夹紧后能保持一定的时间,特意在回路中设置了液控单向阀21。

其余动作,如手臂俯仰、手臂伸缩等在此不一一细述。

三、装卸堆码机液压系统的特点

(1)本系统采用了并联式多路换向阀,使该机操作集中、方便和直观,同时体积小、质量轻。

(2)采用了二级调压回路,在不同的工况下,可使用不同的压力,减少了系统的功耗。

(3)在需要保压的地方都设置了液控单向阀,使工作可靠,确保安全;换向阀均采用手动式或脚踏操纵,动作可靠,且操作方便。

(4)按不同的工作要求,在系统中配置了多种类型的液压执行元件,有双作用活塞式液压缸(缸体固定与活塞杆固定两种)、双作用伸缩式液压缸、液压马达和摆动缸等。

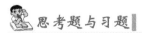

1. 在图8-1所示的叉车液压系统中,各执行元件是如何实现换向、制动、锁紧、卸荷、调

速和限速的？溢流阀有什么功用？

2. 在图 8-3 所示的装载机液压系统中，油路连接方式及执行元件的换向、制动、锁紧、卸荷、调速和限速与叉车有什么区别？过载补油阀的功用是什么？

3. 在图 8-5 所示的汽车起重机液压系统中，执行元件是如何实现调速、限速和锁紧的？阀 3、4、6 能否换成液控单向阀？支腿中的 4 个双向液压锁能否换成 4 个平衡阀？

4. 在图 8-6 所示的斗轮堆取料机液压系统中，变幅机构和回转机构是如何调速的？变幅机构是如何锁紧的？变幅机构中的两个溢流阀的功用是什么？张紧装置中的单向阀和蓄能器的功用是什么？

5. 图 8-8 所示的岸桥标准型吊具液压系统中，伸缩机构、导板机构和旋锁机构的工作原理分别是什么？

6. 分析图 8-10 所示的组合机床动力滑台液压系统，回答下列问题：

(1) 系统由哪些元件和基本回路所组成？

(2) 写出快进、一工进、二工进、快退速度公式，说明速度快、慢的原因。

(3) 什么工况下可进行调速？属于何种调速方法？如何调速？

(4) 阀 14 的作用是什么？

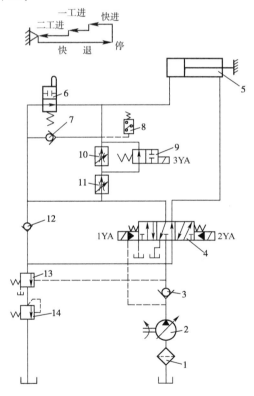

图 8-10

1-过滤器；2-液压泵；3、7、12-单向阀；4-电液换向阀；5-液压缸；6-行程阀；8-压力继电器；9-电磁换向阀；10、11-调速阀；13-顺序阀；14-背压阀

模块九　液压伺服系统

液压伺服系统是液压传动的一个重要组成部分,目前已发展成为相对独立的分支。要系统、深入学习液压伺服系统,必须具备一定的自动控制理论基础。本模块仅就液压伺服系统的基本原理、性能及液压伺服系统在港口流动性车辆转向系统中的应用作一简要介绍。

课题一　液压伺服系统的工作原理及特点

◎知识点

(1)液压伺服系统的工作原理;
(2)液压伺服系统的特点。

◎技能点

正确理解液压伺服系统的特点。

◎课题应用

在港口,流动式的装卸搬运设备如果采用机械式转向,则转向非常吃力。因此,目前此类设备普遍采用液压伺服原理进行转向助力。

◎课题分析

液压伺服系统又称液压随动系统,也称液压跟踪系统,是根据液压传动原理建立起来的一种自动控制系统。在这种系统中,执行元件能够自动地、快速准确地按照输入信号的变化规律而动作,同时系统还起到将信号功率放大的作用。液压伺服系统除具有液压传动的所有优点外,还具有体积小、重量轻、抗负载刚性大和控制精度高等显著优点,因而在车辆、机床、船舶、航空、冶金、军工等各方面获得广泛应用。

◎相关知识

一、液压伺服系统的工作原理

图 9-1 所示为一简单液压伺服系统的工作原理图。该系统由四通滑阀 1、液压缸 2、定量泵、溢流阀等组成,阀体与缸体固连,液压泵向系统提供恒定压力的液压油,其压力由溢流阀控制。

当滑阀阀芯处于中间位置,即没有信号输入时,阀口 a、b 关闭,液压缸没有流量输入,液压缸不动,系统没有输出,处于静止状态。

若给滑阀阀芯输入一个向右移动一段距离 x 的位移信号,则阀口 a、b 处便有相应开口量 $x_v=x$,压力油经窗口 a 进入液压缸右腔,推动液压缸缸体右移,液压缸左腔油液经窗口 b 流回油箱。由于阀体与缸体连成一体,所以阀体随缸体一起右移,其结果使阀的开口量 x_v 减小。当缸体输出位移量 y 与阀芯输入位移量 x 相同时,阀的开口量重新恢复到 $x_v=0$,液压缸停止在一个新的位置上,系统处于新的平衡状态。如果给阀芯连续输入向右的位移信号,则缸体将随此信号连续向右运动。反之,若给阀芯输入一个向左的位移信号,则缸体也将跟随阀芯向左运动。

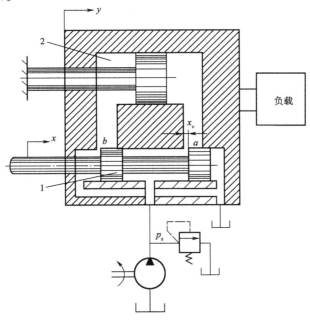

图 9-1 液压伺服系统的工作原理
1-四通滑阀;2-液压缸

通过上述分析可以看出,液压伺服控制的基本原理是:随着输入信号的输入,引起系统中输入环节与输出环节间产生偏差,该偏差将压力能输入到系统,执行元件产生随动动作,由于执行元件的动作又能自动消除这一偏差。

液压伺服系统的工作原理可用方块图来表示,如图 9-2 所示。因为系统有反馈,方块图自行封闭,形成闭环。所以,液压伺服系统是一种闭环控制系统,能够实现高精度控制。

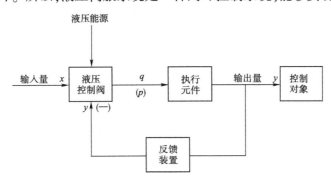

图 9-2 液压伺服系统工作原理方块图

二、液压伺服系统的特点

1. 随动

系统的输出量(也称输出信号)能够自动、快速而精确地复现输入量(也称输入信号)的变化规律。

2. 放大

具有力的放大作用。移动阀芯所需的力很小,只需几牛顿至几十牛顿,但液压缸输出的力却很大,可达数千至数万牛顿。其输出的能量是由液压泵供给的。

3. 反馈

把输出量的全部或一部分按一定方式回送到输入端,并与输入量比较称为反馈,回送的信号称为反馈信号。若反馈信号不断地抵消输入信号的作用,则称为负反馈,负反馈是自动控制系统具有的主要特征。图9-1中的负反馈是通过阀体与缸体的刚性连接来实现的。液压缸的输出位移 y 连续不断地回送到阀体上,与阀芯的输入位移 x 相比较,其结果使阀的开口减小。此例的反馈是一种机械反馈,反馈还可以是电气的、气动的、液压的或者它们的组合形式。

4. 偏差

输入信号与反馈信号的差值称为偏差。图9-1中的偏差就是滑阀的开口量 x_v。只要滑阀有一定的偏差,液压缸就会运动,液压缸的运动又力图消除这一偏差,伺服系统正是依靠这一偏差信号工作的。

三、液压伺服系统的分类

液压伺服系统可以从不同的角度加以分类。

(1) 按输出的物理量分,有位移伺服系统、速度伺服系统、加速度伺服系统和力(或压力)伺服系统等。

(2) 按控制信号分,有机液伺服系统、电液伺服系统和气液伺服系统等。

(3) 按功用分,有实现仿形的伺服系统、实现放大的伺服系统和实现同步的伺服系统等。

(4) 按控制元件分,有阀控系统和泵控系统两大类。在机械设备中,以阀控系统应用较多,故本模块着重介绍阀控系统。

课题二 液压伺服系统在车辆转向装置中的应用

◎知识点

(1) 液压助力转向系统的组成及转向加力器的结构;

(2) 全液压转向系统的组成及全液压转向器的结构。

◎技能点

正确理解液压助力转向系统及全液压转向系统的工作原理。

◎课题应用

液压伺服系统在车辆转向机构中的应用有两种形式,一是液压助力转向,二是全液压转向,目前使用较多的是全液压转向。

◎课题分析

液压助力转向系统中的关键元件是转向加力器,全液压转向系统中的关键元件是全液压转向器,这两个元件结构复杂,制造都很精密。当方向盘向左(或右)转动时,转向加力器或全液压转向器能够驱动车轮呈同方向、成比例地偏转,精确起到随动、放大等作用。

◎相关知识

液压伺服系统应用非常广泛,本课题仅介绍液压伺服原理在车辆转向装置中的应用。

为了减轻驾驶员操作方向盘的体力劳动,提高车辆的转向灵活性,在车辆上一般采用液压伺服转向,它实质上是一种机液伺服系统。所谓液压伺服转向,就是利用液体的压力能来改变车辆方向的伺服机构。在正常情况下,车辆液压伺服转向所需的能量,仅有小部分是驾驶员提供的体能,而大部分是依靠发动机驱动转向液压泵旋转,将发动机输出的部分机械能转化为压力能,并在驾驶员的控制下,对转向传动装置或转向器中某一传动件施加不同方向的随动渐进压力,从而实现转向。

液压伺服转向按结构分,有液压助力转向和全液压转向两种。

一、液压助力转向

液压助力转向系统主要由控制阀、转向器和工作缸等组成。按其相互位置的不同,液压助力转向可分为整体式和半整体式两类。控制阀、转向器和工作缸三者合为一体,称为整体式;控制阀和转向器合为一体,而工作缸为相对独立的部件,称为半整体式。半整体式结构布置比较灵活,但管路布置比整体式复杂,适用于装载质量较大的重型车辆,如港口流动机械的转向。

下面以流动机械中应用最为普遍的半整体式液压助力转向为例,分析其结构和工作原理。

1. 系统组成和工作原理

图 9-3 为半整体式液压助力转向系统的工作原理图。该系统的关键元件是转向加力器,它是一个液压伺服元件,由工作缸和伺服阀两部分组成。工作缸活塞 1 的右端铰接在车

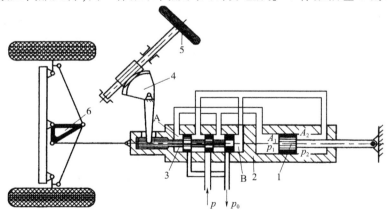

图 9-3 液压助力转向工作原理图
1-活塞;2-缸体;3-阀芯;4-摆杆;5-方向盘;6-扇形板

架上,控制阀阀体通过纵拉杆、扇形板6、横拉杆与转向车轮相连。工作缸缸体2和控制阀阀体固连在一起,形成负反馈。方向盘5通过摆杆4控制阀芯3移动。

当方向盘不动时,阀芯处于图示状态,工作缸左、右腔油液被封闭,缸体固定不动,车轮没有发生偏转,车辆直线行驶,或保持一定的回转半径转弯。

当方向盘向左转动时,通过摆杆4带动阀芯3向右移动,压力油通过控制阀阀口进入工作缸的右腔,左腔则与油箱相通。在工作缸右腔油压的作用下,缸体连同阀体向右移动,通过纵拉杆推动扇形板顺时针转动,再通过横拉杆使车轮偏转,车辆向左转弯。

由于工作缸缸体向右移动,阀体也随缸体右移,结果使控制阀的阀口开度减少。当阀体的移动距离等于阀芯的移动距离时,阀体与阀芯的相对位置又恢复到原来的位置,阀口开度为零,缸体停止移动,车轮不再继续偏转,车辆按车轮已经偏转的角度向左转弯。

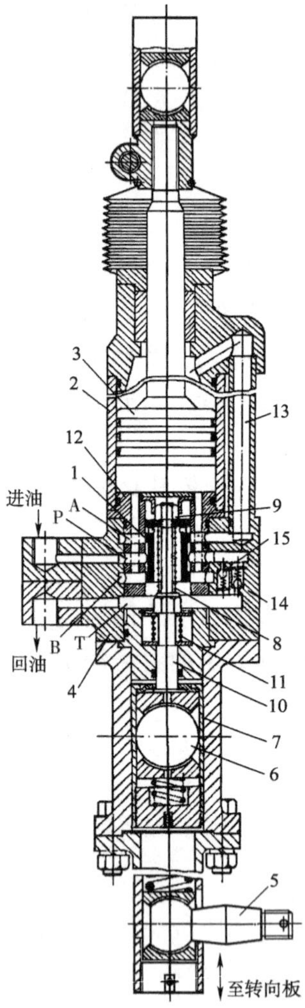

反之,当方向盘向右转动时,车辆也以一定的转弯半径向右转弯。

在实际转向过程中,只要司机连续地转动方向盘,缸体就会连续地跟随阀芯的移动而运动,直到达到理想的转弯半径为止。方向盘不动,车轮不偏转;方向盘转过多少角度,车轮就相应偏转某个角度。因此,转向加力器是一个典型的伺服元件。司机转动方向盘从而移动阀芯只需一个不大的力,而由于油压力对缸体的作用,使缸体对车轮产生很大的推力,起到"加力"作用。

2. 转向加力器

转向加力器结构如图9-4所示。缸体2和阀体4连成一体,球头销5通过纵拉杆与扇形板相连(图中未画出),活塞3通过活塞杆与车架铰接,从方向盘来的连接杆用球头销6固定在可移动的套筒7内,伺服阀阀芯1用弹簧8和螺母9固定在阀杆10上,阀杆与套筒相连,并靠弹簧11定位。安装时可转动螺母9来调整阀芯位置以与阀套12对准。阀套上有三排径向孔A、B、P(每排8个孔),分别与阀体上的三槽相通。B孔通过阀套上的轴向孔与工作缸左腔相连,A孔通过油管13与右腔相连。当转动方向盘时,套筒移动,带动阀芯,使工作缸相应腔进、回油,缸体同阀体同向移动,完成转向。

转向加力器的工作过程见图9-5所示。

当阀芯向右移动时[图9-5a],P腔(液压泵)压力油经阀芯环槽,油口A与工作缸右腔相通,而工作缸左腔经阀套轴向孔、油口B、T与油箱相通,故缸体连同阀体一起向右移动,直到阀体跟上阀芯,处于如(图9-5b)所示位置时才停止。阀芯移动,阀体跟踪,使工作缸处于新的平衡位置,即随动停止。

当阀芯向左移动时[图9-5c)],工作过程与上述相同,移动方向相反。

在阀体油口P、T之间设有安全阀15(图9-4),一旦转向系统

图9-4 转向加力器结构
1-阀芯;2-缸体;3-活塞;4-阀体;
5、6-球头销;7-套筒;8、11-弹簧;
9-螺母;10-阀杆;12-阀套;13-油管;14-事故阀;15-安全阀

中油压急剧上升而超过额定工作压力时(如缸体运动到极限位置,而司机还在继续转动方向盘),进油口 P 与回油口 T 沟通,从而保证转向系统的安全工作。

此外,为了在液压泵或发动机发生故障的情况下转向系统仍可工作,在阀体内还装有事故阀14。当方向盘通过球头销6、套筒7等强行拉(推)动缸体时,可借事故阀14沟通缸的左、右两腔。例如方向盘向左转向时,球头销使套筒和阀芯移动到极限位置后,就拉动缸体左移。这时缸的左腔容积增大产生局部真空,缸的右腔容积减小而使油液受压。于是与图9-5c)相同,右腔油液经油管13、油口 A、阀芯中孔,推开事故阀14进入阀体 P 油槽,经阀芯环槽、油口 B、阀套轴向孔,进入缸的左腔。同时,缸两腔因面积差而引起的不等油量也能通过该阀吸入补油或把多余的油液排至油箱。此时加力器仅作为一个传力构件而不起加力作用。在正常工作时,事故阀在压力油的作用下处于关闭状态。

在流动机械中使用的液压助力转向控制阀多采用正开口,即阀芯台肩宽度小于阀套开口宽度,如图9-5b)所示,b < a,留有缝隙。该缝隙既可使转向泵在方向盘不动时实现压力卸荷,还可避免因油压剧增引起突然转向,减少振动。

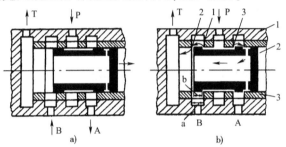

图 9-5　转向加力器工作过程
1-阀体;2-阀芯;3-阀套

二、全液压转向

全液压转向系统,也是一种伺服系统,它由全液压转向器、转向缸、液压泵等元件组成,其布置如图9-6所示。全液压转向器1直接安装在方向盘转向轴的底端,转向缸5安装在转向车轮的旁边,全液压转向器与转向缸之间取消了机械连接,只用油管3相连。全液压转向系统与其他转向装置相比,具有结构紧凑,操作轻便灵活,便于安装等优点。

1. 全液压转向器的结构

图9-7为全液压转向器的结构图。该转向器由伺服转阀和内啮合摆线齿轮马达两部分组成。伺服转阀由阀体1、阀套2、阀芯6、销子8及定位弹簧9等零件组成;内啮合摆线齿轮马达也称计量马达,由定子5、转子3等组成。在结构上,全液压转向器内各零件之间的关系为:

(1) 阀芯6通过外端方樵与方向盘下方的转向轴10

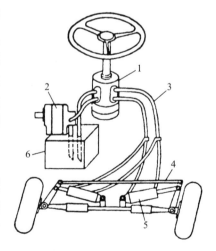

图 9-6　全液压转向系统布置图
1-全液压转向器;2-液压泵;3-油管;4-横拉杆;5-转向缸;6-油管

相连；阀套 2 套装在阀芯的外面，通过销子 8、连接轴 7 与马达的转子 3 相连；阀芯、阀套之间安装有片式定位弹簧 9，两者依靠此弹簧有复位对中的要求。

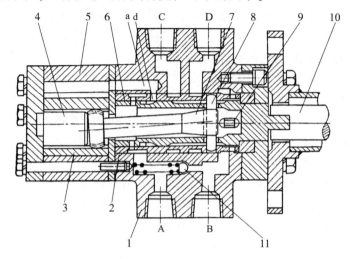

图 9-7　全液压转向器结构

1-阀体；2-阀套；3-转子；4-圆柱；5-定子；6-阀芯；7-连接轴；8-销子；9-定位弹簧；10-转向轴；11-单向阀

（2）阀芯销孔直径比销子直径大，阀芯在方向盘的带动下，可相对阀套左、右最大分别偏转 8°，即液压伺服系统中的误差。当方向盘转动角度 $\theta > 8°$ 时，瞬间阀芯相对阀套偏转 8°，且阀芯带动阀套偏转 $\theta - 8°$。

（3）如图 9-8b）所示，阀套上开有四环槽 I、J、K、L，它们分别与阀体上四油口 A、C、D、B 油路分别对应相通。A、C、D、B 分别表示与液压泵、转向缸两腔及油箱相连；阀套上开有数圈圆周均布的径向孔，有六孔和十二孔两种。其中十二孔 d 中的七个孔可与阀体内表面七个径向孔相通；阀芯圆周开有均布的轴向短槽 i、中槽 j、长槽 k 各 6 条，其中短槽与长槽在一条直线上。阀芯上还开有径向孔 h、孔 l，与阀芯中心内腔相通；当方向盘不转时，由于片式定弹簧 9 的对中作用，阀套、阀芯上的一些孔、槽相互对应相通，如阀套孔 b 与阀芯孔 h 相通、阀套孔 c 与阀芯短槽 i 相通。

（4）如图 9-8a）所示，内啮合摆线齿轮马达的定子有七个齿，转子有六个齿，定子固定不动，转子通过花键与连接轴 7 相连（图 9-7）。定子与转子间有偏心距 e，并形成七个大小不等的密封工作空间。工作时，转子在绕定子中心以 e 为半径公转的同时，还反方向绕自己的轴线自转。随着转子的转动，密封工作空间的容积发生变化。

（5）马达内的七个密封工作空间，通过马达右侧的配流盘（图 9-7）、阀体油道 a，可与阀套十二个孔 d 中的七个孔相通。

（6）内啮合摆线齿轮马达，既可以作马达使用，也可作泵使用。当系统向密封工作空间输入压力油时，作液压马达用；当方向盘瞬间转动角度超过了 8°，通过销子、连接轴带动转子旋转时，则作手动泵使用。

2. 全液压转向系统工作原理（图 9-6~图 9-10）

1）转向盘不动（图 9-9）

当方向盘不动时，阀套、阀芯在片式定位弹簧的作用下对中，阀套上的孔 b 和阀芯上的

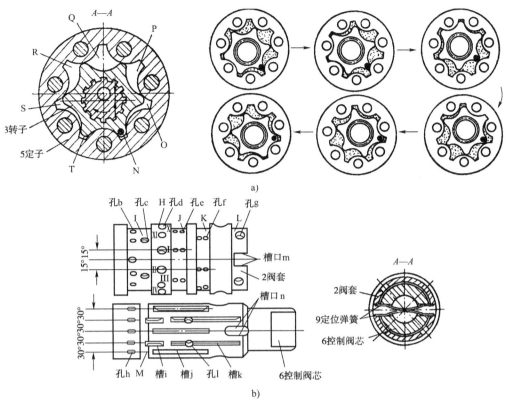

图 9-8 阀套、阀芯和马达结构
a) 计量马达工作原理; b) 阀套与阀芯结构

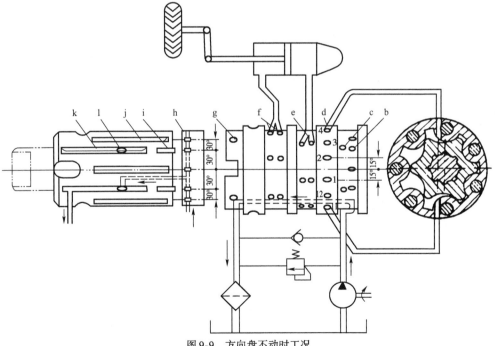

图 9-9 方向盘不动时工况

孔h相通。来自液压泵的压力油由阀体上的进油口A流入,经阀套环槽I和孔b,进入阀芯孔h及内腔,然后从阀芯上孔l流入长槽k,再从阀套上的孔g流出,经阀套环槽L、阀体回油口B流回油箱。

此时,与转向缸相连的阀套J、K两槽上的孔e、孔f均无油液流出,与马达密封工作空间相连的阀套孔d也被封闭,所以转向缸和马达均被双向锁紧,车轮倾角没有发生变化,车辆沿直线行驶,或以一定的转弯半径转弯。

2)方向盘右转(图9-10)

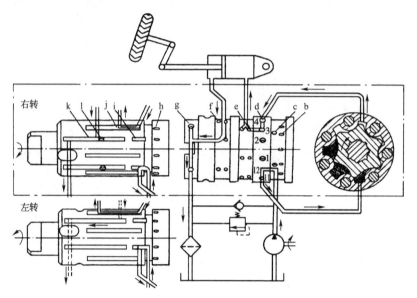

图9-10 方向盘右转时工况

(1)当方向盘右转动角度θ小于8°时。由于阀芯销孔直径比销子直径大,所以瞬间阀芯在转向轴的带动下,克服片式定位弹簧的作用,相对阀套偏转θ。此时,阀套上的孔b与阀芯上的孔h错开,而阀芯上的短槽i与阀套十二个孔d中的六个双号孔相通。这样,来自液压泵的压力油,经阀套环槽I和孔c,流入阀芯短槽i,再由阀套双号孔d流出,通过阀体上的三个油道a进入马达的三个密封工作空间,驱动马达转子旋转,马达另外三个密封工作空间容积减小,排出的油液通过阀体上的另外三个油道a进入阀套上的单号孔d,经阀芯中槽j、阀套孔e、环槽J和油口c,进入转向缸的一腔,推动车轮右偏,从转向缸另一腔排出的油液又流向阀套环槽K和孔f,进入阀芯长槽k,经过阀套孔g和环槽L流回油箱。

在上述阀芯右转的过程中,来自液压泵的压力油首先进入马达,然后再进入转向缸。因此,车轮在偏转的同时,马达的转子也在旋转,并通过连接轴和销子带动阀套随之转动。另外,阀芯与阀套间的片式定位弹簧的对中作用也驱使阀套转动。由于阀套的转动方向与阀芯转动方向一致,因而阀芯相对阀套的相对偏角逐步减小。当阀套转过的角度等于阀芯的转过的角度时,阀芯与阀套重新恢复到对中状态,这时随动停止,转向缸又被双向锁紧。转向车轮向右偏转在某个角度,车辆以一定的转弯半径向右转弯。

(2)当转向盘向右转动角度θ大于8°时。阀芯克服片式定位弹簧的作用相对阀套偏转8°,并通过销子、连接轴带动阀套、马达转子转动$\theta-8°$。在这种情况下,系统油路的油液流动被分成了两个阶段。首先,转子在人力作用下直接右转 $\theta-8°$,马达成了手动泵,手动泵向转向缸压入 $\theta-8°$ 所对应的压力油;其次,转子在液压泵压力油的驱动下又右转 $8°$,转向缸又获得了 $8°$ 所对应的压力油。转子带动阀套也右转 $8°$,使阀芯、阀套恢复对中,转向缸重新被双向锁紧。这样,转向缸一共获得了 $\theta-8°+8°=\theta$ 相对应的压力油,使车辆以较大的转弯半径转弯。

3) 转向盘左转(图9-10左下角)

当转向盘向左转时,其工作情况与上相反,转子左转,转向缸另一腔进油,车轮左偏,车辆左转弯。

车辆左转时的油液流动情况如下列箭头所示:

来自泵的压力油→阀套环槽I、孔c→阀芯短槽i→阀套单号孔d→阀体三个油道a→马达的三个密封工作空间。

马达的另三个密封工作空间→阀体另三个油道a→阀套双号孔d→阀芯中槽J→阀套环槽k、孔f→转向缸进油。

转向缸排油→阀套环槽J、孔e→阀芯长槽k→阀套孔g、环槽L→油箱。

4) 人力转向

当发动机熄火或液压泵出现故障无法实现液压伺服转向时,这种转向器仍能依靠人力转向,其工作情况为:将方向盘的转动角度超过 $8°$,通过销子和连接轴,直接由人力带动转子转动,计量马达作手动泵使用。从手动泵压出的油液进入转向缸,驱使转向轮偏转。手动转向时的油液流动和助力转向时基本相同,不同的只是从转向缸排出的油液通过单向阀11(图9-7)进入手动泵的吸油腔,油液在转向系统内自行循环,因此单向阀又称事故阀。

3. 全液压转向系统故障诊断和排除方法

1) 转向沉重

(1) 故障和原因。转向沉重故障现象及其原因,见表9-1。

转向沉重故障现象及主要原因　　　　　表9-1

故 障 现 象	故 障 主 要 原 因
全液压转向的车辆转向本来很轻,可突然感到转向沉重或转动方向盘费力	(1) 油液黏度不合要求 (2) 油箱油位低 (3) 液压泵供油量不足 (4) 转向系统中有空气 (5) 阀体内钢球单向阀失效 (6) 溢流阀压力低于工作压力 (7) 溢流阀被脏物卡住或弹簧失效,密封圈损坏 (8) 转向缸内泄漏太大

(2) 故障诊断与排除。

① 若快转与慢转方向盘均沉重,并且转向无压力,则可能是油箱液面低,油液黏度太大,或阀体内钢球单向阀失效造成的,应首先测量油箱油位,并检查液压油的黏度。如果油位低于标准高度,则要添加液压油;油液黏度太大,则应更换黏度合适的液压油;如果油液黏度正常,则应分解转向器;若钢球丢失则装入新钢球;若有脏物卡住钢球应进行清洗;阀体单向阀应密封可靠。

②若慢转方向盘较轻,快转方向盘沉重,则可能是液压泵供油量不足引起的。在油位高度及黏度合适的前提条件下,应检查液压泵工作是否正常。如液压泵供油量小或压力低,则应更换或修复液压泵。

③若空负荷(或轻负荷)转向较轻,而重负荷转向沉重,则可能是系统中溢流阀压力低于工作压力,或溢流阀被脏物卡住或弹簧失效造成密封圈损坏所导致。应首先调整溢流阀工作压力,在调整无效的情况下,分解清洗溢流阀。如弹簧失效或密封圈损坏,应换新。

④若在转动方向盘时,液压缸时动时不动,且发出不规则的响声,则可能是转向系统中有空气或转向缸内泄漏太大造成的,应打开油箱盖,查看油箱中是否有泡沫。如油中有泡沫,先检查吸油管路有无漏气处,再检查各管路连接处,并查看转向器到液压泵油管有无破裂。如各连接处均完好,则应排除系统中的空气。如排除空气后,液压缸仍时动时不动,则应检查液压缸活塞的密封状况,必要时更换密封装置。

2)转向失灵

(1)故障和原因。转向失灵故障现象及其原因,见表9-2。

转向失灵故障现象及主要原因 表9-2

故 障 现 象	故障主要原因
行驶时,要较大幅度转动方向盘,才能控制行驶方向,而且方向盘不能自动回中,有时甚至不能转动	(1)定位弹簧折断或弹性不足 (2)销子折断或变形 (3)连接轴开口折断或变形 (4)转子与连接轴相互位置装错 (5)安全阀堵塞,密封圈损坏

(2)故障诊断与排除。

①若转动方向盘时,方向盘不能自动回中和定位,中间位置压力降增加,可能是转向器定位弹簧弹力不足或折断。此时,将转向器分解,查看定位弹簧,如弹簧完好,则为弹性不足所致,应更换。如弹簧折断,则应换新弹簧,严禁用其他零件代替。

②若转动方向盘时,压力振摆明显增加,甚至不能转动,可能是转向器销子折断或变形,连接轴开口折断或变形。此时,分解转向器,查看销子和连接轴。如销子无折断,可将销子放在平板上,看其是否与平板密合,有缝隙则变形,应更换或校正。查看连接轴开口,如有折断应换新,如有变形应校正或更换。

③若方向盘自转或左右摆动,可能是转子与连接轴相互位置装错的缘故。此时,把转向器分解,将连接轴上带冲点的齿与转子花键孔带冲点的齿相啮合即可。

④若车辆跑偏或方动方向盘时,油缸不动(也可能缓动),则可能是安全阀的钢球被脏物卡住,密封圈损坏。应分解转向器,清洗安全阀,并更换密封圈即可。

3)方向盘不能自动回中

(1)故障和原因。方向盘不能自动回中故障现象及其原因,见表9-3。

(2)故障诊断与排除。

①将转向轮顶起,发动机低速运转,转动方向盘,若转动阻力大,此时将发动机熄火,两手抓住方向盘上下推拉,如没有任何间隙感觉,且上下拉动很费力,说明转向轴轴向顶死阀芯(或转向轴与阀芯不同心),应重新装配并进行调整。

方向盘不能自动回中故障现象及主要原因　　　　　表9-3

故障现象	故障主要原因
方向盘在中心位置压力增加或方向盘停止转动时,转向器不卸荷	(1)转向轴与阀芯不同心 (2)转向轴轴向顶死阀芯 (3)转向轴转动阻力太大 (4)定位弹簧折断 (5)销子变形

②若经调整,方向盘仍不能自动回中,可能是定位弹簧折断,或销子变形,应分解转向器,分别检查有无定位弹簧变形、弹性减弱或折断。如折断应更换,销子变形应校正或更换,绝不允许用其他零件代替。

4)转向器漏油

(1)故障和原因。转向器漏油故障现象及其原因,见表9-4。

转向器漏油故障现象及主要原因　　　　　表9-4

故障现象	故障主要原因
转向器阀体、配流盘、定子及后盖结合面等处有明显漏油痕迹	(1)转向器阀体、配流盘、定子及后盖配合面间有漏油 (2)转向器结合螺栓紧固力不匀或不足 (3)连接处密封圈损伤、老化 (4)配流盘和定子间的密封圈损伤、老化 (5)限位螺栓处垫圈不平

(2)故障诊断与排除。

①查看漏油痕迹可循迹发现漏油部位。如漏油部位是阀体、配流盘、定子及后盖结合面处,可先用扳手检查结合螺栓的松紧度。若螺栓太松,且拧紧后不再漏油,则故障在此。

②若螺栓不松,可将后盖上的所有螺栓拧松,然后按交叉的顺序分次拧紧。如再不漏油,说明故障为结合螺栓未按规定顺序拧紧。

③若螺栓按规定顺序拧紧后仍漏油,说明结合面间有脏物或接合面不平或密封圈硬化、老化、损坏,此时应分解转向器。如结合面间有脏物,应清洗;密封圈老化应换新,并检查限位螺栓处的垫圈,如不平,应磨平或更换垫圈。

5)无人力转向

(1)故障和原因。无人力转向故障现象及其原因,见表9-5。

无人力转向故障现象及主要原因　　　　　表9-5

故障现象	故障主要原因
转向时,液压缸活塞到极端位置时驾驶员终点感不明显。人力转向时,方向盘转动而液压缸不动	(1)转子与定子的径向间隙过大 (2)转于与定子的轴向间隙超过限度 (3)阀芯、阀套与阀体之间的径向间隙超过限度 (4)转向器销子断裂 (5)转向液压缸密封圈损坏 (6)连接油管破裂或接头松动 (7)管路堵塞

(2)故障诊断与排除。

①先检查转向系统的连接管路有无破裂,接头有无松动。如有漏油处,说明管路破裂或接头松动,应更换油管、拧紧接头。

②若管路完好,再将转向液压缸—油管接头松动,向左(右)转动方向盘,看油管接头有无油液流出。如没有油液流出,说明管路系统有堵塞,或转子与定子间的轴向、径向配合间隙超过限度,阀芯、阀套与阀体之间的径向间隙大于允许范围。此时应拆下转向器并分解,按技术要求检测各部件配合间隙及结合表面。如间隙超过规定,应镀铬光磨修复;如表面轻微刮伤,可用细油石研磨;如出现沟槽或严重刮伤应更换;如各部件检测值在规定范围内,则应清洁系统油道。

③若上述检查完好,则故障可能在转向缸。此时应拆下液压缸并分解,检查密封圈是否损坏,活塞杆是否碰伤,导向套筒有无破裂等,视情况采取更换或修复的方法排除。

思考题与习题

1. 液压伺服系统具有哪些特点?
2. 对照图9-3,说明方向盘右转时的车辆转向原理。
3. 对照图9-7、图9-8,阐述全液压转向器内部零件的相互关系。
4. 对照图9-6、图9-7、图9-8,说明方向盘左转时车辆的转向原理。

模块十　液压系统的安装、使用和维护

设计制造一台性能优良的液压设备固然重要,而正确地安装、使用和维护液压设备也非常重要。液压系统的故障分突发性和磨损性两种。对于突发性故障,如零部件的损坏、管路破裂等,一般与制造、装配及操作是否符合规程等因素有关,这些故障常发生在系统工作的初期和中期;对于磨损性故障,如密封件失效、工作速度变慢等,往往发生于系统工作的后期,主要是由于零部件的自然磨损引起的,其发生频率与日常维护保养的好坏有着密切的关系。我们必须从思想上重视安装、使用和维护保养,同时还要掌握安装、使用和维护技术,建立必要的维护和保养制度。本模块就这方面的问题作一简略介绍。

课题一　液压系统的安装与调试

◎知识点
(1)液压系统的安装与清洗;
(2)液压系统的调试。
◎技能点
能对中小型港口液压系统进行安装、清洗与调试。
◎课题应用
在港口,作为一个设备维修人员,要能在设备维修保养之后,对液压系统进行正确地安装、清洗与调试。
◎课题分析
液压系统是由液压元件通过管路连接而成。在液压系统安装时,要做到连接可靠,密封好,布置整齐美观;清洗时,要做到清洗液选择合理,清洗程序得当;调试时,要做到调试项目全面,调试数值达到技术要求。
◎相关知识

一、液压系统的安装

1. 安装前的准备工作
(1)首先应熟悉有关技术资料,如液压系统图、电气原理图、管路布置图、液压件清单及有关产品样本等,准备好有关物资。

(2)对需要安装的液压元件,一般应先用洁净的油液清洗,并进行认真校验,必要时须进行密封和压力试验,确保达到性能要求。

(3)对系统中所用的仪器、仪表应进行严格的调试,确保其准确、灵敏、可靠。

(4)检查各油管,确保每根油管完好无损。全部管路在正式安装前要进行配管试装,试装合适后将油管拆下,用温度为10~60℃的10%~20%的稀硫酸或稀盐酸溶液先洗30~40min,取出后再用30~40℃的苏打水中和,最后用温水清洗、干燥、涂油。

2.液压元件的安装

(1)液压泵、液压马达与原动机、工作部件间的同轴度偏差应在0.1mm以内,轴线间的倾角不得大于1°,不得用敲击方式安装联轴器,单向泵、单向马达的旋转方向及进出油口方向不得接反。

(2)液压缸有多种安装方式,对于底座式或法兰式液压缸可通过在底座或法兰前设置挡块的方法,力求安装螺钉不直接承受负载,以减小倾覆力矩;对于轴销式或耳环式液压缸,则应使活塞杆顶端的连接头方向与耳轴方向一致,以保证活塞杆的稳动性;对于行程较长、工作时油温较高的液压缸,一端应保持浮动,以补偿热膨胀的影响。

(3)方向阀一般应保持其轴线水平安装。板式连接控制阀的各油口处的密封圈在安装后应有一定压缩量以防泄漏。固定螺钉应均匀拧紧,不要拧偏,也不要用锤子敲打或硬扳,应使元件的安装平面与底板安装平面全面接触。

(4)液压辅助元件应严格按设计要求的位置安装,并注意整齐、美观。应尽量考虑使用、维护和调整的方便,如压力表应装在振动小、易观察处,蓄能器应安装在易充气的地方,过滤器应尽量安装在易于拆卸、检查的位置,冷却器应注意水质、水量、水温及结冰等问题。

3.液压管路的安装

(1)管道的布置要整齐,油管长度要尽量短,管道的直角转弯应尽量少,各平行与交叉的油管之间应有10mm以内的空隙,刚性差的油管应予以可靠地固定。系统管路复杂时,可将其高压油管、低压油管、回油管和吸油管等分别涂上不同的颜色或编号加以区别,以便安装和维修。

(2)各油管接头要紧固可靠,密封良好,不得漏气。扩口管接头要用油管端面先锪平,油管扩口必须用专门工具进行。

(3)液压泵吸油管的高度一般不大于500mm。吸油管上安装的过滤器,应采用过滤精度低的粗滤器,以减小吸油阻力。吸油管道的接合处应涂以密封胶,保证密封良好。

(4)回油管应伸到油箱油面以下,以防油液飞溅而混入气泡。回油管端应加工成45°斜面,使回油平稳。回油管口不应靠近泵的吸油口,以免液压泵吸入温度较高的油液。凡外部有泄油管的阀(如减压阀、顺序阀等),其泄油口与回油管道连通时不允许有背压,否则应单独设回油管。

(5)系统中的主要管道和过滤器、蓄能器、压力表、流量计等辅助元件应能自由拆装而不影响其他元件。布置活接头时,应保证其拆装方便。

(6)高压管路必须使用按其工作压力选定的油管,不能使用有缝钢管或有缺陷的油管。

二、液压系统的清洗

当液压系统安装连接工作完成以后,必须对系统内部进行清洗,要求高的系统可分两次进行,以洗掉系统内存留的金属粉末、铁锈、密封材料、油漆等。这是因为液压元件中高精度零部件较多,零件间的配合间隙也很小,万一装配过程中有杂质混入,将会引起元件的磨损或卡死等不良现象,影响系统的正常工作,甚至造成重大事故。

第一次清洗以主系统为主,清洗液可用液压系统工作用油或试车油,但不要用对液压元件有腐蚀性的煤油、汽油、酒精等。清洗油的用量一般为油箱容量的60%~70%。注入清洗液之前要把油箱洗净,并在系统主回油路上临时接入过滤器。另外,应将溢流阀及其他阀的排油回路在阀的进口处临时断开,将液压缸两端的油管直接连通。清洗初期,主回油路上的过滤器应用80~100目的过滤网,当达到清洗时间的60%时,换用150目的过滤网。连接好清洗油路后,一边使泵运转,一边将油加热至50~80℃,则油管内的橡胶渣等杂质被清除。为了提高清洗效果,应使泵作间歇运动,并在清洗过程中不断轻轻敲击油管,使管道各处微粒都被清洗干净。清洗时间视系统复杂程度等具体情况而定,短则几十分钟,长则十几个小时。第一次清洗结束后,应将系统中的油液全部排出,然后再次清洗油箱并用绸布擦净。

第二次清洗是对整个液压系统进行清洗。首先将油路恢复到正常运转时的状态,然后在油箱内注入实际工作所用的油液并起动液压泵对系统进行清洗,清洗时间一般为2~4h。清洗结束时过滤器的过滤网上应无杂质。

三、液压系统的调试

新设备及修理后的设备,在安装和几何精度检验合格后必须进行调试,使其液压系统的性能达到预定的要求,即具有可靠协调的工作循环并获得各参数所要求的准确数值。

液压系统的调试又称试车,分空载试车和负载试车两步。

试车之前,应先检查电动机、电磁阀电源的电压和频率,电压的变化应在-15%~+10%范围内。此外,应将油箱中的油液加至规定的高度,将各控制手柄置于关闭或卸荷状态,将各压力阀的调压手柄松开。还应检查各仪表起始位置是否正确,检查各液压件的管道连接是否可靠,检查运动涉及的各空间大小以保证试车时不发生碰撞。待各处按试车要求调整好之后,方可进行空载试车。

1. 空载试车

1)液压泵的检查

从断续直至连续起动原动机,观察泵的转向及工作情况。若泵不排油,应对液压泵、原动机进行仔细检查。

2)压力阀的调整

各压力阀应从泵源附近开始依次调整。调整开始时应使工作部件处于"制动"位或低速运动状态,速度由低到高,边观察压力表及油路工作情况边调整,直到调至其规定数值。这时,须检查系统各管道连接处、液压元件接合面处是否有漏油。若未发现异常情况,即可将压力阀的锁紧螺母拧紧并将相应的压力表油路关闭,以防压力数值变动使压力表损坏。

3)流量阀的调整

调整时,应先使执行元件的速度处于较大状态,然后逐渐关小流量阀,并观察系统能否达到最低速度,其平稳性如何,最后按工作要求的速度来调定流量阀的阀口开度。

4)液压缸的排气

使液压缸运动速度由低到高、行程由小到大运动,直到全行程快速往复运动,再用排气阀或排气塞排除系统中的空气。对于精度要求高的液压缸,应特别注意排气操作。排气时,应先将排气阀打开,调节流量阀使流量加大,然后使液压缸全程往复运动多次,即可使缸内空气排出。缸内空气排完后,应将排气阀关闭。

5)行程控制元件位置的调整

行程挡块常用于控制行程阀、行程开关的动作,以使工作部件获得预定的运动行程或运动的自动转换。所以行程挡块的位置应按设计要求在试车前一一仔细调好并牢牢紧固在预定的位置。死挡块的位置也应按要求事先调好。

上述各项工作往往是互相联系、穿插进行的,常常需要反复地测试、调整。复杂的液压系统可能有多个液压泵、多个执行元件,各执行元件的运动常需按一定的顺序进行,更需要花费较多的时间进行仔细地调试。

各工作部件在空载的条件,按预定的工作循环或工作顺序连续运转2~4h后,应检查油温及液压系统所要求的各项精度。待一切正常后,方可进入负载试车阶段。

2. 负载试车

(1)对于工作压力低于16MPa的液压系统,其试验压力为工作压力的1.5倍;对于工作压力高于16MPa的系统,其试验压力为工作压力的1.25倍。

(2)试车中,应逐级升高压力,每升高一级压力宜稳压2~3min。达到试验压力后,保压10min,然后降至工作压力,进行全面检查,以系统所有焊缝和接口处无漏油、管内无永久变形、安全过载保护装置工作可靠为合格。

(3)为保障安全,负载试车期间,不得锤击管道,在试车区域5m范围内不得同时进行明火作业。如有故障须处理,必须先卸压。

课题二　液压系统的使用维护与故障诊断

◎知识点

(1)液压系统日常使用和维修时的注意事项;

(2)液压系统故障诊断的步骤和方法。

◎技能点

能对中小型港口液压系统进行日常维护。

◎课题应用

对港口设备的操作者(司机)来说,每日都要进行例行检查和简单的维护;对港口设备的修理者来说,更要对液压系统进行系统的维护,在出现故障时进行正确的诊断。

◎课题分析

液压系统一般较难出现故障,但出现故障往往是因为使用、维护不恰当造成的。液压系统使用时,要做到合理调节元件,关注仪表变化;维护时,要做到多种维护相结合,注重日常维护;故障诊断时,要从看现象、听声音、摸元件、嗅油液、看资料中准确分析出故障产生的原因和部位。

◎ 相关知识

为保证液压系统处于良好性能状态,延长其使用寿命,应合理使用,并重视其日常检查和维护。

一、液压系统使用注意事项

(1)操作者必须熟悉液压元件控制装置的操作要领,熟悉各液压元件的调节转动方向与压力、流量大小变化的关系等,严防调节错误造成事故。

(2)泵起动前应检查油温。若油温低于10℃,则应空载运转数分钟后才能加载运转;若室温在0℃以下或高于35℃,则应采取加热或冷却措施后再起动。工作中应随时注意油液温升。正常工作时,一般液压系统中的油箱油液温度不应超过60℃。

(3)使用中应注意经常检查过滤器并及时更换滤芯。较完善的过滤器上有压差指示器及堵塞报警装置,可根据压差指示及时更换滤芯。正常情况下约工作500h后更换滤芯。如滤芯堵塞很快,则说明系统有故障。

(4)及时检查更换油液。对于新投入使用的液压设备,使用三个月左右即应清洗油箱,更换新油,以后则应按设备使用说明书的要求每隔半年或2000h左右进行清洗、换油一次。在高温、高湿、高粉尘下连续运转的设备,要缩短换油期。

(5)设备若长期不用,应将各调节手柄全部放松,防止元件内弹簧产生永久变形而影响元件的性能。

二、液压设备的维护保养

为了使液压设备长期保持良好的工作状态,避免某些重大故障的发生,应特别重视经常性的日常维护。维护分日常维护、定期维护和综合维护三种。

(1)日常维护。日常维护通常是用目视、耳听及手触感觉等比较简单的方法,在泵起动前、起动后及停止运转前检查油量、油温、压力、漏油、噪声、振动等情况,并随之进行维护。

(2)定期维护。定期维护的内容包括:分析日常维护中发现的异常现象的原因并进行排除,对需要维修的部位进行分解检修等。定期维护的间隔时间,一般与过滤器滤芯的更换间隔时间相同,通常为2~3个月。

(3)综合维护。综合维护大约每年一次,其主要内容是检查液压装置的所有元件和部件,判断其性能和寿命,并对产生故障的部位进行检修或元件更换。

液压设备的维护均应做好记录,以作为设备出现故障查找原因或设备大修的依据。

三、液压系统的故障诊断

液压系统在运行中可能出现的故障是多种多样的。这些故障有的是由某一液压元件失灵而引起的,有的是系统中多个液压元件的综合性因素造成的,有的是因为液压油被污染造成的,也有的是由机械、电器以及外界的因素引起的。虽然这些故障不能像机械故障那样直接观察到,进行检测也不如电气系统方便,但由于液压元件均在润滑充分的条件下工作,液压系统均有可靠的过载保护装置,故很少发生金属零件破损、严重磨损等现象。液压系统有些故障用调整方法即可排除,有些故障可用更换易损件(如密封圈等)、液压油、标准液压元件或清洗液压元件的方法排除,只有少数故障是因设备使用年久、精度超差需经修复才能恢复其性能造成。因此,只要熟悉设备的液压系统原理图,熟悉各液压元件的结构、性能、作用及安装位置,了解设备的使用和维护情况,认真分析故障可能产生的原因,并采用先外后内、先调后拆、先洗后修的步骤,大多数故障是能很快排除的。

1. 故障诊断步骤

(1)熟悉性能和资料。在查找故障原因之前,要了解设备的性能,熟悉液压系统的工作原理及每个组成元件的作用。

(2)调查情况。向操作者询问出现故障前后系统的工作状况及异常情况,产生故障的部位和故障现象,同时了解过去这类故障的排除经过。

(3)现场观察。若设备还能起动运行,应当亲自起动设备,操纵有关控制元件,观察故障现象,查找故障原因。

(4)查阅设备技术档案。主要了解档案中与本次故障相似的历史记载。

(5)归纳分析。对现场观察到的情况、操作者提供的情况及历史资料进行综合分析,找出产生故障的可能原因。

(6)组织实施。在摸清情况的基础上,制订出切实可行的排除措施,并组织实施。

(7)总结经验。对故障经过分析予以排除,并取得了成功,这些经验都应进行很好的总结。积累维修工作实际经验是开展故障诊断的重要手段。

(8)纳入设备技术档案。将本次故障的现象、部位及排除方法作为历史资料纳入设备技术档案,以便今后查阅。

2. 故障诊断方法

设备故障诊断,一般分为简易诊断和精密诊断。

1)简易诊断

简易诊断又称为主观诊断,它是靠维修人员利用简单的诊断仪器和个人实际经验对液压系统的故障进行诊断,判断产生故障的原因和部位,这是最常用的方法。简易诊断主要通过以下几个途径进行:

(1)看。看工作部件运动速度有无变化和异常现象;看油液是否清洁和变质,油量是否满足要求,黏度是否合适,油面是否有泡沫等;看各管接头、结合面、液压泵轴伸出处和液压缸活塞杆伸出处是否泄漏;看工作部件有无爬行现象和各组成元件有无振动现象。

(2)听。听液压泵和系统工作时的噪声是否过大,溢流阀等元件是否有尖叫声;听液压缸换向时冲击声是否过大,是否有活塞撞击缸盖的声音,听油路板或集成块内是否有微细而连续不断的泄漏声。

(3)摸。摸泵体、阀体和油箱外壁的温度;摸工作部件、管道和压力阀等的振动,若感觉到有高频振动,应查找原因;摸工作部件低速运动时的爬行;摸挡块、电气行程开关和行程阀等的紧固螺钉是否松动。

(4)嗅。用嗅来判断油液是否发臭变质。

(5)阅。查阅设备技术档案中有关的故障分析与修理记录;查阅点检和定检卡;查阅交接班记录及维护记录。

(6)问。询问设备操作者,了解平时运行情况;问什么时候换的油,什么时候清洗或换过滤芯;问液压泵有无异常现象;问发生故障前液压阀是否调节过,有哪些异常现象;问发生故障前密封件或液压元件是否更换过;问过去常出现哪些故障,是怎样发生的。

总之,对所有客观情况都全面了解之后,才判别产生故障的原因和部位。这种诊断方法因不同人的感觉不同、判断能力的差异和实际经验的不同,其结果会有差别。为了弄清液压系统产生的故障的原因,有时还需要停机拆卸某些液压元件并对其进行定量测试。

2) 精密诊断

精密诊断又称客观诊断,它常在主观诊断的基础上对有疑问的异常现象通过各种检测仪器进行定量测试分析,从而找出故障原因和部位。对于重要的液压设备可进行运行状态监测和故障早期诊断,在故障的萌芽阶段就作出诊断,显示故障部位和程度并发出警报,以便早期处理和维修,避免故障突然发生而造成恶劣后果。状态监测和故障早期诊断是一个问题的两个方面,也是两个关键。状态监测靠硬件,通过传感器等硬件把液压系统运行中必要的物理量(如压力、速度、噪声、振动、液压油的温度和污染程度等)采集起来送到计算机实时处理,作出判断(诊断)。故障诊断要靠软件,即专家系统。各种液压系统状态监测用的硬件基本相同,但作出诊断用的专家系统却因液压系统的不同而有所差异。由于目前液压系统故障诊断用的专家系统较少且不够成熟,因此这种技术应用较少。

思考题与习题

1. 液压系统的安装是如何进行的?
2. 液压系统使用中要注意哪些方面?
3. 液压系统故障诊断的步骤和方法是什么?

模块十一　液力传动基本概念

课题一　液力传动概述

◎知识点
(1) 液力传动的定义和液力传动元件；
(2) 液力传动的优缺点。
◎技能点
正确分析各工作轮在液力耦合器和液力变矩器中的连接关系。
◎课题应用
液力传动元件有液力耦合器和液力变矩器两种，液力耦合器主要应用于大型输送机械、专用机械的动力传动中，液力变矩器则广泛应用于各类装卸搬运车辆中。
◎课题分析
液力传动与液压传动同属于液体传动，都是以液体为工作介质来传递能量的。液力耦合器的工作原理犹如一台通电旋转的电风扇驱动另一台不通电的电风扇，也即由一个旋转的工作轮（泵轮）驱动另一个工作轮（涡轮）旋转；所不同的是，能量传递的介质由空气换成了液体。如果在这两个工作轮之间的某一适当位置增加一个小导轮（一般固定不动），则就变成了液力变矩器。
◎相关知识

一、液力传动

港口流动机械，如叉车、装载机、牵引车、推耙机、集装箱正面吊运机、长距离带式输送机等，在传动机构中都有液力传动，这可大大改善工作机构的工作性能，提高工作效率。

同液压传动一样，液力传动也是以液体为工作介质的能量转换装置，同属于液体传动。液力传动是由几个工作轮组成的一种非刚性连接的传动装置，它把机械能转换成液体的动能，再把液体的动能转换成机械能输出。

液力传动发明于 20 世纪初，最早用于船舶工业，作为船舶动力与螺旋桨之间的传动装置。当时船舶动力已经出现了大功率、高转速的汽轮机，但受气蚀的限制，螺旋桨的转速却不能很高，因此迫切需要在发动机与螺旋桨之间加装大功率的减速装置。德国人盖尔曼·费丁格尔教授受离心泵和水轮机工作原理的启发，首先设想将离心泵与水轮机用管子连起来,如图 11-1 所示。这样,发动机带动水泵旋转,泵出来的水通过管道进入水轮机,冲击水轮机旋转并带动螺旋桨运行,于是输出与输入通过液体的动能便连接在一起了。这个设想虽好,但效率太低,于是专家们反复思考,认为在水泵中主要起作用的是泵轮,在水轮机中主要起作用的是涡轮,如果将这两个轮子靠近并装进一个壳体,取消不必要的水槽和水管等,则效率即可大大提高,从此便诞生了液力传动。1905 年,费丁格尔教授发明的世界第一台液力变矩器首先在船舶中得到应用。1920 年,英国人包易尔将变矩器中的导轮去掉,发明了液力耦合器。目前,液力传动在车辆、起重运输机械、工程机械、矿山机械、石油钻井机械,以及电力、冶金、建材等行业应用广泛,并获得了空前发展。

液力传动的工作原理,可以用两台电风扇演示清楚,如图 11-2 所示。将两台电风扇面对面布置,一台通电旋转,转动的电风扇使空气流动,流动的空气使另一台不通电的风扇跟着转动起来。与风扇同理,若空气换成液体,让动力机带动一个轮子(泵轮)旋转搅动液体,另一个轮子(涡轮)也会像风扇一样被液体冲击,这就构成了液力传动最基本的原理,也即来自泵轮的高速液体冲击涡轮而使涡轮得以旋转起来。因此,液力传动是以液体为工作介质,在两个或两个以上工作轮组成的工作腔内,主要依靠液体的动能来传递能量的传动。

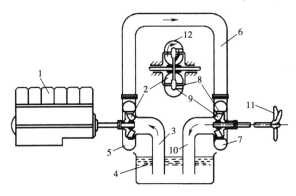 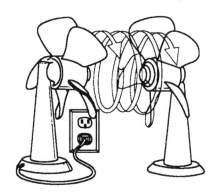

图 11-1 液力传动原理示意图
1-发动机;2-离心泵的工作轮;3-离心泵的进水管;4-集水槽;5-泵的涡壳;6-连接管路;7-水轮机的壳体;8-导水机构;9-水轮机的工作轮;10-水轮机的尾水管;11-螺旋桨;12-液力传动的原理简图

图 11-2 流体传动示意图

二、液力传动元件

液力传动元件有两种,液力耦合器和液力变矩器。虽然最早出现的是液力变矩器,但液力耦合器的结构要比液力变矩器简单。

液力传动的主要工作构件是各种形式的工作轮(或称叶轮)。工作轮在圆周均匀分布有数十片叶片,叶片形状多种多样。工作轮按其功能分,有泵轮、涡轮和导轮三种。

液力耦合器只有泵轮和涡轮两种工作轮,而液力变矩器有泵轮、涡轮和导轮三种工作轮,如图 11-3 所示。

(1)泵轮。泵轮与输入轴相连,由原动机带动旋转。它从原动机直接吸收旋转机械能,并使之转化为液体的动能,泵轮以字母 B 表示。

(2)涡轮。涡轮与输出轴相连,将液体的动能转化为旋转机械能并向工作机构输出,涡轮以字母 T 表示。

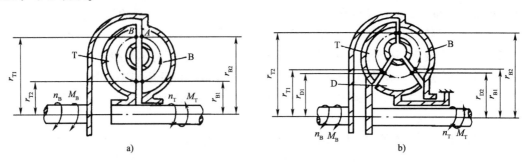

图 11-3　液力元件的工作轮
a)液力耦合器;b)液力变矩器
B—泵轮;T—涡轮;D—导轮

(3)导轮。在液力变矩器中,导轮直接或间接(如通过单向离合器)与固定不动的壳体相连,一般固定不动。但在某些变矩器中,为了改善其特性,可在一定的工况范围内使导轮转动。导轮以字母 D 表示。

各工作轮之间不是刚性连接,而是存在一定的间隙,它们通过液体柔性相连。液力变矩器和液力耦合器想要达到的目的一样,即高速旋转的泵轮依靠工作液体驱动涡轮旋转,向外输出能量。但由于液力变矩器比液力耦合器多了一个导轮,因而其工作特性也就有了较大的改变。

在港口设备中,液力变矩器远比液力耦合器应用广泛。液力耦合器主要应用于某些大、中型连续输送设备及专用设备的传动装置中;液力变矩器则大量应用在各种轮式和履带式流动机械上,代替离合器,使车辆能根据行驶阻力的变化,在一定范围内实现自动地、无级地变速和变矩。

三、液力传动的优缺点

(1)使设备具有良好的自动适应性。当车辆行驶阻力增加时,液力变矩器能使车辆自动减速,增加驱动力。反之,当行驶阻力减小时,车辆又能自动提高车速,减小驱动力。

(2)提高了设备的通过性。液力变矩器可以使车辆以极低的稳定速度和较大的驱动力行驶,减小了打滑的可能性,从而提高了车辆在泥泞、沙地、松软路面上的通过性。

(3)具于限矩保护和多机并车性能。各工作轮的力矩只能随工况在一定范围内变化,不会超出其固有的工作范围,起到限矩保护作用;当工作机采用多台原动机驱动时,易于并车,并能自动协调载荷分配。

(4)提高了设备的使用寿命。液力传动的工作介质为液体,能吸收工作中的冲击载荷作用,保护传动零件。另一方面,由于目前车辆所采用的变速器大多为液压动力换挡,更避免了由于粗暴换挡所产生的冲击载荷。所以,采用液力传动的车辆,传动零件的使用寿命较长。据统计,发动机的使用寿命可以延长47%,变速器的使用寿命可以延长400%,差速器的使用寿命可以延长93%。

(5)简化操作,提高了舒适性。由于液力变矩器本身就是一个无级自动变速装置,并可使变速器换挡次数减少,换挡操作简便,从而大大降低了司机的劳动强度;可以使车辆带载平稳起步,不必如传统车辆那样在起步、换挡时脚踩离合器;液体能吸收和减少冲击、振动,从而提高了车辆的舒适性;驾驶员也不必担心因行驶阻力增大而使发动机突然熄火。

(6)液力传动的主要缺点是传动效率低,高效范围窄,结构复杂,成本高,因而降低了车辆的燃料经济性。

课题二　液体在工作轮中的运动和作用力矩

◎知识点

(1)液体在工作轮中的牵连运动、相对运动和绝对运动;
(2)工作轮与液体之间的作用力矩。

◎技能点

正确分析泵轮进、出口及涡轮进、出口液体的牵连运动、相对运动和绝对运动的方向。

◎课题应用

由于液力传动元件不可随意拆装,因而在实际工作中很难看到液力元件内部的工作轮。但如果不能弄清液体在工作轮中的运动情况,那么液力传动的工作原理和工作特点也就无法真正搞清。

◎课题分析

液体在工作轮中的真实运动(即绝对运动)是牵连运动与相对运动的合成。牵连运动是液体绕工作轮中心(泵轮轴线)所做的旋转运动(俗称转大圈),方向为工作轮旋转的圆周切线方向;相对运动是液体绕循环圆中心所做的旋转运动(俗称转小圈),相对运动在泵轮内是由内流向外,在涡轮内一般是由外流向内。牵连运动和相对运动一般不在一个平面内,且牵连运动和相对运动的大小、方向均随液体的运动在不断变化,也即绝对运动是一种复杂的空间运动。

◎相关知识

一、液体在工作轮中的运动

在液力传动中,由泵轮、涡轮及导轮共同形成的工作腔在轴面(通过轴线的平面)内所表示出的形状称为循环圆,循环圆并非标准圆,如图11-3所示。循环圆内注有工作液体,弄清工作液体在循环圆内的流动情况,是分析讨论液力传动工作原理的关键。

某工作轮的轴面图、侧视图和速度三角形如图11-4所示。

液体在工作轮中的运动,是十分复杂的空间运动。一方面液体随工作轮作旋转运动,另一方面液体又在离心力作用下沿循环圆通道作相对运动。

牵连运动:液体质点绕工作轮旋转轴线的旋转运动称为牵连运动。牵连运动是液体随工作轮一起所作的运动,其速度用 u 表示。对于所研究的某一点,液体在该点的牵连运动方向为该点工作轮旋转的圆周切线方向,如图11-4b)中的 u_1 和 u_2。大小 $u = \omega r = 2\pi nr$,即与工作轮的转速 n、该点的回转半径 r 成正比。

相对运动:液体质点沿循环圆通道所做的运动称为相对运动。在图11-3b)所示的液力变矩器中,液体由泵轮进入涡轮,由涡轮流出后再进入导轮,然后又流回泵轮,形成循环流动。而在图 11-3a)所示的液力耦合器中,由于没有导轮,液体由泵轮进入涡轮,然后由涡轮直接流回泵轮,也形成循环流动。相对运动是液体在离心力作用下产生的,其速度用 w 表示。对于所研究的某一点,液体在该点的相对运动方向为该点在循环圆内流动的流线切线方向,如图 11-4b)中的 w_1 和 w_2,而流线与工作轮叶片的布置有关。相对运动速度的大小与液体在循环圆内的流量 q 成正比。

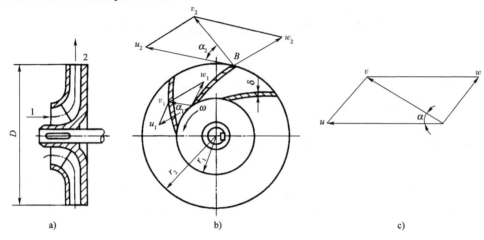

图 11-4 液体在工作轮中的运动
a)轴面图;b)侧视图;c)速度三角形
1-进口;2-出口

绝对运动:牵连运动和相对运动的合成称为绝对运动,其速度用 v 表示。绝对运动是液体的真正运动,其大小和方向根据牵连运动速度和相对运动速度的矢量图求得,如图 11-4c)所示,即

$$\vec{v} = \vec{u} + \vec{w} \tag{11-1}$$

通常规定,液流在工作轮中的运动速度用注脚表达其位置,液体在工作轮中的进口位置注脚为 1,出口位置注脚为 2。如液体在涡轮出口处的上述三种速度可分别标注为 u_{T2}、w_{T2} 和 v_{T2}。

二、工作轮的力矩方程

液体之所以能在工作轮内产生运动,是由于工作轮对液体作用有力矩的缘故。

设液体质点的质量为 m,则 m 与液体绝对运动速度 v 的乘积,称为该质点的动量,用 mv 表示。由于速度是矢量,因此动量也是矢量。在图 11-4b)中,液体质点在工作轮叶片出口处的动量为 mv_2,在入口处的动量为 mv_1,它们的方向与绝对运动速度 v_2、v_1 的方向相同。

动量 mv 与动量至旋转轴 O 的垂直距离 r' 的乘积叫作液体质点对旋转轴 O 的动量矩 L。由于

$$r_2' = r_2\cos\alpha_2, \quad r_1' = r_1\cos\alpha_1 \tag{11-2}$$

式中:α_2、α_1——液体在工作轮进、出口处的绝对运动速度与牵连运动速度之间的夹角。

所以

$$L_2 = mv_2 r_2 \cos\alpha_2 \tag{11-3}$$

$$L_1 = mv_1 r_1 \cos\alpha_1 \tag{11-4}$$

故
$$\Delta L = L_2 - L_1 = mv_2r_2\cos\alpha_2 - mv_1r_1\cos\alpha_1 \tag{11-5}$$

根据力学中的动量矩原理,一物体动量矩的变化 ΔL 等于作用在该物体上的力矩 M 与作用时间 Δt 的乘积,用公式表示,即

$$M\Delta t = mv_2r_2\cos\alpha_2 - mv_1r_1\cos\alpha_1 \tag{11-6}$$

即

$$M\Delta t = \rho V(v_2\cos\alpha_2 r_2 - v_1\cos\alpha_1 r_1) \tag{11-7}$$

化简得

$$M = \rho q(v_2\cos\alpha_2 r_2 - v_1\cos\alpha_1 r_1) \tag{11-8}$$

或

$$M = \rho q(v_{2u}r_2 - v_{1u}r_1) \tag{11-9}$$

式中:v_1、v_2——液体在工作轮进、出口处的绝对运动速度;

α_1、α_2——液体在工作轮进、出口处的绝对运动速度与牵连运动速度之间的夹角;

v_{1u}、v_{2u}——液体在工作轮进、出口处的绝对运动速度在牵连运动方向上的投影;

r_1、r_2——液体在工作轮进、出口处相对于工作轮旋转中心的半径;

q——液体在循环圆内流动的流量。

上述两式是设计、分析液力元件工作原理的理论基础。

液体对工作轮的作用力矩 M' 与工作轮对液体的作用力矩 M 大小相等,方向相反,是作用力矩与反作用力矩的关系。

$$\begin{aligned} M' &= -M \\ &= \rho q(v_{1u}r_1 - v_{2u}r_2) \\ &= \rho q(v_1\cos\alpha_1 r_1 - v_2\cos\alpha_2 r_2) \end{aligned} \tag{11-10}$$

工作轮对液体的作用力矩还可用下列公式表达

$$M = \lambda \rho g n^2 D^5 \tag{11-11}$$

式中:λ——力矩系数;

n——工作轮的转速;

D——有效直径(工作腔的最大直径)。

式(11-11)是液力传动的基本计算方程式。从式中可以看出,力矩系数越大,液力元件传递功率的能力越大。液力传动用泵轮力矩系数 λ_B 作为评价液力元件工作特性的重要参数之一。

思考题与习题

1. 液力传动有哪两种元件?分别有哪几种工作轮?工作轮又分别与什么相连?
2. 液力传动具有哪些优点?
3. 液体在工作轮中的运动是如何组成的?大小决定于什么?方向如何?
4. 工作轮对液体的作用力矩是如何计算的?

模块十二　液力耦合器

课题一　液力耦合器的工作原理与特性

◎知识点

(1) 液力耦合器的工作原理；
(2) 液力耦合器的基本特性、外特性及液体未完全充满循环圆时的特性。

◎技能点

正确理解液力耦合器能量传递过程。

◎课题应用

液力耦合器在某些港口设备中有所应用。同时，掌握液力耦合器的工作原理，也是为学习液力变矩器打下基础。

◎课题分析

液力耦合器内部只有两种工作轮，泵轮与原动机相连，涡轮与输出端相连，两轮之间有微小的间隙。涡轮之所以能够旋转，主要是泵轮出口液体斜向冲击涡轮叶片的缘故。但液力耦合器只能传递力矩，不能改变力矩，也即不能"变矩"。输入、输出力矩均与载荷的大小成正比，与输出转速成反比。在重载低速状态时，液力耦合器的效率很低。

◎相关知识

一、液力耦合器的工作原理

液力耦合器是利用液体来传递能量的液力元件，其主要工作构件为泵轮 B 和涡轮 T，其结构示意如图 12-1 所示。

液力耦合器的泵轮 B 与输入轴 1 刚性相连，由原动机驱动，其转速为 n_B。因此，泵轮内的工作液体在叶片的作用下与泵轮一起旋转作牵连运动，同时液体在离心力作用下由泵轮内缘流向外缘作相对运动。分析图 12-1 泵轮出口处的液体运动可知，液体的牵连运动方向为该点工作轮旋转的圆周切线方向，也即自泵轮出口处射向读者；液体的相对运动方向为液体在循环圆内运动的流线在该点的切线方向，也即自泵轮出口处向左射出。因此，泵轮出口处液体的实际运动方向是该点的牵连运动与相对运动的合成，也即高速液体自泵轮出口处斜向冲击涡轮叶片，驱动涡轮旋转，向外输出转速和力矩。

自涡轮入口流入的液体，自涡轮外缘流向涡轮内缘，继而又返回泵轮的入口处，形成循环流动。

由此可知,液力耦合器之所以能将能量从泵轮传递到涡轮,依靠的正是液体在工作轮中的复合运动。泵轮出口处如果仅有牵连运动,液体不会到达另一侧的涡轮;如果仅有相对运动,液体只会对涡轮产生轴向推力。因此,液力耦合器是利用泵轮出口液体斜向冲击涡轮叶片而使涡轮旋转的,这个原理同样适用于液力变矩器。由于涡轮转速总是小于泵轮转速,且泵轮与涡轮之间有一定的间隙,所以液体质点的绝对运动,实际上是一种螺管运动,其流动路线为一条首尾相连的环形螺旋线,如图 12-2 所示。形成螺管运动的关键是因为两工作轮的转速不相等,存在着转速差,使涡轮的离心力总是小于泵轮,致使两工作轮外缘形成压力差,促使工作液体在两工作轮之间形成循环流动。

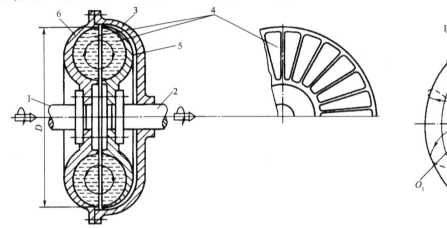
图 12-1 液力耦合器的结构示意图
1-输入轴;2-输出轴;3-转动外壳;4-叶片;5-涡轮 T;6-泵轮 B

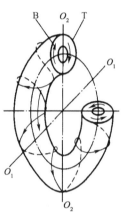
图 12-2 液流的螺管运动

液力耦合器的循环圆有两种基本结构。在图 11-3a)中,循环圆内侧的曲面叫内环,在外面的叫外环,内环所包围的空间不属于循环圆部分。工作轮的叶片置于内、外环之间,一般为径向布置的直叶片。叶片数都在二十片以上,多则超过五六十片。由于叶片通常是均布的,为了在循环圆内缘处减小对液流的"阻塞",一般叶片的尾部则要切掉一部分。现在使用的液力耦合器,大多数没有内环,如图 12-1 所示。这是因为人们在实践中发现,内环对耦合器的工作并非必要,甚至有时会起到有害作用。

二、液力耦合器的基本特性

1. 不能变矩

根据式(11-3)可知,泵轮、涡轮对液体的作用力矩分别为

$$M_B = \rho q(v_{B2u} r_{B2} - v_{B1u} r_{B1}) \tag{12-1}$$

$$M_T = \rho q(v_{T2u} r_{T2} - v_{T1u} r_{T1}) \tag{12-2}$$

如果忽略工作液体与轮壁间不大的摩擦力(即视为理想液体作稳定流动),则任一处工作液体流动时的动量矩不变。因此,泵轮出口与涡轮进口处动量矩相等,涡轮出口与泵轮进口处动量矩相等,则 $v_u r$ = 常数,即

$$v_{B2u} r_{B2} = v_{T1u} r_{T1} \tag{12-3}$$

$$v_{T2u} r_{T2} = v_{B1u} r_{B1} \qquad (12-4)$$

将式(12-1)与式(12-2)相加,即得

$$M_B + M_T = 0 \qquad (12-5)$$

此式说明,液力耦合器的各工作轮作用于液流上的力矩的代数和为零。

涡轮作用于液流上的力矩 M_T,与液流作用于涡轮上的力矩 M'_T 大小相等,方向相反,即 $M_T = -M'_T$,则

$$M_B = M'_T \qquad (12-6)$$

设液力耦合器输入、输出力矩分别为 M_1、M_2,则泵轮轴的输入力矩 M_1 与泵轮作用于液体上的力矩 M_B 相等,即 $M_1 = M_B$;液体作用于涡轮上的力矩 M'_T 与涡轮轴的输出力矩 M_2 相等,即 $M'_T = M_2$,因此

$$M_1 = M_2 \qquad (12-7)$$

在液力传动中,通常用变矩系数来表示液力元件改变力矩的能力。变矩系数 K 为输出力矩与输入力矩的比值。显然,液力耦合器的变矩系数等于 1,即

$$K = \frac{M_2}{M_1} = 1 \qquad (12-8)$$

液力耦合器输入力矩与输出力矩相等,也就是说,液力耦合器与通常的机械联轴器一样,只能将输入的力矩以同样大小传递给输出轴,且两轴的旋转方向也一致,不能改变力矩的大小,即不起变矩作用,故液力耦合器又被称为"液力联轴器"。

应该指出,我们真正感觉到的,或用仪表测量到的输入力矩 M_1 总是略大于输出力矩 M_2。这是因为,液力耦合器还存在着由轴承阻力、油封阻力、外壳风阻、液体内摩擦阻力等引起的阻力矩,但上述阻力矩相对于所传递的力矩值不大,大约只占 1%~2%,尤其当传递功率较大时,更可忽略不计。

2. 输出转速随负载而变化

虽然涡轮旋转的动力来自于泵轮,但泵轮与涡轮之间并非刚性连接,而是液体柔性连接,两轮转速不可能相等,存在转速差。泵轮转速 n_B 主要取决于原动机,工作时近似恒定;而涡轮输出转速 n_T 则会随着负载的变化而自动改变。n_B 恒大于 n_T,即存在打滑,打滑程度主要决定于负载的大小。

当负载较大时,涡轮所受的旋转阻力加大,涡轮的输出转速 n_T 较小,打滑较严重;反之,当负载较小时,n_T 较大。即重载低速,轻载高速。故液力耦合器能根据负载的变化自动调整输出转速。由于负载不可能为零,因此涡轮转速不可能等于泵轮转速。

泵轮与涡轮之间转速相差的程度用转差率 s(也可称为滑差)来表示,其定义为

$$s = \frac{n_B - n_T}{n_B} = 1 - \frac{n_T}{n_B} = 1 - i \qquad (12-9)$$

式中:i——转速比,$i = n_T / n_B$。

3. 循环圆流量

液力耦合器在工作过程中,如果循环圆中充满了液体,泵轮以不变的转速 n_B 旋转时,则泵轮内液体与泵轮一起同速旋转,并在泵轮出口产生与转速 n_B 相应的离心力。如果涡轮静止不动,则涡轮内液体由涡轮引起的离心力为零,此时油液的循环流动未受到涡轮的阻抗,

循环圆流量 q 为最大;若涡轮转速从零开始逐步上升,涡轮内液体因涡轮旋转而产生的离心力增大,液流流经涡轮时所遇到的阻抗随即增大,循环圆流量 q 开始逐渐减小;当涡轮转速 $n_T = n_B$ 时(实际上不可能出现),两轮内液体因旋转而产生的离心力相等,液体在耦合器内呈相对平衡状态,环流停止,流量为零。因此,循环圆流量 q 与涡轮输出转速 n_T 之间呈如图 12-3 所示的抛物线曲线关系变化,即 q 与 n_T 成反比,而与负载成正比。由此可见,液力耦合器内工作液体要形成循环流动,两轮必须存在转速差。

三、液力耦合器的外特性

液力耦合器的外特性是指在泵轮转速 n_B 和液体密度 ρ 一定时,耦合器所能传递的力矩、效率随涡轮转速 n_T 而变化的关系,即

$$M_1 = f(n_T)、M_2 = f(n_T)、\eta = f(n_T) \tag{12-10}$$

1. 输入力矩 M_1 和输出力矩 M_2

由于液力耦合器输出力矩 M_2 与输入力矩 M_1 大小相等,故

$$M_2 = M_1 = M_B = \rho q (v_{B2u} r_{B2} - v_{B1u} r_{B1}) \tag{12-11}$$

由上式可知,M_2、M_1 也与流量 q 成正比。因此,M_2、M_1 随涡轮转速 n_T 而变化的关系曲线也就与图 12-3 相似,即输入、输出力矩 M_1、M_2 与涡轮转速 n_T 成反比。图 12-4 所示为某种液力耦合器的外特性曲线。

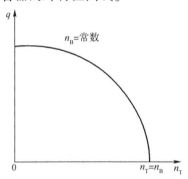

图 12-3 q 随 n_T 变化的曲线

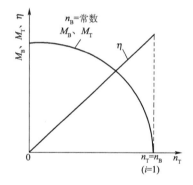

图 12-4 某种液力耦合器的外特性

2. 效率和转速比

液力耦合器的效率为输出功率 P_2 与输入功率 P_1 之比,即

$$\eta = \frac{P_2}{P_1} = \frac{P_T}{P_B} = \frac{M_2 n_T}{M_1 n_B} = Ki \tag{12-12}$$

式中:K——耦合器的变矩系数,$K=1$。

因此,液力耦合器的效率值与转速比相等,即

$$\eta = i \tag{12-13}$$

由式(12-12)可知,效率 η 与 n_T 之间是线性关系,即效率随涡轮转速变化的关系曲线是一条通过坐标原点的直线,如图 12-4 所示。由图可见,当泵轮转速 n_B 不变时,若涡轮转速 n_T 升高,耦合器的效率和转速比也随之升高。

效率 η 是评价液力耦合器经济性能的指标。当车辆行驶阻力过大时,涡轮转速 $n_T = 0$,

转速比 $i=0$。这表示输入给液力耦合器的全部功率都损失在液体摩擦及冲击损失上,故液力耦合器一般应尽量在大转速比下工作。但试验表明,当 $i>0.985$ 时,效率会跌落下来,故使用中不宜使 $i>0.985$。

由于液力耦合器在工作过程中不可避免地存在着能量损失,故

$$\eta = i = \frac{n_T}{n_B} < 1 \tag{12-14}$$

上式进一步验证了液力耦合器在正常工况下,涡轮转速 n_T 总是小于泵轮转速 n_B,这是液力耦合器区别于一般机械联轴器的重要特征。

四、液体未完全充满循环圆时的特性

前面进行的讨论,无意中遵循了一个前提条件:循环圆内完全充满液体。因为只有这样,才能确信液流的连续性。

那么现在就有一个问题,如果循环圆内未完全充满液体,液力耦合器的特性又将怎样呢?

1. 转速比对环流的影响

液力耦合器经常工作在局部充液状态下,这时循环圆内环流的形状和分布是随转速比 i 而变化的。液体在工作腔内有两种基本流态,即小循环流动和大循环流动。

在高转速比时,涡轮转速 n_T 较高,在泵轮出口或涡轮入口处,液体环流速度较高。但进入涡轮之后,由于受到涡轮内液体因旋转而产生的较大离心力阻抗和流道阻力的作用,环流速度迅速降低,在未到达涡轮出口处就向上离开涡轮重新进入泵轮中,液体在工作腔上部形成小循环流动,如图12-5a)所示。此时,液流作用于涡轮叶片上的面积较小,驱动涡轮旋转的力矩也就较小,也即液力耦合器传递力矩较小。

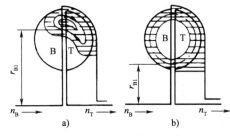

图12-5 液力耦合器的两种基本流态
a) 小循环流动; b) 大循环流动

在低转速比时,涡轮转速较低,由涡轮旋转对液体产生的离心力阻抗较小,液体到达涡轮出口处才离开涡轮,形成大循环流动,如图12-5b)所示。此时,液流作用于涡轮叶片上的面积较大,驱动涡轮旋转的力矩也就较大,也即液力耦合器传递力矩较大。

实际工作中,一般都要对工作机构提出限载要求。限矩型液力耦合器在涡轮出口处加装阻流板,即是通过人工方法实现限矩的有效方法。当负载超过规定的极限(也即超载)时,涡轮转速较低,环流由大循环流动强制变成小循环流动,使传递力矩减少,起到限矩保护作用。

2. 充液率对特性的影响

充液量与腔体总容量之比的百分率称为充液率,其值以 q_c 表示。充液率对耦合器特性影响极大,使用时应特别予以重视。

1) 充液率影响传递功率

液力耦合器传递功率的能力,近似地与充液率成正比。在相同的转差率下,在规定的充液范围内,充液越多,发挥作用的工作介质越多,则传递功率越大;反之,传递功率能力降低,

甚至带不动负载。限矩型液力耦合器通过自动调节充液率,可在重载低速工况下起到限制力矩升高的作用。

2) 充液率影响输出转速

在外载荷一定时,充液越多,由于传递功率的能力提高,则输出转速越高;反之,输出转速越低。调速型液力耦合器正是利用这一原理调节充液率进行调速的。

3) 充液率影响运行稳定性

图12-6所示是在不同充液率($q_c = 0.2 \sim 1.0$)下的液力耦合器力矩特性曲线。不同的充液率对特性曲线影响很大,规律是低充液率耦合器的力矩陡落较大,力矩会发生突变。另外,当转速比相同时,充液率越低,耦合器传递的力矩也就越小。所以,在选型匹配时应尽量避免低充液率的耦合器,调速型液力耦合器要尽量避开高转速比低充液率的不稳定工作区。

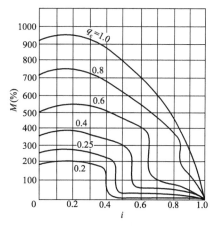

图12-6 不同充液率对传递力矩的影响

课题二 液力耦合器的结构

◎知识点

(1) 液力耦合器分类;
(2) 限矩型液力耦合器的结构和特性;
(3) 液力耦合器的辅助系统。

◎技能点

正确分析限矩型液力耦合器的工作过程。

◎课题应用

在港口设备中,较多地采用限矩型液力耦合器进行过载保护。

◎课题分析

液力耦合器的种类很多,但基本结构是泵轮、涡轮、输入及输出装置等。

◎相关知识

一、液力耦合器的种类

液力耦合器按功能分,有普通型、限矩型(安全型)和调速型三类。

1. 普通型液力耦合器

如图12-7所示,普通型液力耦合器只有泵轮、涡轮、外壳和轴等几个主要构件,没有任何限矩和调速的结构措施,结构简单,在相同的有效直径下,工作腔容积大。工作腔充满或近似于充满工作液体,传递功率的能力大,效率高。不足的是过载系数较大,一般为6~7,有的甚至高达20左右。

普通型液力耦合器多用于过载保护要求不高、对工作部件无调速要求、与内燃机匹配工作的传动系统,对工作机构起到平稳起动及衰减、隔离和减缓冲击的作用。

2. 限矩型液力耦合器

限矩型液力耦合器又称安全型液力耦合器,它是以限制传递力矩的大小,从而对原动机和工作部件起到过载保护作用的耦合器,一般与异步电机匹配使用。

限矩型液力耦合器主要有如下几种:

1) 静压泄液(带阻流板)式液力耦合器

如图 12-8 所示,静压泄液式液力耦合器利用侧辅腔与工作腔中静压力的平衡关系来调节充液量。侧辅腔 3 由涡轮外环与旋转的泵轮外壳 5 组成,具有较大的容积,涡轮出口处设有阻流板。侧辅腔内的液体大致以涡轮和泵轮的平均转速旋转,并以旋转产生的离心力来达到与工作腔中的液体压力相平衡。在空载情况上,因涡轮转速接近泵轮转速,故侧辅腔中液体的旋转速度高,离心力大,平衡后的液面半径为 r_1。当载荷增大、涡轮转速降低时,侧辅腔的旋转速度也降低,离心力减小,静压力减小,工作腔内的液体有一部分流入侧辅腔,使其液面半径减小为 r_2。此时,因工作腔中充液量减少,故液力耦合器的力矩传递值减少,起到限制在重载低速工况下力矩升高的作用。与此同时,由于涡轮转速降低,液体在工作腔内欲以大循环流动,而设置在涡轮出口处的阻流板 4 却强迫液体向上作小循环流动,使传递力矩减小,也起到限矩作用。

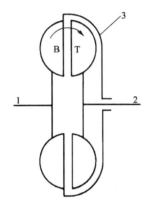
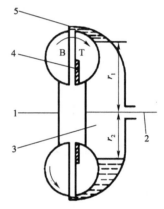

图 12-7　普通型液力耦合器原理简图　　　图 12-8　静压泄液式液力耦合器原理简图
1-泵轮轴;2-涡轮轴;3-外壳　　　　　　1-泵轮轴;2-涡轮轴;3-侧辅腔;4-阻流板;5-外壳

静压泄液式液力耦合器的特点是:结构比较简单,载荷变化时动态反应不灵敏,过载系数较低,一般为 2.7~3。该种耦合器多用于汽车、叉车、起重机行走机构等过载不频繁的传动装置中。

2) 动压泄液式液力耦合器

如图 12-9 所示,动压泄液式液力耦合器结构上带有前辅腔 4 和后辅腔 3。当液力耦合器在空载工况下工作时,涡轮转速高,转速比大,环流处于循环圆的外缘,作小循环流动,工作液体无法进入前辅腔和后辅腔。随着载荷增大、涡轮转速降到一定程度,液流改变为大循环流动,此时,涡轮内的液体在动压作用下,很快地流入前辅腔,然后通过通流孔 5 进入后辅腔,使工作腔中的充液量减少,传递的力矩被限制在一定的范围内。反之,当载荷重新减小时,工作腔中的液体又转为小循环流动,动压泄液作用停止,后辅腔中的液体逐渐充入工作腔。

动压泄液式液力耦合器的过载系数随充液量大小在一定范围内变化,一般为1.8~3.5。此种液力耦合器的传递功率范围较宽,动态反应灵敏,过载保护性能好,但结构较静压泄液式复杂,多用于保护原动机不超过规定力矩的场合,如刮板输送机、带式输送机、斗轮挖掘机等。

3) 多角形液力耦合器

如图12-10所示,多角形液力耦合器的循环圆为多角形,在靠近有效直径 D 处为圆角过渡,其他处为折角。当负载较小、涡轮转速较大时,工作腔中液体作小循环流动,循环流量不大,且液流与工作腔折角处接触较少,液力损失也较小;当负载较大、涡轮转速较低时,循环流量增大,液流在折角处产生强烈的漩涡,液力损失急剧增大,产生较大的能量损耗,从而降低了输出力矩,起到限矩作用。

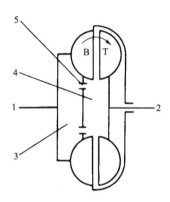

图12-9 动压泄液式液力耦合器原理简图
1-泵轮轴;2-涡轮轴;3-后辅腔;4-前辅腔;5-通流孔

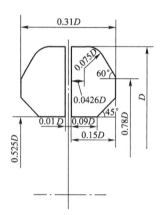

图12-10 多角形液力耦合器循环圆形状

多角形液力耦合器结构简单,保护性能也较好。但在低转速比时,耗损的能量转换为热能,使工作液体温度上升,发热较严重,因此应用不够广泛。

4) 闭锁式液力耦合器

液力耦合器在使用中存在着打滑,造成能量的损失。为了克服这一缺点,出现了闭锁式液力耦合器。它的结构特点是在泵轮与涡轮之间加装了一个摩擦式离合器,在转速比高时离合器自动接合,泵轮和涡轮闭锁为一体,直接传动;在转速比低时,离合器自动脱开,恢复液力耦合器功能。

闭锁的方式有多种,图12-11为其中一种原理简图。它由一静压泄液式液力耦合器和摩擦离合器组成。离合器装在侧辅腔3中,离合器主动片8通过连接盘5与涡轮连接,离合器从动片9固接在外壳4上。离合器主动片与滑块7通过轴销连接,滑块可在连接盘的径向导槽内滑动。

当负载较小、涡轮转速较高时,主动片连同滑块在离心力作用下沿连接盘的径向导槽向外滑动,与从动片相接触,产生摩擦力矩。此时功率通过两条路线进行传递:一路是泵轮轴→外壳→泵轮B→涡轮T→涡轮轴,另一路是泵轮轴→

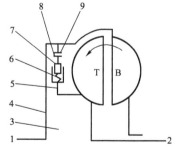

图12-11 闭锁式液力耦合器原理简图
1-泵轮轴;2-涡轮轴;3-侧辅腔;4-外壳;5-连接盘;6-复位弹簧;7-滑块;8-离合器主动片;9-离合器从动片

外壳→摩擦离合器→涡轮轴。随着涡轮转速的升高,摩擦离合器传递的力矩与涡轮转速的二次方成正比增加。当涡轮转速超过某一值后,离合器完全接合,成为直接传动,全部力矩由摩擦离合器传递。

当负载较大、涡轮转速较低时,离心力减小,系固的复位弹簧6使滑块缩回,离合器脱开,液力耦合器的功能得以恢复。

闭锁式液力耦合器与相同尺寸及规格的液力耦合器相比,可传递更大的功率,多用于大功率的带式输送机上。

3. 调速型液力耦合器

调速型液力耦合器是通过改变工作腔的充液量来实现输出转速调节的液力耦合器。调节充液量的方法有很多,主要有出口调节式、进口调节式和进出口调节式三种,这里仅介绍常用的出口调节式液力耦合器的工作原理。

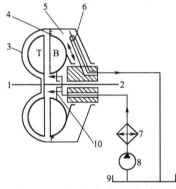

图12-12 出口调节式液力耦合器原理简图

1-泵轮轴;2-涡轮轴;3-旋转外壳;
4-通流孔;5-辅腔;6-导管;7-冷却器;
8-泵;9-油箱;10-进油孔

出口调节式液力耦合器是通过改变工作腔出口流量来调速的,其原理如图12-12所示。泵轮B与旋转外壳3连接,并与泵轮外环构成辅腔5。辅腔通过通流孔4与工作腔相通。当泵轮旋转时,辅腔内形成旋转液环,使工作腔中的充液量与辅腔内的液位相适应。液压泵向工作腔定量地供给工作液体,导管6排出等量的工作液体,导管可沿径向移动。当导管向液力耦合器轴心方向移动时,旋转液环加厚,此过程中导管少排或不排工作液体。此时,工作腔中充液量增加,涡轮转速升高。反之,当导管向远离轴心的方向移动时,导管排液量增加,液环减薄,工作腔中充液量减少,涡轮转速下降。

出口调节式液力耦合器的特点是调速反应比较灵敏,操作简便,使用功率范围较宽,它广泛应用于各种要求快速调速的场合。

二、限矩型液力耦合器的结构

限矩型液力耦合器是港口设备中常用的液力耦合器,主要用以限制输出力矩大小,对原动机起到过载保护作用。

图12-13是一种典型的动压泄液式限矩型液力耦合器。前辅腔5与后辅腔4之间有孔A相通,后辅腔与工作腔之间有孔B相通。为了安装方便,补偿输入轴与输出轴在安装时的轴向偏移和角偏移,结构上采用了装有弹性盘2的联轴器。在泵轮上装有注油塞6,注油时将其拧下。在运行期间,由于密封不严会造成工作液体的蒸发、漏损,因此当发现传动能力下降时应及时补油。在外壳9上装有热保护塞10,当液力耦合器负载过大,长时间在零速工况或低转速比工况下工作时,工作液体温度上升很快。当升高到热保护塞上的易熔合金熔化时,工作液体从中心孔喷出,工作腔迅速排空,输入轴只带动泵轮空转,能量传递中断,有效地起到热保护作用。

图12-14是以带轮为输出装置的静压泄液式限矩型液力耦合器,目前应用日渐增多。它的特点有二:一是外壳2与涡轮1连成一体,泵轮3设置在外壳2的包围腔内,因此也称

其为内轮驱动式液力耦合器;二是输出端不是传动轴而是带轮。这种耦合器大多通过输入轴 5 直接套装在电动机轴上,由输出带轮 4 通过三角皮带与工作机连接。

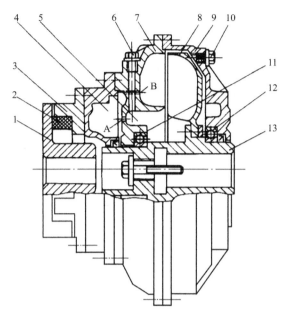

图 12-13　动压泄液式限矩型液力耦合器
1-主动半联轴器;2-弹性盘;3-从动半联轴器;4-后辅腔;
5-前辅腔;6-注油塞;7-泵轮;8-涡轮;9-外壳;10-热保护塞;11、12-轴承;13-输出轴

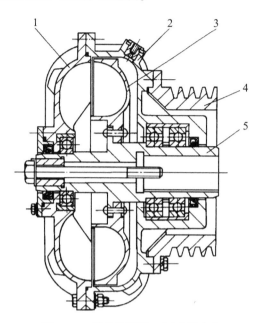

图 12-14　装带轮的限矩型液力耦合器
1-涡轮;2-外壳;3-泵轮;4-输出带轮;5-输入轴

三、液力耦合器的辅助系统

1. 液力传动用油

液力传动用油,除作为工作介质以外,还起润滑和冷却作用。实际工作中,应根据液力元件的具体结构和使用条件来选择油的种类。

国内外液力传动用油的种类很多。国内以往一般采用 22 号汽轮机油,现在推广使用液力传动专用油。

8 号液力传动油是以低黏度精制馏分油为基础油,然后加入增黏、降凝、抗磨、抗氧化、防锈、抗泡沫等添加剂制成。

6 号液力传动用油是以 22 号汽轮机油为基础油,再加入增黏、降凝、清净分散、抗氧化、抗腐、防锈、抗泡沫等添加剂制成。

对于港口流动机械、载重车辆,一般采用 6 号液力传动油;对于一般设备,一般采用 8 号液力传动用油。

2. 调速型液力耦合器的辅助系统

调速型液力耦合器的辅助系统主要有供油系统、润滑系统以及操纵机构。

采用滚动轴承的调速型液力耦合器采用图 12-15 所示的油路。油泵 1 从油箱中吸油,经过设置在液力耦合器外部的冷却器 2 后流入进油腔,通往工作腔,同时润滑各滚动轴承。

安全阀3安装在箱体内。在出油口装有压力表4和温度计5,进油口装有温度计6,这些仪表均安装在箱体外侧上方,可随时监控油路中的油温和油压的变化。

采用滑动轴承的调速型液力耦合器是采用图12-16所示的油路。液力耦合器起动前,必须首先起动润滑油泵1,使润滑油经阀2和双联过滤器3,并通过专门设置的润滑油路润滑滑动轴承4、5、6和7。起动后,主供油泵8以箱体外部的冷却器向工作腔供油。同时,在节流器10前有一部分油液经梭阀进入润滑油路。当过滤器3后的压力表11显示达到规定的润滑压力(0.14~0.175MPa)后,润滑油泵1停止工作。在液力耦合器正常运转时,滑动轴承由主供油泵供油润滑。

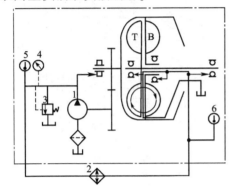

图12-15 采用滚动轴承的调速型液力耦合器油路
1-油泵;2-冷却器;3-安全阀;4-压力表;5、6-温度计

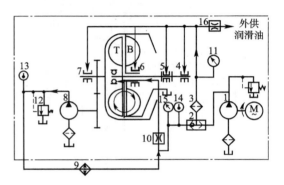

图12-16 采用滑动轴承的调速型液力耦合器的油路
1-润滑油泵;2-梭阀;3-双联过滤器;4-输出轴轴承;
5-推力轴承;6-泵轮轴承;7-输入油轴承;8-主供油泵;
9-冷却器;10、16-节流器;11、15-压力表;12-安全阀;
13、14-温度计

思考题与习题

1. 液力耦合器是如何实现能量传递的?
2. 液力耦合器为什么不能变矩?
3. 液力耦合器循环圆流量q、输出转速n_T、输出力矩M_2、输入力矩M_1、效率η及转速比i与外载变化的关系怎样?
4. 液力耦合器转速比是如何对环流产生影响的?
5. 液力耦合器的充液率对特性有哪些影响?
6. 限矩型液力耦合器是如何实现限矩的?

模块十三　液力变矩器

课题一　液力变矩器的工作原理与特性

◎知识点
(1)液力变矩器能量传递原理、变矩原理及自动变矩原理；
(2)液力变矩器的外特性。

◎技能点
(1)正确理解装有液力变矩器的车辆根据车驶阻力的变化实现自动地、无级地变矩过程；
(2)正确理解液力变矩器与液力耦合器在性能上的区别。

◎课题应用
液力变矩器广泛应用于各种车辆中,如港口常用的叉车、装载机、集装箱叉车、集装箱正面吊等,取代离合器,能根据行驶阻力的变化实现自动地、无级地变速和变矩。

◎课题分析
液力变矩器的能量传递与液力耦合器相同,均是依靠泵轮出口液体斜向冲击涡轮叶片。但由于液力变矩器内部比液力耦合器多了一种导轮,因而液力变矩器能够根据行驶阻力的变化实现自动地、无级地变矩,且变矩系数大于1、等于1、小于1均有可能。

◎相关知识

液力变矩器是一种重要的液力元件,它通常安装在车辆的发动机与变速器之间,代替离合器使用。

液力变矩器的工作轮由泵轮 B、涡轮 T 和导轮 D 组成。图13-1 为液力变矩器的结构示意图,图13-2 为变矩器的外形图。由图可见,泵轮1 与变矩器连接盘5 连成一体,并固定在发动机曲轴后端的凸缘上。涡轮3 通过输出轴8 与车辆的变速器相连。导轮4 位于泵轮与涡轮之间,并固定于静止不动的壳体7 上,3 个工作轮之间保持一定的间隙。泵轮、涡轮和导轮均有弯曲的叶片,形成环形工作腔,并充以工作液体。

一、液力变矩器的能量传递原理

液力变矩器和液力耦合器一样,在正常工作时,储存于环形工作腔内的工作液体,除了有绕变矩器轴线的旋转运动(牵连运动)外,由于离心力的作用,还有在循环圆内沿图13-1

中箭头所示方向的循环流动(相对运动)。发动机的机械能通过泵轮转化为工作液体的动能。泵轮外缘的出口液体以较高的绝对运动速度斜向冲击涡轮叶片,驱动涡轮旋转,向外输出旋转的机械能。液流进入涡轮后,工作液体被减速,动能减少。从涡轮流出的液体经过导轮后,重新流入泵轮,油液形成循环流动。

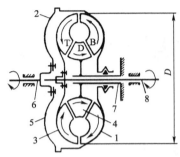

图13-1 液力变矩器结构示意图
1-泵轮;2-飞轮;3-涡轮;4-导轮;5-变矩器连接盘;6-输入轴;7-壳体;8-输出轴

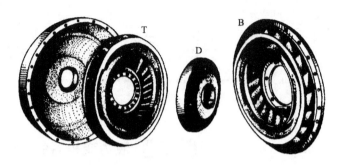

图13-2 液力变矩器外形图

与液力耦合器一样,液力变矩器泵轮的作用是使工作液体获得动能。涡轮的作用是吸收工作液体的动能,将液体的动能转化为旋转的机械能输出。与液力耦合器不同的是,液力变矩器多了一种固定不动的导轮。导轮不仅改变了液流的流动方向,使工作液体重新进入泵轮,进行周而复始的循环流动,而且固定的导轮还对通过的液流产生反作用力矩,使涡轮输出力矩不等于泵轮的输入力矩。

二、液力变矩器能够变矩

设工作轮叶片对液体的作用力矩分别为 M_B、M_T 和 M_D,则根据式(11-3)可得

$$M_B = \rho q(v_{B2u} r_{B2} - v_{B1u} r_{B1}) \tag{13-1}$$

$$M_T = \rho q(v_{T2u} r_{T2} - v_{T1u} r_{T1}) \tag{13-2}$$

$$M_D = \rho q(v_{D2u} r_{D2} - v_{D1u} r_{D1}) \tag{13-3}$$

由于相邻工作轮的流道前后衔接,且前一个工作轮叶片出口处的半径等于后一个工作轮进口处的半径,液体在这段区间内没有叶片作用,是自由流动。如果不计摩擦力矩,则液体从前一个工作轮出口到后一个工作轮进口的动量矩不变,即 $v_u r =$ 常数,则

$$v_{B2u} r_{B2} = v_{T1u} r_{T1} \tag{13-4}$$

$$v_{T2u} r_{T2} = v_{D1u} r_{D1} \tag{13-5}$$

$$v_{D2u} r_{D2} = v_{B1u} r_{B1} \tag{13-6}$$

将式(13-1)、式(13-2)、式(13-3)左右两边分别相加,并将式(13-4)、式(13-5)、式(13-6)代入相加后的式中,则得

$$M_B + M_T + M_D = 0 \tag{13-7}$$

式(13-7)称为液力变矩器力矩平衡方程式。此式说明,液力变矩器中各工作轮作用于液体上的力矩代数和为零。

根据作用力矩与反作用力矩定律可知,涡轮作用于液体的力矩 M_T 与工作液体作用于涡

轮的力矩 M'_T 大小相等、方向相反，即

$$M_T = -M'_T \tag{13-8}$$

这样，式(13-7)又可改写为

$$M'_T = M_B + M_D \tag{13-9}$$

即涡轮从循环液流中所获得的力矩，在数值上与泵轮和导轮给予液流的力矩之和相等。

如果不计工作过程中的摩擦力矩，那么，变矩器泵轮轴的输入力矩 M_1 与泵轮作用于液体上的力矩 M_B 相等($M_1 = M_B$)，涡轮轴的实际输出力矩 M_2 与液体作用于涡轮的力矩 M'_T 相等(即 $M_2 = M'_T$)，于是式(13-9)又可改写为

$$M_2 = M_1 + M_D \tag{13-10}$$

由式(13-10)可以看出，由于导轮的存在，输出力矩 M_2 不等于输入力矩 M_1，即液力变矩器具有变矩功能。由于涡轮出口液体冲击导轮的方向会发生变化，M_D 值大于、等于、小于零均有可能，因此变矩系数 $K = M_2/M_1$ 大于、等于、小于 1 也就均有可能，这一点正是液力变矩器与液力耦合器的明显不同之处。

三、液力变矩器自动变矩原理

设：车辆用变矩器代替离合器，行驶阻力由大到小变化，泵轮转速 n_B 保持不变。

随着车辆行驶阻力的逐步减小，涡轮转速 n_T 逐步增大。一方面，n_T 增大，使循环圆流量下降，由力矩公式可知，变矩器输入、输出力矩 M_1、M_2 均下降；另一方面，n_T 增大，引起涡轮出口牵连运动速度 u_{T2} 和相对运动速度 w_{T2} 发生不同的变化。u_{T2} 随 n_T 的增大而增大，而 w_{T2} 则因循环圆流量的逐步下降而减小，因而使涡轮出口的绝对运动速度的大小和方向也发生变化。这样，涡轮出口绝对运动速度 v_{T2} 与牵连运动速度 u_{T2} 之间的夹角 α_{T2} 逐步减小，α_{T2} 由大于 90°[图 13-3a)]逐步变为小于 90°[图 13-3b)]，涡轮出口液体便由冲击导轮正面(凹面)逐渐变为冲击导轮的背面，导轮对液体的作用力矩 M_D 也就由正值逐渐变为负值。根据式 $M_2 = M_1 + M_D$ 可知，变矩器则由 $M_2 > M_1$ 变为 $M_2 < M_1$。当 $M_D = 0$ 时，导轮与液流间无作用力，$M_2 = M_1$，此瞬时工况实际上导轮并未发挥作用，为耦合器工况。

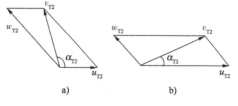

图 13-3 涡轮出口液流速度
a) n_T 较小时；b) n_T 较大时

由上述分析可知，当车辆行驶阻力逐步减小时，液力变矩器的变矩有两层含义，一是输入、输出力矩 M_1、M_2 均会下降；二是 M_1、M_2 之间的大小关系也发生变化，由 $M_2 > M_1$ 变为 $M_2 < M_1$。

综上所述，装有液力变矩器的车辆能根据行驶阻力的变化，实现自动地、无级地变速和变矩。

液力变矩器各性能参数之间的关系通常用特性曲线来表示，从特性曲线中可以全面地了解液力元件在各种不同工况时的性能。

四、液力变矩器的外特性

液力变矩器的外特性表示液力变矩器在泵轮转速 n_B 和工作液体的密度 ρ 一定时，输出力矩 M_2、输入力矩 M_1、效率 η 等随涡轮轴转速 n_T 变化的特性，一般由试验得出。图 13-3 所示为某种液力变矩器的外特性曲线图。

1. 力矩

试验证明,当泵轮转速 n_B 保持不变时,液力变矩器输入、输出力矩 M_1、M_2 均随涡轮转速 n_T 的增大而减小,如图 13-4 所示。输出力矩 M_2 为一条近似单值下降的直线,而输入力矩 M_1 所受的影响很小,是一条略有下降的曲线。

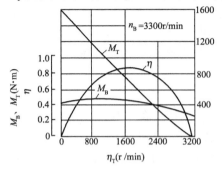

图 13-4 某种液力变矩器的外特性曲线

上述变化规律对于车辆来说无疑是非常合适的。当车辆上装有液力变矩器,并将涡轮输出轴通过变速器等与驱动车轮相连时,就能保证在泵轮输入轴(发动机曲轴)转速不变和力矩变化不大的情况下,使涡轮轴输出转速和力矩在一定范围内变化。当外界阻力较大时(如车辆刚起步或上坡),涡轮转速 n_T 自动降低,而输出力矩 M_2 却可能放大到 M_1 的数倍,足以使车辆克服较大的行驶阻力。而当行驶阻力较小时(如车辆在良好的路面上行驶),涡轮转速 n_T 提高,使车辆以较高的速度前进,而输出力矩也随之自动减少。液力变矩器这种适应外界阻力大小而连续无级地改变输出转速和力矩的自动适应性,使车辆在阻力不同的路面上行驶时,可在一定的范围内自动地调速而不需要换挡。

变矩系数 K 为涡轮输出力矩 M_2 与泵轮输入力矩 M_1 之比,它表示变矩器改变力矩的能力。液力变矩器的变矩系数不是一个常数,而是随涡轮转速而变的。由图 13-4 可知,当 n_T 较小时,M_D 为正值,$M_2 > M_1$,变矩系数 $K > 1$;反之,当 n_T 较大时,M_D 为负值,$M_2 < M_1$,变矩系数 $K < 1$;当 $M_2 = M_1$ 时,$M_D = 0$,$K = 1$,此时变矩器相当于一个无导轮的耦合器。

2. 效率

液力变矩器的效率也为输出功率 P_2 与输入功率 P_1 之比,即

$$\eta = \frac{P_2}{P_1} = \frac{P_T}{P_B} = \frac{M_2}{M_1} \cdot \frac{n_T}{n_B} = Ki \tag{13-11}$$

液力变矩器的效率是变矩系数与转速比的乘积,效率曲线的形状为一抛物线,如图 13-4 所示。从图中可以看出,变矩器的高效范围位于涡轮中等转速的工况下。

液力变矩器的功率损失为各种机械损失和液力损失之和。机械损失主要是轴承、密封等的摩擦损失,液力损失主要是液力摩擦、流道转弯、扩张、收缩等局部损失和工作轮进口的冲击损失,液力损失所占比重较大。

五、液力变矩器的原始特性

液力变矩器的原始特性曲线是泵轮力矩系数 λ_B、效率 η、变矩系数 K 随转速比 i 而变化的曲线,即以 $\lambda_B = f(i)$、$\eta = f(i)$ 和 $K = f(i)$ 的形式来表示的特性曲线。它们是在外特性曲线的基础上,用式 $i = n_T/n_B$、式(11-4)、式(13-11)和式 $K = M_2/M_1$ 进行计算而绘制的。图 13-5 所示为某种液力变矩器原始特性曲线图。

泵轮力矩系数 λ_B 又称能容,它反映了液力元件传递功率的能力。由于几何相似的液力变矩器在转速比 i 相同时 λ_B 相等,因此从原始特性曲线中就能清楚地表达出某种类型液力变矩器的性能参数,这对于选择液力变矩器是极为有用的原始资料。

六、液力变矩器的基本性能

在液力变矩器的各种性能中,比较重要和有代表性的是其变矩性能、经济性能和透穿性能。

1. 变矩性能

变矩性能是指变矩器在不同转速比 i 下工作时,相应改变输入力矩能力的大小。由图 13-5 中变矩系数 K 的曲线可以看出,变矩能力随转速比 i 的增加而自动减小。变矩能力一般用起动工况时的变矩系数 K_0 和耦合器工况时的转速比 i 来衡量。

(1)起动工况下的变矩系数 K_0:起动工况又称零速工况,是 $i=0$ 时的工况。根据 K_0 可以确定车辆起步时所能发生的最大牵引能力。显然,K_0 值越大,车辆起步时的牵引力就越大。

(2)耦合器工况下的转速比 i:液力变矩器的耦合器工况是指变矩系数 $K=1$ 时的工况,耦合器工况下的转速比也即输入力矩和输出力矩相等时的转速比。显然,该转速比越大,则变矩器的变矩性能也就越好。

2. 经济性能

液力变矩器的经济性能用不同转速比 i 下工作时效率 η 的大小来衡量。由图 13-5 中的效率曲线可知,普通液力变矩器的效率值是随转速比的增加由零逐渐增大,达到最大值 η_{max} 后,又随转速比的增大从最大值减小到零,即效率曲线是呈抛物线规律改变的。

评论经济性能的指标一般用最高效率和高效范围来表示。如图 13-6 所示,最高效率 η_{max} 是指变矩器工作范围内的最高效率值。高效范围 G_η 是指液力变矩器的效率值高于某一规定值的工作范围,它用此范围内最高转速比 i_{g2} 和最低转速比 i_{g1} 的比值来表示,即

$$G_\eta = \frac{i_{g2}}{i_{g1}} \tag{13-12}$$

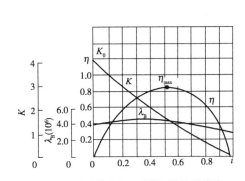

图 13-5 某种液力变矩器的原始特性曲线

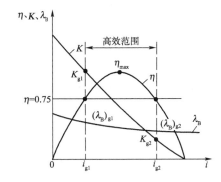

图 13-6 液力变矩器的高效范围

通常,选取 $\eta \geq 0.75$ 的效率值作为工作范围。

一般认为,最高效率 η_{max} 的值越大,高效范围 G_η 越大,则变矩器的经济性能越好。如果单纯认为最高效率值 η_{max} 高,经济性能就好,这个观点是错误的。在图 13-6 的效率曲线上,单纯一个点的数值高,不能说明液力变矩器在整个工作过程中经济性能良好,因为对于车辆来说,液力变矩器在某一转速比范围内工作,在工作范围内获取较宽的高效范围对经济性才有重要意义。因此,选取高效范围 G_η 值较大的变矩器,就会带来较高的经济效益。

应用在车辆上的普通液力变矩器,η_{max} 一般为 $0.8 \sim 0.86$,G_η 一般为 $1.9 \sim 2.2$。

3. 透穿性能

由于循环圆流量会随涡轮转速 n_T 变化而变化,因而就引起泵轮力矩 M_B 和力矩系数 λ_B 的变化,也即负荷的变化将透过液力变矩器在一定程度上影响发动机的工况,形成"透穿"。这样, M_B (即 M_1) 和 n_T 之间的变化关系就如图13-4所示, λ_B 与 i 之间的变化关系如图13-5所示。

液力变矩器的透穿性是指在泵轮转速 n_B 不变时,载荷变化引起泵轮力矩系数 λ_B 或力矩 M_B 变化的性能。透穿性的大小用透穿数 T 表示。

$$T = \frac{\lambda_{B0}}{\lambda_{Bi}} \tag{13-13}$$

式中: λ_{B0} ——零速工况下的泵轮力矩系数;

λ_{Bi} ——某一工况下的泵轮力矩系数。在实际使用中视液力变矩器形式的不同,或采用耦合器工况($K=0$)时的 λ_{Bh} ,或采用最高效率工况($\eta=\eta_{max}$)时的 $\lambda_{B\eta}$ 。

当 $T=1$ 时,液力变矩器是完全不可透穿的,但实际上 λ_B 不可能绝对不变, $T=1$ 是不存在的。一般认为, $T=0.9\sim1.1$ 时变矩器不可透穿; $T>1.1$ 时变矩器正透穿; $T<0.9$ 时变矩器负透穿;变矩器在工作范围内既有正透穿又有负透穿,则称为混合透穿。图13-7所示为液力变矩器透穿性的几种不同状态。

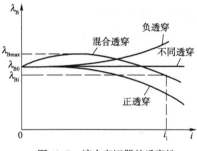

图13-7 液力变矩器的透穿性

当不可透穿的液力变矩器与发动机共同工作时,不管外界负荷如何变化,发动机始终在某一工作点工作。只有改变发动机的转速,才能改变发动机的工况。不可透穿变矩器对于适应性较小的发动机,能够最可靠的防止其过载和因此而引起的发动机熄火。

对于 $T>1.1$ 的具有正透穿的液力变矩器, λ_B 是随 i 的增大而减小的。在发动机的特性曲线中,最大功率和最大力矩点并不是在同一转速时得到的。因而具有正透穿的液力变矩器可使发动机在重载低速的工况下输出最大力矩来满足最大牵引力需要,而在轻载高速的工况下输出最大功率来满足最大速度的需要。这样,扩大了发动机的工作范围,并使效率曲线相应地展宽了,所以在车辆中广泛应用具有正透穿性的液力变矩器。

对于 $T>0.9$ 的具有负透穿性的液力变矩器,其力矩系数 λ_B 随转速比 i 的增大而增大,也即泵轮的力矩 M_B 是随负载的增大而有所减小,使车辆的经济性和动力性变坏,因此一般很少采用。

课题二 综合式液力变矩器和闭锁式液力变矩器

◎知识点

(1)综合式变矩器的特性;

(2)闭锁式变矩器的特性。

◎技能点

正确分析综合式变矩器工况转换原理。

◎课题应用

港口内燃车辆所使用的变矩器,较多采用的是综合式液力变矩器,也有少数为闭锁式液力变矩器。

◎课题分析

普通液力变矩器的导轮是固定不动的,其工作效率在高速工况下较低。综合式液力变矩器通过一定的方式能在高速工况下使导轮旋转,此时变矩器成为了无固定导轮的耦合器,工作效率不降反升。

◎相关知识

液力变矩器的最大缺点是效率低。如果说,在低转速比的情况下,由于变矩数 K 增大,改善了车辆的牵引性能,对效率变低是可以容忍的话,那么在高转速比时,效率的降低则是人们特别不希望的。

一、综合式液力变矩器

图 13-8 所示为液力变矩器、液力耦合器效率与涡轮转速 n_T 之间的关系曲线(当 n_B 一定时)。

由图可见,当液力变矩器和液力耦合器的效率曲线在转速 $n_T = n'_T$ 处相交时,两者的效率值是相等的。当涡轮转速 n_T 在小于 n'_T 范围内变化时,液力变矩器的效率大于液力耦合器的效率;而当转速在大于 n'_T 的范围内变化时,液力耦合器的效率又大于液力变矩器的效率。综合式液力变矩器是一种兼有液力变矩器和液力耦合器良好性能、具有较宽高效率范围的液力元件。当 $n_T < n'_T$ 时,它在液力变矩器工况下工作;当 $n_T > n'_T$ 时,它在液力耦合器工况下工作。这样,在涡轮的整个转速变化范围内,综合式液力变矩器均可在较高的效率下工作。

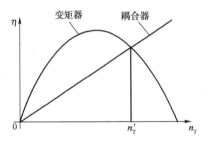

图 13-8 变矩器和耦合器的效率曲线

综合式液力变矩器之所以能自动地在 $n_T > n'_T$ 时起耦合器作用,关键是在导轮 D 与固定不转的导轮轴之间安装有单向离合器(又称超越离合器),而不像普通变矩器那样将导轮直接固定在固定不动的导轮轴上,如图 13-9a)所示。当涡轮出口液体冲击导轮正面(凹面)时,单向离合器中的滚柱被楔紧在棘轮槽内,使导轮无法转动,此时综合式液力变矩器处于有固定导轮的变矩器工况;当涡轮出口液体冲击导轮背面(凸面)时,滚柱在导轮的带动下旋转,被带至棘轮槽较宽的区域,导轮得以旋转,此时综合式液力变矩器处于无固定导轮的耦合器工况。

综合式液力变矩器的变矩器工况和耦合器工况之间的转换是随涡轮输出转速的大小而自动进行的,如图 13-9b)所示。

当 $n_T < n'_T$ 时,由于涡轮转速较低,涡轮出口处的牵连速度 u_{T2} 较小,相对速度 w_{T2} 较大,因而液流绝对速度 v_{T2} 的方向指向导轮叶片的正面(凹面),如图 13-9b)中的箭头 1 所示。在液流的作用下,单向离合器使导轮不能旋转,就如普通液力变矩器中的导轮作用一样。于是,在 $n_T = 0 \sim n'_T$ 范围内,该液力元件即作为变矩器而工作。

当 $n_T > n'_T$ 时,由于涡轮转速较高,涡轮出口处的牵连速度 u_{T2} 较大,相对速度 w_{T2} 较小,绝对速度 v_{T2} 的方向偏移,涡轮出口液体冲击导轮的背面(凸面),如图 13-9b)中的箭头 4 所示。单向离合器使导轮与导轮轴脱开,导轮得以旋转,故在 $n_T > n'_T$ 时的转速范围内,该液力元件即作为耦合器而工作,效率得以继续提高。

图13-9c)所示为某种综合式液力变矩器的特性曲线图。由图可见,在高转速比状态(即涡轮高速状态)下,其效率与普通液力变矩器相比大大提高,综合式液力变矩器获得了较宽的高效率范围。

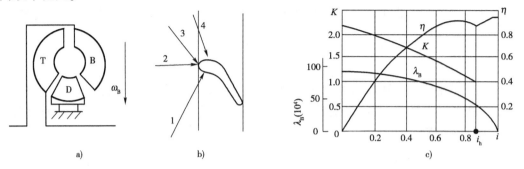

图13-9 综合式液力变矩器工况转换原理
a)运动学简图;b)不同工况导轮入口来流方向;c)特性曲线

二、闭锁式液力变矩器

闭锁式液力变矩器是另一种提高高速工况下传动效率的变矩器。

如图13-10a)所示,泵轮1与原动机相连,涡轮2与输出轴相连,而导轮3则通过单向离合器4与壳体相连,单向离合器允许导轮朝着泵轮旋转方向旋转。当转速较低时,导轮固定,闭锁式液力变矩器就像普通变矩器一样工作。当转速比较高时,导轮松开空转,同时摩擦离合器5作用,把泵轮与涡轮锁住,刚性地连接在一起,使输入轴与输出轴直接连接。这样,闭锁后的效率比综合式液力变矩器的耦合器工况的效率更高,可达接近1的程度。如果导轮上不装单向离合器,则导轮不松开空转,会引起很大的液力损失,降低直接传动的效率。同时应该看到,闭锁后泵轮、涡轮随着原动机一起旋转,旋转的外壳表面有鼓风损失,这种鼓风损失有时会达到相当大的数值。

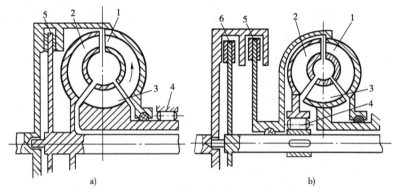

图13-10 闭锁式液力变矩器原理图
a)单摩擦离合器型;b)双摩擦离合器型
1-泵轮;2-涡轮;3-导轮;4-单向离合器;5、6-摩擦离合器

若结构原理如图13-10b)所示,上述鼓风损失可以消除。当变矩器工作时,原动机的功率靠摩擦离合器传递给泵轮,然后由涡轮经过单向离合器把功率传给输出轴。当转速比较高时,摩擦离合器5松开,将变矩器甩开,同时摩擦离合器6结合,实现直接传动,把输入轴

与输出轴连接在一起,原动机的功率直接传给输出轴而不经过变矩器。这时泵轮由于摩擦离合器 5 松开而与输入轴脱离,而涡轮则靠单向离合器 4 与输出轴脱离,液力损失可完全消除。直接传动的效率如图 13-11 所示,实际可达到接近 1。

必须指出,将液力变矩器闭锁,虽然可以扩大高效率区的范围,提高大转速比时的最高效率值,但液力变矩器闭锁成纯机械式的传动则失去了液力变矩器所能赋予传动的各种优良性能,而且闭锁式离合器需要增加操纵系统,使车辆的操纵变得复杂。

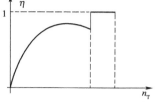

图 13-11　闭锁式液力变矩器的效率

液力变矩器的闭锁控制有多种方式,有液压闭锁式、离心闭锁式、黏性闭锁式等,最常用的是液压闭锁式。液压闭锁式液力变矩器是利用液压系统中的压力来使闭锁离合器接合,从而使涡轮和泵轮闭锁在一起,提高动力传递效率。液压闭锁式又可根据控制方式不同分为纯液压控制闭锁和电液控制闭锁两种。前一种用滑动柱塞阀提供油压力来控制,后一种采用电磁阀来控制闭锁油压。目前,几乎所有的自动变速器都通过使用一个电子控制系统来控制液力变矩器闭锁离合器电磁阀的通断,以此来控制闭锁油压。早期的液力变矩器闭锁离合器多为利用开关式电磁阀来控制,要么闭锁,要么断开。由于液力变矩器的闭锁对提高燃油经济性很有效,所以闭锁范围也在不断扩大。由于完全闭锁实际上相当于机械连接,失去了液力传动吸收振动和冲击的作用,对传动系统的寿命和乘坐舒适性都有很大影响;而且如果在较低的速比下闭锁,泵轮与涡轮的转速差很大,引起车辆快速制动,极有可能导致发动机熄火。现在逐渐采用了脉动式电磁阀,对闭式离合器采用闭环滑转控制的方式,极大地提高了变矩器的效率,同时也改善了车辆的燃油经济性。

课题三　液力变矩器的结构

◎知识点

(1)液力变矩器的分类;
(2)液力变矩器的辅助系统。

◎技能点

正确分析液力变矩器的典型结构。

◎课题应用

在实际工作中,液力变矩器应用较为广泛,但变矩器通常无需人力操作,损坏的概率也非常小,但掌握变矩器的典型结构及辅助系统对使用维护者来说也是较为有益的。

◎课题分析

液力变矩器的种类非常繁多,有按工作轮在循环圆内的排列顺序分,有按可实现的工况数分,有按涡轮的形式分等。在港口设备中,液力变矩器常与机械传动元件进行组合,构成了液力机械变矩器。

◎相关知识

一、液力变矩器的分类

液力变矩器的结构是在生产实践中逐渐发展起来的。由于生产中提出的要求多种多样,所以具体结构也是种类繁多的。液力变矩器的总体分类如图 13-12 所示。

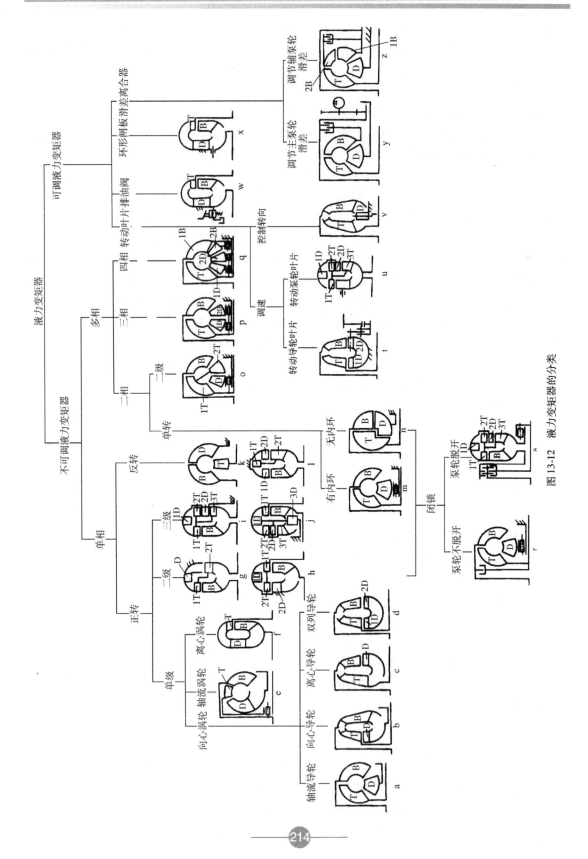

图 13-12 液力变矩器的分类

(1) 按工作轮在循环圆内的排列顺序分为:正转型和反转型液力变矩器。正转型液力变矩器工作轮的排列顺序为 B—T—D,反转型液力变矩器工作轮的排列顺序为 B—D—T 型。正转型变矩器在正常运转条件下,涡轮旋转方向与泵轮一致,车辆多用正转型变矩器;而反转型变矩器在正常运转时,涡轮旋转方向与泵轮相反,且正透穿性大,液流方向变化剧烈,因此损失大,效率较低。

(2) 按涡轮叶栅的列数分为:单级、二级和三级液力变矩器。液力变矩器的"级"是指安置在泵轮与导轮、导轮与导轮之间且相互之间刚性连接的涡轮叶栅数。若涡轮数虽为两个或两个以上,但每个涡轮并不安置在其他两个工作轮之间,两涡轮又不刚性连接,则仍为单级变矩器。多级变矩器性能虽好,但结构复杂,价格较贵,故在车辆和工程机械上较少使用。

(3) 按液力变矩器可能实现的工况数分为:单相、两相和多相液力变矩器。前面介绍的图 13-9 单导轮综合式液力变矩器就是两相变矩器,它有一种变矩器工况和一种耦合器工况。

(4) 按涡轮的形式分为:向心涡轮、轴流涡轮和离心涡轮变矩器。涡轮的配置位置决定了液流方向。对于出口半径大于进口半径的涡轮($r_{T2} > r_{T1}$),液流在其中是从内缘流向外缘,称为离心涡轮;对于进、出口半径近似相等的涡轮,液流在其中轴向流动,称为轴流涡轮;对于出口半径小于进口半径的涡轮($r_{T2} < r_{T1}$),液流在其中是从外缘流向内缘,称为向心涡轮。其中向心涡轮变矩器在同样的有效直径和泵轮转速下,比其余两种变矩器的力矩系数大,正透穿性能范围大,最高效率高,故在车辆和工程机械中应用最为普遍。

(5) 按液力变矩器泵轮和涡轮能否闭锁成一体分为:闭锁式和非闭锁式变矩器。

(6) 按工作轮的叶片是否可以转动分为:可调式和不可调式变矩器。可调式变矩器能根据负荷的不同,使泵轮或导轮的叶片转动,强制改变液力变矩器的外特性,但结构复杂,价格较贵,因此在车辆和工程机械上很少应用。

二、液力变矩器的典型结构

1. 单级单相向心涡轮液力变矩器

在图 13-13 所示液力变矩器结构中,泵轮 9、涡轮 7、导轮 6 为 B—T—D 排列,属正转型;只有一个涡轮,为单级;导轮与导轮座 2 刚性连接,只有一个变矩器工况,为单相;涡轮布置于泵轮之后,且涡轮的出口半径小于进口半径,为向心涡轮。故该液力变矩器属正转型的单级单相向心涡轮液力变矩器。

该液力变矩器由泵轮 9、涡轮 7、导轮 6、涡轮轴 1、输出轴 17、壳体 8、油泵 13 等主要零件所组成。工作轮均由铸铝浇铸而成,其内装有工作油液。

发动机的动力按如下路线传递,实现了能量的液力传动:

发动机飞轮→连接盘 4→泵轮 9→涡轮 7→涡轮毂 3→涡轮轴 1→齿轮 15→齿轮 19→输出轴 17→输出法兰 18。

变矩器连接盘 4 通过螺栓与发动机飞轮和泵轮分别连接和传力,通过连接盘左端轴颈上的铜套 22 与飞轮中心轮的配合来保证与其同心。连接盘—泵轮组件由轴承 21 和 5 支承;涡轮组件由涡轮、涡轮毂和涡轮轴等组成,用轴承 21 和 16 支承。轴承 16 轴向固定并承受涡轮的轴向力。轴承 21 为滚针轴承,允许长的涡轮轴因热胀冷缩而引起轴向游动;导轮固定不动,通过导轮座与壳体连接。

这种变矩器固定件间的密封采用 O 型密封圈密封。旋转件间的密封有两种形式,一种是导轮座与泵轮毂之间、涡轮轴与导轮座之间的密封,采用合金铸铁的密封环密封,这种密封允许有少量的泄漏(一般不大于 1~2L/min)。另一种为泵轮毂与隔盘 20 间的密封,采用橡胶骨架密封,不允许有泄漏。

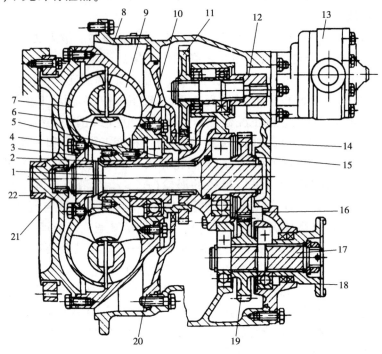

图 13-13　单级单相向心涡轮液力变矩器

1-涡轮轴;2-导轮座;3-涡轮毂;4-连接盘;5、16-轴承;6-导轮;7-涡轮;8-壳体;9-泵轮;10-泵轮毂;11、14、15、19-齿轮;12-齿轮驱动套;13-油泵;17-输出轴;18-输出法兰;20-隔盘;21-滚针轴承;22-铜套

安装在液力变矩器右方的油泵 13,用来向变矩器及车辆上的其他液压油路提供压力油。油泵借助于发动机输入旋转机械能,其动力传递路线为:

发动机飞轮→连接盘 4→泵轮 9→泵轮毂 10→齿轮 14→齿轮 11→齿轮轴→齿轮驱动套 12→油泵 13。

2. 液力机械变矩器

如果把液力变矩器与机械传动元件以不同的方式组合起来,就成了一种新的液力传动元件,即液力机械变矩器。利用机械元件和功率分流原理,可以改变液力变矩器的传动特性,扩大应用范围。

根据在液力机械变矩器内实现功率分流的不同,有内分流和外分流两种方式。

图 13-14 是一种双涡轮内分流液力机械变矩器结构图。ZL-50 型装载机上所使用的就是这种液力变矩器。这种液力变矩器虽然有两个涡轮,但因两个涡轮没有刚性地连接在同一根轴上,所以依然属于单级液力变矩器。

发动机飞轮 1 通过弹性盘 5 及螺钉把与泵轮 10 固定在一起的罩轮 3 连接起来,泵轮 10 上装有用来驱动液压泵的齿轮 12,这些部件就构成了变矩器的主动部分。主动部分的左、右端分别用轴承 2、11 支承在飞轮中心孔及导轮套轴 13 上。

第一涡轮轴(实心轴)15 左端用花键与第一涡轮 6 连接,右端带有齿轮;第二涡轮轴(空心轴)14 左端也用花键与第二涡轮 8 连接,右端也带有齿轮。第二涡轮套轴 14 活动地套在第一涡轮轴 15 的外面,两个涡轮就是分别由这两根涡轮轴把动力通过齿轮传入行星轮变速器中去的。

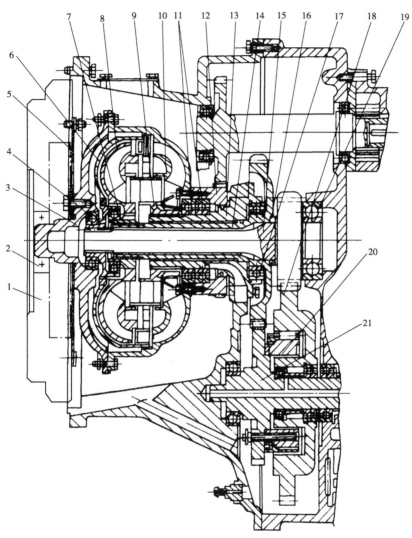

图 13-14 双涡轮内分流液力机械变矩器

1-飞轮;2、4、7、11、17、19-轴承;3-罩轮;5-弹性盘;6-第一涡轮;8-第二涡轮;9-导轮;10-泵轮;12-齿轮;13-导轮套轴;14-第二涡轮套轴;15-第一涡轮轴;16-隔离环;18-单向离合器外环齿轮;20-单向离合器;21-单向离合器内环齿轮

导轮 9 用花键套装在与机架固定在一起的导轮套轴 13 上,导轮始终不能转动。

这种液力变矩器的结构简图如图 13-15 所示。

这种变矩器的特点是:经过第一涡轮轴 15 右端齿轮与齿轮 18 减速后,再经过单向离合器 20 把动力传给齿轮 21 为一体的输出轴;第二涡轮 14 右端齿轮与齿轮 21 经过增速后直接向变速器输出动力。当来自变速器的负载较大时(即液力变矩器处于低转速比),单向离合器处于楔紧状态,这时第一、二涡轮轴共同向变速器输出动力;当负载较小时,因第二涡轮轴

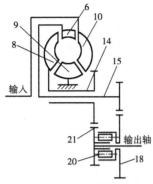

图 13-15 双涡轮液力机械变矩器结构简图
（图注同图 13-14）

14 转速升高,使齿轮 21 的转速超越齿轮 18 的转速,此时单向离合器松开,使齿轮 18 空载转动,仅有第二涡轮输出动力。机械传动机构能够起到起步、重载时两涡轮共同输出动力的作用,轻载时仅有第二涡轮单轴输出动力的作用。因这种液力变矩器能获得较大的变矩系数,提高了机械的牵引力,扩展了高效范围,随着外载的变化能自动改变转速和力矩,故可减少变速器的换挡位数,简化操作。在国产的 ZL 系列装载机上,这种变矩器得到了广泛的应用。

三、液力变矩器的辅助系统

液力变矩器必须配有辅助系统,才能长期和稳定地工作。辅助系统又称压力补偿和冷却系统,通常由齿轮泵、冷却器、过滤器、溢流阀及油箱等组成,有时还配有油温和油压等指示仪表。

1. 液力变矩器辅助系统的功能

(1) 对工作液体进行强制冷却,保证正常的工作油温。液力变矩器在正常工作时,油液在工作腔内循环过程中存在着工作轮入口处的冲击损失和液体在工作轮内流动时的摩擦损失,其平均使用效率大致在 70% 左右。这些能量损失转换成工作液体的热能而使油温升高,甚至迫使变矩器不得不停止工作。为了将工作油温限制在允许值以下,有必要对变矩器的工作油液进行强制冷却,即把液压泵供给的冷油压入工作腔,而工作后的部分热油又从工作腔中排出,进入冷却器(热交换器)冷却,保证正常工作的工作油温。

(2) 补偿液力变矩器工作液的泄漏,建立系统压力,防止由于循环圆内腔产生气蚀而降低性能。

(3) 润滑轴承、齿轮、花键和油封等相对运动(包括微观颤动)零件。

(4) 保证安全,不致因低温起动、油液黏度大、压力过高而导致工作轮破裂。

(5) 保持油液清洁。

2. 液力变矩器的辅助系统

液力变矩器的辅助系统,如图 13-16 所示。

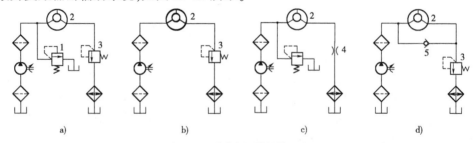

图 13-16 液力变矩器的辅助系统
1-溢流阀;2-液力变矩器;3-背压阀;4-阻尼孔;5-单向阀

图 13-16a) 所示油路使用最为普遍。油液由泵轮入口处流入,从涡轮出口处流出。溢流阀 1 若开启压力调定在 0.8MPa 以上时只起安全阀作用,若调定在 0.5MPa 以下时起调节进入变矩器并导入冷却器流量的作用。变矩器载荷大时,涡轮转速低,效率低,发热大,同时泵

轮入口处压力低,阀1关闭,全部流量进入变矩器,用大量的油液带走变矩器的热油,增加散热效果;载荷小时,涡轮转速高,效率高,发热少,需要冷却油较少。此时由于泵轮入口处压力大,阀1开启,部分流量经阀1溢出。因此阀1能起到根据油温的变化自动调节冷却油液流量的作用。溢流阀3作背压阀用,由它建立起系统的压力(0.28~0.42MPa),保证变矩器工作时工作腔内有一定的油压,防止产生气蚀现象。

与图13-16a)所示油路比较,图13-16b)所示进油路没有旁路溢流阀,泵的全部流量进入变矩器散热;图13-16c)所示油路在变矩器出口油路上没有背压阀,而用阻尼孔4代替;图13-16d)所示进油路与出口油路间接入单向阀。载荷大时,进油路压力低于出口油路,阀5开启,部分油液从出口反流进入口,以保持入口所必须的压力。

3. 对液力变矩器辅助系统的要求

(1) 油泵吸油管的滤网精度为400~800μm,通常应带有磁铁。变矩器进口油路中的精滤器过滤精度一般为25μm,精滤器装有旁通阀和发讯装置,当滤芯堵塞,压力差增大到0.3MPa时发出讯号,以便对滤芯进行清洗和更换。

(2) 变矩器循环圆内部压力由出口背压阀或出口油路阻尼孔、热交换器的阻力建立。在涡轮制动的最恶劣的情况下,不应低于0.2~0.3MPa。

(3) 变矩器正常运转油温为70~90℃,连续运转的最高油温可达100℃,间歇的瞬时最高油温允许达120℃。油温过高将加速油液的氧化沉淀,产生大量泡沫,降低黏度,丧失润滑性,并导致橡胶密封的老化变质。因此系统应有足够的散热能力,以保证变矩器的正常运转。

(4) 冷却器的散热能力应根据变矩器的形式和车辆的载荷确定。闭锁式变矩器以及轿车用的单级二相变矩器经常处于闭锁或偶合工况的高效区运转,发热量少,要求的散热能力也小;单级单相变矩器高、低速工况发热量大,要求散热能力强。不同的车辆其载荷不同,因而要求散热的能力也不同。一般冷却器的散热能力按30%的额定功率转化为热量来设计。

(5) 工作油液应根据变矩器的具体结构和使用条件来选择。以前液力变矩器一般采用22号汽轮机油,目前则广泛采用液力传动油。6号液力传动油主要用于工程机械、载重汽车上,8号液力传动油主要用于液力元件与起动换档控制系统共用同一种油的传动装置中,如轿车的传动装置。

思考题与习题

1. 液力变矩器为什么能够变矩?
2. 液力变矩器的力矩平衡式是如何表达的?其变矩系数为多少?
3. 车辆采用液力变矩器之后,是如何根据行驶阻力的变化实现自动变矩的?
4. 液力变矩器的输出力矩 M_2、输入力矩 M_1、效率 η 是如何随输出转速 n_T 而变化的?
5. 液力变矩器的变矩性能、经济性能和透穿性能分别是用什么参数来衡量的?
6. 液力耦合器与液力变矩器有哪些区别?
7. 简述综合式液力变矩器的工况转换工作原理。
8. 简述图13-14所示双涡轮内分流液力机械变矩器的工作原理。
9. 液力变矩器辅助系统的功能有哪些?不同的辅助系统有哪些区别?

附录 常用液压传动图形符号

(摘自《液压气动图形符号》GB/T 786.1)

一、基本符号、管路及连接

名　　称	符　　号	名　　称	称　　号
工作管路		柔性管路	
控制管路泄漏管路		组合元件框线	
连接管路		单通路旋转接头	
交叉管路		三通路旋转接头	

二、动力源及执行机构

名　　称	符　　号	名　　称	称　　号
单向定量液压泵		摆动液压马达	
双向定量液压泵		单作用单活塞杆缸	
单向变量液压泵		单作用弹簧复位式单活塞杆缸	
双向变量液压泵		单作用伸缩缸	
液压源		双作用单活塞杆缸	
单向定量液压马达		双作用双活塞杆缸	
双向定量液压马达		双作用可调单向缓冲缸	
单向变量液压马达		双作用伸缩缸	

三、控制方式

名　称	符　号	名　称	符　号
双向变量液压马达		单作用增压器	
人力控制一般符号		差动控制	
手柄式人力控制		内部压力控制	
按钮式人力控制		外部压力控制	
弹簧式机械控制		单作用电磁控制	
顶杆式机械控制		单作用可调电磁控制	
滚轮式机械控制		双作用电磁控制	
加压或卸压控制		双作用可调电磁控制	
液压先导控制（加压控制）		电液先导控制	
液压先导控制（卸压控制）		定位装置	

四、控制阀

名　称	符　号	名　称	符　号
溢流阀一般符号或直动型溢流阀		减压阀一般符号或直动型减压阀	
先导型溢流阀		先导型减压阀	
先导型比例电磁溢流阀		顺序阀一般符号或直动型顺序阀	

221

续上表

名 称	符 号	名 称	符 号
先导型顺序阀		集流阀	
平衡阀（单向顺序阀）		分流集流阀	
卸荷阀一般符号或直动型卸荷阀		截止阀	
		单向阀	
压力继电器		液控单向阀	
不可调节流阀		液压锁	
可调节流阀			
可调单向节流阀		或门型梭阀	
调速阀一般符号		二位二通换向阀（常闭）	
单向调速阀	简化符号	二位二通换向阀（常开）	
		二位三通换向阀	
温度补偿型调速阀		二位四通换向阀	
旁通型调速阀		二位五通换向阀	
		三位三通换向阀	
分流阀		三位四通换向阀	

续上表

名　　称	符　号	名　　称	符　号
三位四通手动换向阀		三位四通电磁换向阀	
二位二通手动换向阀		三位四通电液换向阀	
三位四通液动换向阀		四通伺服阀	

五、辅件和其他装置

名　　称	符　号	名　　称	符　号
油　箱		冷却器	
密闭式油箱（三条油路）		过滤器一般符号	
蓄能器一般符号		带磁性滤心过滤器	
弹簧式蓄能器		带污染指示器过滤器	
		压力计	
重锤式蓄能器		压差计	
		流量计	
气体隔离式蓄能器		温度计	
温度调节器		电动机	
加热器		行程开关	

参 考 文 献

[1] 张利平.液压气动技术速查手册[M].北京:化学工业出版社,2007.
[2] 机械设计手册编委会.液压与气压传动[M].北京:机械工业出版社,2007.
[3] 丁树模.液压传动[M].北京:机械工业出版社,2000.
[4] 左健民.液压与气动技术[M].北京:机械工业出版社,2006.
[5] 贺利乐.建设机械液压与液力传动[M].北京:机械工业出版社,2004.
[6] 肖珑.液压与气压传动技术[M].西安:西安电子科技大学出版社,2007.